消费者权益保护研究系列
梁慧星 总主编

中国消费者权益保护研究报告

——（2020）——

张严方 主编

撰稿人

张严方　邓青菁　肖寒梅

杨晓军　刘广琴　陈业怀　杨淑娜　魏伟力

刘成墉　李　麒　吴尚儒　李凯莉　陈丹舟

北京大学出版社
PEKING UNIVERSITY PRESS

图书在版编目(CIP)数据

中国消费者权益保护研究报告. 2020／张严方主编. —北京：北京大学出版社，2021.5
ISBN 978-7-301-32121-8

Ⅰ.①中… Ⅱ.①张… Ⅲ.①消费者权益保护—研究报告—中国—2020 Ⅳ.①D923.8

中国版本图书馆 CIP 数据核字（2021）第 065557 号

书　　　名	中国消费者权益保护研究报告（2020） ZHONGGUO XIAOFEIZHE QUANYI BAOHU YANJIU BAOGAO(2020)
著作责任者	张严方　主编
责任编辑	刘文科　沈秋彤
标准书号	ISBN 978-7-301-32121-8
出版发行	北京大学出版社
地　　　址	北京市海淀区成府路 205 号　100871
网　　　址	http://www.pup.cn　http://www.yandayuanzhao.com
电子信箱	yandayuanzhao@163.com
新浪微博	@北京大学出版社　@北大出版社燕大元照法律图书
电　　　话	邮购部 010-62752015　发行部 010-62750672 编辑部 010-62117788
印　刷　者	三河市北燕印装有限公司
经　销　者	新华书店
	720 毫米×1020 毫米　16 开本　19.5 印张　342 千字 2021 年 5 月第 1 版　2021 年 5 月第 1 次印刷
定　　　价	68.00 元

未经许可，不得以任何方式复制或抄袭本书之部分或全部内容。
版权所有，侵权必究
举报电话：010-62752024　电子信箱：fd@pup.pku.edu.cn
图书如有印装质量问题，请与出版部联系，电话：010-62756370

序　言

《中共中央关于制定国民经济和社会发展第十四个五年规划和二〇三五年远景目标的建议》中指出："全面促进消费,增强消费对经济发展的基础性作用,顺应消费升级趋势,提升传统消费,培育新型消费,适当增加公共消费。以质量品牌为重点,促进消费向绿色、健康、安全发展,鼓励消费新模式新业态发展……改善消费环境,强化消费者权益保护。"中国消费者权益保护事业,应随着时代走向而进行调整与应对,方能适应保障消费者合法权益、维护社会经济秩序,促进社会主义市场经济健康发展的要求。

自《中华人民共和国消费者权益保护法》于1993年颁行以来,我国消费者权益保护事业的运作基本架构是:其一,消保行政。各级市场监督管理机关及其他行政主管部门在各自职权内,通过对市场经营主体的监督管理,制止违法经营、防止损害消费者权益行为的发生,并通过对各类市场的监督管理,查处各种市场违法行为,维护市场交易秩序,为消费者提供公平、安全的消费环境等。其二,消费者协会。中国消费者协会致力于建构消费者教育和咨询服务、对商品和服务的社会监督、保护消费者合法权益的救助等三大体系,从消费维权的事前、事中、事后三个环节保护消费者合法权益。其三,消保新闻(舆论)。以《中国消费者报》为主体,积极宣传国家有关法律、政策,反映各地开展消保工作的情况,充分报道市场动向和各种商品、服务信息,并且从消费者的立场,替消费者发声、为消费者服务,并针对消费者普遍关心的热点问题及日常消费需求进行各种知识宣传。如果说这一消保运作基本架构有所欠缺的话,就是欠缺消费者保护理论研究的配合和支持。

中国改革开放40余年,法学理论研究有了长足的发展,各法学学科和领域理论研究成果颇丰。但是,关于消费者权益保护之立法、理论与实务研究的成果殊少,恐难适应"第十四个五年规划"的要求。消保法是中国特色社会主义法律体系的主要组成部分。消保法理论研究属于当今最重要的社会科学学科。中国消保法和消保事业的发展必须奠基于科学理论之上。中国消保法和消保事业,要求学术界的深度参与。

中国消费者权益保护法研究院,以为中国消费者保护事业提供科学理论基础和对策建议为其宗旨,集科学研究、社会服务、人才培养和学科建设于一体,致力于消保法基本理论研究、对策性研究和比较法研究。研究院的长期研究课题包括:(1)消费者范围界定及消费者保护基本理论;(2)消费者新型权利;(3)经营者义务;(4)消费者合同;(5)网络消费者保护;(6)金融消费问题;(7)格式消费合同;(8)消保法惩罚性赔偿制度;(9)食品安全、质量安全;(10)消费者争议解决机制;(11)消费者组织问题;(12)消费者公益诉讼;(13)企业社会责任;(14)中长期消费维权体系建设;(15)消费教育;(16)消费者权益保护联动机制;(17)消保法和消费维权的国别研究;(18)智慧政府与消费者服务等。

中国消费者权益保护法研究院编辑出版《中国消费者权益保护(年度)研究报告》,刊载权威法学专家、政府部门领导人、杰出企业家、优秀律师组成的研究团队的最新研究成果。《中国消费者权益保护研究报告(2020)》(即本卷)为其首卷,所刊载的研究报告和文章大致分为两类:一是对《中华人民共和国消费者权益保护法》制定施行历程的回顾、对国家有关消保的行政法规规章和政策的梳理,对目前社会消费矛盾状态、消费者维权状况和存在问题的调研和分析;二是对域外消费者保护立法、消费者权益保护实态的研究,及对新冠疫情期间国际消联动态的追踪报道。唯须强调一点,当今社会消费者权益保护问题,是全局性的问题。按照过往的研究方法是不够的,必须把多方面联系起来、集中起来,开拓思路,共商共治。

2020年疫情突发,本卷刊载的研究报告和文章撰写于疫情期间,并于疫情稳定后出版,通过调查研究我国过往及现实的消费问题,总结经验教训,为在新时代加强消费者权益保护,维护竞争、公平、有序的社会主义市场经济秩序,为经济社会发展保驾护航提出了具体的解决路径。期望本研究报告能对中国消费者权益保护事业的健康发展有所助益。

中国消费者权益保护法研究院
名誉院长　梁慧星

目 录

第一章 引 言 ·· 001

第二章 我国《消费者权益保护法》发展历程 ·· 003
  第一节 第一阶段(1979—1993 年) ·· 003
    一、法律变迁 ·· 003
    二、消费者权益保护中的突出问题 ·· 005
    三、典型案例 ·· 005
  第二节 第二阶段(1994—2001 年) ·· 006
    一、法律变迁 ·· 006
    二、消费者权益保护中的突出问题 ·· 006
    三、典型案例 ·· 008
  第三节 第三阶段(2002—2013 年) ·· 010
    一、法律变迁 ·· 010
    二、消费者权益保护中的突出问题 ·· 011
    三、典型案例 ·· 027
    四、2002—2013 年全国消费者投诉分析小结 ································ 029
  第四节 第四阶段(2014—2020 年) ·· 036
    一、法律变迁 ·· 036
    二、消费者权益保护中的突出问题 ·· 037
    三、典型案例 ·· 053
    四、2014—2020 年全国消费者投诉分析小结 ································ 055

第三章 关于消费者权益保护的重要论述与相关政策 ······························· 069
  第一节 党和国家领导人重要指示、讲话 ··· 069
    一、习近平总书记在中央财经领导小组第十六次会议上的重要讲话
      (节选) ··· 069
    二、习近平总书记在"不忘初心、牢记使命"主题教育总结大会上的
      重要讲话(节选) ·· 070

三、李克强总理2019年政府工作报告(节选) …………………… 071
四、全国人民代表大会常务委员会执法检查组关于检查《中华人民
　　共和国消费者权益保护法》实施情况的报告(节选) ………… 071
五、对于消费领域的顽疾问题,要强化约谈"回头看"工作(节选) … 078
六、凝聚力量,共建共治,推动消费者权益保护事业再上新台阶 …… 080

第二节　市场监督管理总局、消费者协会领导文章、讲话 ………… 093
一、原市场监管总局局长张茅在十三届全国人大二次会议开幕会
　　结束后答记者问 …………………………………………… 093
二、深化改革创新　狠抓工作落实　全面完成今年市场监管工作
　　任务 ………………………………………………………… 093
三、提高市场监管能力　切实保护消费者合法权益 ……………… 106
四、国家市场监管总局党组书记、局长张工在中国消费者协会
　　第五届理事会六次会议上的致辞 ………………………… 110
五、发挥消协组织作用　提高消费维权水平 ……………………… 112
六、国家市场监督管理总局副局长唐军在2017中国消费·维权
　　高峰论坛上讲话:努力促进共享经济健康发展 ………… 114
七、质量提升、消费维权,满足人民对美好生活的向往(节选) …… 115
八、国家市场监督管理总局副局长秦宜智在中国消费者协会第五届
　　理事会六次会议上的总结讲话 …………………………… 116
九、国家市场监督管理总局副局长甘霖在全国政协十三届三次会
　　议第二场"委员通道"采访活动答记者问(节选) ………… 120
十、中国消费者协会秘书长朱剑桥谈新业态下我国消费者保护
　　(节选) ……………………………………………………… 121
十一、中国消费者协会秘书长朱剑桥谈《"618"消费维权舆情分析
　　　报告》(节选) ……………………………………………… 125

第四章　当前消费维权的热点、难点 …………………………… 127

第一节　疫情期间突出问题 ……………………………………… 127
　一、口罩问题 ……………………………………………… 127
　二、旅游纠纷问题 ………………………………………… 138
第二节　风口问题 ………………………………………………… 141
　一、炒作经济 ……………………………………………… 141
　二、直播带货 ……………………………………………… 144
　三、AI换脸问题 …………………………………………… 147
　四、智能快递柜收费问题 ………………………………… 150

五、大数据杀熟 ……………………………………………… 152
六、预付式消费 …………………………………………… 155
第三节 消费维权难点问题 …………………………………… 158
一、职业索赔、职业举报 ………………………………… 158
二、惩罚性赔偿问题 ……………………………………… 159

第五章 区域消费维权建设状况 …………………………… 162
第一节 京津冀地区 …………………………………………… 162
一、投诉概况和相关数据 ………………………………… 162
二、京津冀消费维权联盟概况 …………………………… 163
三、京津冀消费维权联盟重要工作成果 ………………… 164
四、京津冀消费维权联盟联手发现问题 ………………… 166
第二节 长三角区 ……………………………………………… 170
一、2019 年长三角地区市场监管投诉举报情况分析 …… 170
二、2020 年 3·15 期间长三角地区市场监管投诉举报情况分析
 …………………………………………………………… 172
三、2020 年上半年市场监管投诉举报情况分析 ………… 174
四、典型案例 ……………………………………………… 177
第三节 粤港澳大湾区 ………………………………………… 180
一、2019 年消费投诉分析 ………………………………… 180
二、2019 年消费投诉热点难点分析 ……………………… 187
三、2020 年上半年广东消委会系统消费投诉分析 ……… 191
四、2020 年上半年投诉热点难点分析 …………………… 194
五、广东省消委会服务粤港澳大湾区建设工作情况介绍 … 197
六、典型案例 ……………………………………………… 199
第四节 海南自贸港 …………………………………………… 201

第六章 消费者权益保护的司法实践 ……………………… 206
第一节 消费者的维权途径 …………………………………… 206
一、和解 …………………………………………………… 206
二、调解 …………………………………………………… 206
三、投诉 …………………………………………………… 207
四、仲裁 …………………………………………………… 207
五、诉讼 …………………………………………………… 208
第二节 特殊维权制度 ………………………………………… 209
一、小额诉讼纠纷解决机制 ……………………………… 209

二、消费公益团体诉讼 210

第七章 域外消费者保护法律制度借鉴 214
第一节 中国港澳特区 214
一、立法体系 214
二、研究趋势 220
三、行政执法 221
四、维权途径 223
五、近期热点议题 227
六、经验借鉴 229
第二节 美国 230
一、前言 230
二、美国现行消费者保护机构 231
三、美国消费者权益保护法律制度 237
四、美国消费者保护的实践方向 244
五、美国消费者权益保护措施 247
第三节 欧盟（以德国为例） 252
一、立法体系层面 252
二、行政执法层面 255
三、民间消费者保护和行业自律组织 258
四、总结与借鉴 260
第四节 日本 262
一、日本消费者权益保护法沿革 262
二、日本消费者保护政策基本理论及主管部门的改变 263
三、日本消费者权益保护机构 265
四、日本消费者保护的措施 269
五、日本《消费者合同法》对不合理条款(霸王条款)的规制 272
六、因应数字网络社会的消费者政策改革 277
七、大数据时代消费者个人隐私数据信息的保护 278

第八章 新冠疫情期间国际消联的动态 281
第一节 亚太地区 281
一、美国 281
二、澳大利亚 282
三、马来西亚 282
四、日本 282

五、韩国 ………………………………………… 282
　　六、新西兰 ……………………………………… 283
　　七、加拿大 ……………………………………… 283
　　八、中国 ………………………………………… 283
　第二节　欧洲 ………………………………………… 294
　　一、意大利 ……………………………………… 294
　　二、荷兰 ………………………………………… 294
　　三、法国 ………………………………………… 295
　　四、德国 ………………………………………… 295
　　五、西班牙 ……………………………………… 296
　　六、比利时 ……………………………………… 296
　　七、葡萄牙 ……………………………………… 296
　　八、希腊 ………………………………………… 296
　　九、欧盟委员会 ………………………………… 296
　第三节　拉丁美洲 …………………………………… 297
　　一、巴西 ………………………………………… 297
　　二、墨西哥 ……………………………………… 297
　　三、萨尔瓦多 …………………………………… 298
　　四、智利 ………………………………………… 298
　第四节　非洲 ………………………………………… 298
　　一、津巴布韦 …………………………………… 298
　　二、肯尼亚 ……………………………………… 298
　第五节　中东地区 …………………………………… 299
　　一、沙特阿拉伯 ………………………………… 299
　　二、阿曼 ………………………………………… 299
　　三、摩洛哥 ……………………………………… 299
　　四、也门 ………………………………………… 299
　　五、约旦 ………………………………………… 300

后　记 …………………………………………………… 301

第一章 引 言

消费行为是市场经济活动的起点和归宿,且为国民经济可持续稳定增长的重要引擎,亦属于备受关注的领域;为提升国民消费信心,消费者权益保护即成为我们应加以重视的焦点。党的十八大报告强调,"要使经济发展更多依靠内需特别是消费需求拉动,要牢牢把握扩大内需这一战略基点,加快建立扩大消费需求长效机制,释放居民消费力"。党的十九大报告指出,"我国经济已由高速增长阶段转向高质量发展阶段"。这是党根据国内外环境变化,特别是对我国发展条件和发展阶段变化所做出的重大判断。由于消费者在交易中多半处于弱势地位,通常无法与有组织的经营者相抗衡,导致其容易受到经营者的侵害,因此,保护消费者权益即成为政府公共服务的重要内容之一,此项任务的落实有助于大幅度提升百姓消费信心,提高消费潜能、拉动消费内需。

我国政府对于保护消费者权益的重视,首先体现在1993年全国人大常委会通过的《中华人民共和国消费者权益保护法》(以下简称《消费者权益保护法》),这是立法层面首次回应了广大人民群众对于消费权益保护的迫切需求。《消费者权益保护法》的颁布对保护消费者权益、建立公平交易环境、规范市场经营行为发挥了积极的作用。此后,随着我国经济的飞速发展,市场化、全球化的进程加快,《消费者权益保护法》在2009年和2013年进行了两次修订,与之配套的相关法律、法规也日趋完善,消费维权法律体系日渐成熟。

除前述立法层面之外,我国近年来对保护消费者权益的议题也持续关注。习近平总书记在2017年中央财经领导小组第十六次会议上指出,要改善投资和市场环境,加快对外开放步伐,降低市场运行成本,营造稳定公平透明、可预期的营商环境,加快建设开放型经济新体制,推动我国经济持续健康发展。习近平总书记强调,扩大金融业对外开放是我国对外开放的重要方面;要合理安排开放顺序,对有利于保护消费者权益、有利于增强金融有序竞争、有利于防范金融风险的领域要加快推进。[①]

---

① 参见中华人民共和国中央人民政府网,http://www.gov.cn/xinwen/2017-07/17/concent_5211349.htm,2020年10月5日访问。

除了政府层面之外,中国消费者协会(以下简称中消协)对我国消费者权益保护亦有重大贡献。中消协多年来针对重点领域、重点行业、重点企业,依法履行消协组织的反映、查询、建议、披露曝光、监督检查、支持起诉及提起诉讼等各项职责,督促社会各方认真履行法定责任,推动消费环境持续优化。中消协2020年的消费维权主题为"凝聚你我力量",其含义为消费维权既需要社会力量,也需要消费者的监督力量和经营者的自律力量。新时代消费升级日益加速,消费领域新场景、新业态、新科技不断涌现,消费者需求也向个性化、多元化、品质化转变,消费维权工作面临诸多新问题和新挑战。一方面,打造高效、便利消费者反映诉求和建议的渠道,鼓励和引导消费者自觉参与消费环境治理,形成消费维权领域人人有责的新局面,有利于对商品进行全方位监督;另一方面,引导行业加强自律、规范发展,不断提升产品和服务质量,形成企业守规、行业自律、百姓放心、消费舒心的消费环境,既能发挥消费的基础性作用,也能推动经济社会高质量发展。

2020年新冠肺炎疫情来势汹汹,令社会各界猝不及防,其对于消费者权益保护也产生了新的挑战。在防疫期间,产生了疫情背景下的新型消费纠纷,例如,在餐饮、住宿、交通、旅游等深受疫情影响领域的合同,因依法采取防控措施而导致合同不能履行的,产生是否适用"不可抗力"等相关规定之争议。又例如,疫情防控的特殊背景也成为不法商家的"掩体",出现发货不及时、虚假发货、退换货退款困难、不履行无理由退货义务、卷款跑路等情形。因此,新冠肺炎疫情期间的消费纠纷突出问题,亦为近期消费者权益保护的热点议题。

本研究报告在党的方针指引之下,同时考量新时代变化与挑战,依据下列顺序安排章节内容:简述我国《消费者权益保护法》发展历程;汇整党和国家领导人重要指示、讲话,以及市场监督管理总局、消费者协会领导的相关意见;说明当前消费维权的难点与热点;阐述我国各区域消费维权建设状况;探讨司法实践层面的现况;分析域外消费者保护法律制度借鉴;追踪新冠肺炎疫情期间国际消联的动态。本研究报告借由前述内容的阐述,期望能对宣传消费维权观念、促进经济健康发展、以及更好地保障消费者权利等方面起到积极作用。

第二章 我国《消费者权益保护法》发展历程

第一节 第一阶段(1979—1993 年)

一、法律变迁

在我国,消费者权益保护问题被作为一个社会性问题而提出,始于改革开放初期,特别是社会主义市场经济体制确立以后。[①] 在改革开放前,我国长期实行计划经济体制,商品生产和交换按照指令计划进行,社会生活中长期存在的问题是消费品短缺,而不是消费者保护。[②] 我国长期处于消费品短缺状态下的"凭票"配给制经济的时代[③],实行高度集中的计划经济。重生产、轻消费的政策与生产力水平落后造成了消费短缺。虽然缺斤少两、以次充好、服务不周等损害消费者权益的现象时有发生,但相对于消费品短缺而言,尚不足以构成一个社会问题。在改革开放以后,我国经济得到了快速发展,人民生活水平提高,购买力增强,消费需求日益增长;同时,消费者权益受损害问题也日益凸显,并逐渐引起政府及社会各界的广泛重视。[④] 各种家用电器、化学化纤制品、美容化妆品,各类饮料、食品和药品的大量生产、大量销售,在满足消费者生活需要的同时,也发生了损害消费者利益的严重社会问题。因产品缺陷对消费者人身、财产安全造成危害的情况日益突出。在这种背景下,逐渐形成了全国性的消费者保护运动。

1981 年 6 月,我国政府首次被邀请参加联合国亚洲及太平洋经济社会委员会召开的"保护消费者磋商会",中国选派朱震元同志以中国商检总公司代表的名义参加此次会议。这次会议开阔了中国代表的眼界,使他们了解到

[①] 参见国家工商行政管理总局编著:《消费者权益保护》,中国工商出版社 2012 年版,第 8 页。
[②] 参见梁慧星:《中国的消费者政策和消费者立法》,载《法学》2000 年第 5 期。
[③] 参见张严方:《消费者保护法研究》,法律出版社 2003 年版,第 101 页。
[④] 参见国家工商行政管理总局编著:《消费者权益保护》,中国工商出版社 2012 年版,第 8 页。

国际消费者运动的状况,了解到消费者运动是市场经济发展条件下消费者为维护自身权益、争取社会公正自发成立的有组织地对损害消费者利益行为进行斗争的社会运动,同时也认识到我国开展消费者权益保护工作的必要性和重要性。①

1983年3月21日河北省新乐县维护消费者利益委员会成立。1983年3月底,召开了有数十名工作者参加的新乐县维护消费者利益委员会第一次全会,会议主要是通过了委员会章程。该章程共分六章21条,把委员会定性为"广大消费者自我服务的群众组织"。这个章程中规定了委员会应当为消费者排忧解难、保护正当经营、维护买卖双方合法权益等工作任务。② 1983年5月21日正式定名为"新乐县消费者协会",中国第一个消费者组织正式成立,中国消费者维权的序幕由此拉开。

自1984年起,经济改革从农村转向城市,经济体制主要采取计划经济与市场经济并行的模式,人们首次迎来了改革开放后物质丰富的局面。在这样的背景下,1984年8月,中国开放最早、商品经济最活跃的"南大门"——广州,正式成立广州市消费者委员会。1985年1月12日,国务院正式发文批复同意中国消费者协会的成立。随后,各省、市、县相继成立各级消费者协会。1986年10月19日,国家经济委员会以"经济〔1984〕799号文件"形式下发了《关于同意建立全国消费者协会的批复》,同年11月,东北重镇哈尔滨市消费者协会也宣告成立。1987年9月,中国消费者协会被国际消费者组织联盟接纳为正式会员,标志着中国的消费者保护工作初步与国际惯例接轨。

立法方面,当时虽然尚未制定消费者保护的专门法律,但一些与消费者保护相关联的法律、法规开始制定,例如1984年《药品管理法》、1985年《计量法》、1986年《民法通则》、1988年《标准化法》等。1987年1月,沈阳市率先制定了《沈阳市保护消费者合法权益若干问题暂行规定》,这是我国第一部保护消费者权益的地方政府规章。1987年9月,福建省通过了《福建省保护消费者权益条例》,该条例成为我国第一部消费者权益保护的地方性法规。③

在1992年后,政府明确了市场经济改革目标,正式告别计划经济与市场经济并行的模式。市场更为开放和繁荣,但商品开始出现相对过剩,又由于经济改革处于转型中,市场规则、市场行为不规范,消费者问题越发严重。虚

---

① 参见国家工商行政管理总局编著:《消费者权益保护》,中国工商出版社2012年版,第9页。
② 参见《新乐消协:全国第一家消费者协会》,载河北新闻网,www.hebnews.cn。
③ 参见国家工商行政管理总局编著:《消费者权益保护》,中国工商出版社2012年版,第9页。

假广告、假冒伪劣、欺诈等行为不断泛滥,甚至连续发生因缺陷产品造成的消费者人身伤亡重大案件,有鉴于此,1993年国家制定了《产品质量法》。

从1985年起,国家工商行政管理局就开始组织力量并着手研究起草《消费者权益保护法》。起草小组收集和分析了国内外的有关立法资料和典型案例,深入调查研究,广泛征求了国务院有关部门、最高人民法院、最高人民检察院以及地方工商局、消费者协会和有关专家的意见,于1993年3月将《消费者权益保护法(送审稿)》报送国务院,国务院于1993年8月提请全国人大常委会审议。[1] 1993年10月31日,第八届全国人民代表大会常务委员会第四次会议全票通过并颁布了《消费者权益保护法》,这是一部宣言性的法律,是中国消费者保护的基本法。该法的颁布,标志着中国消费者保护法治建设发展到了一个新的阶段。

从设立消费者组织,到保护消费者权益的专门立法,再到对侵害消费者权益行为的查处,都可以看出政府对保护消费者权益工作的重视和支持。[2]

二、消费者权益保护中的突出问题

在市场经济条件下,由于消费者与生产经营者各自的利益驱动,二者的利益关系并不总是一致的,而常常会出现矛盾,消费者又往往处于弱者地位,其权益总是在不断受到侵犯。这一阶段我国经济发展的致命弱点是质量不达标,特别是食品和药品类的质量。一是无生产许可证产品的质量问题较大;二是部分中小及乡镇企业产品质量问题严重。特别值得注意的是,假冒伪劣行为仍十分猖獗,不仅面广量大,而且规模有扩大之势,农村、乡镇和城市的城中村很容易成为产销假冒伪劣商品的"集散地"。

三、典型案例

1989年下半年,广东肇庆敖景利等10人在没有营业执照的情况下,用甲醇大量兑制假酒销售,造成235人中毒,其中20人死亡,7人重伤致残。但是法官在庭审时却遭遇了难题。10名个体户辩称,"制假的目的是为了挣钱,并不是故意投毒害人",而这种情况在当时尚无法律明确定罪。最终,考虑到该案件影响恶劣,法官还是比照《刑法》的投毒罪判处5人死刑,判处另5人刑期不等的有期徒刑。不过由此引发的判罚争议和暴露的质量立法空

---

[1] 参见国家工商行政管理总局编著:《消费者权益保护》,中国工商出版社2012年版,第9页。

[2] 同上注。

白,仍让人心有余悸。

第二节 第二阶段(1994—2001 年)

一、法律变迁

1994 年 1 月 1 日实施的《消费者权益保护法》是我国消费者保护相关立法乃至我国立法史上的一个重要事件,它在我国第一次以立法的形式全面确认了消费者的权利,对保护消费者的权益,规范经营者的行为,维护社会经济秩序,促进社会主义市场经济健康发展具有十分重要的意义。之后,国家颁布的与消费者保护相关的法律法规 60 余部,消费者保护相关法律法规不断完善,消费者保护合法化、规范化、扩展化。逐步形成了以《民法通则》为基础,由《消费者权益保护法》《药品管理法》《卫生检疫法》《产品质量法》《反不正当竞争法》《广告法》《食品卫生法》《价格法》《合同法》等一系列法律法规组成的消费者保护法律体系,使消费者权益在法律上有了切实的保障。[1]

二、消费者权益保护中的突出问题

一是投诉总量呈上升趋势,但增长幅度减缓。其主要原因有:(1)社会各方面尤其是政府部门采取了专项整治行动。加大了对不法经营者打击的力度,消费者合法权益的保护得到了加强。(2)市场竞争度提升,促使经营者提高商品和服务的质量,增强企业自律,尽量采取相互协商的方式解决消费争议。(3)《消费者权益保护法》及其相关法律的宣传、实施进一步加强,如 1995 年《广告法》、1995 年《担保法》。

二是消费者的安全权益屡受侵害,不容忽视。消费者在购买商品和接受服务时,安全权益屡受侵害,突出表现于以下几方面:(1)消费者在公共场所就餐、住宿、购物时财物被偷、被抢,甚至出现殴打消费者致死的恶劣行为,如 2000 年 6 月深圳的"城苑惨剧"[2]。(2)消费者在就餐时器具爆炸起火的事件不断发生,如啤酒瓶爆炸事件。(3)商品房小区的物业管理公司、保安与消费者频繁发生纠纷,殴打消费者。(4)家庭装修、家具的甲醛等有毒气体

---

[1] 参见张严方:《消费者保护法研究》,法律出版社 2003 年版,第 103 页。
[2] 参见新浪网,http://news.sina.com.cn/society/2000-10-11/133874.html,2020 年 10 月 21 日访问。

超标,严重侵害消费者的身体健康。

三是虚假广告投诉上升幅度最大,急需净化。主要有以下问题:(1)有些商家打着"让利销售""优惠酬宾""买一赠几"的幌子,玩弄价格游戏欺骗消费者。(2)利用下岗职工、农民急于脱贫致富的心理,大肆发布所谓专利技术转让、养殖、中奖等虚假广告,骗取血汗钱。(3)打着培训、教育、办学的幌子欺骗消费者,出现问题后想方设法推脱。为此,北京市消费者协会在2001年8月30日召开的"揭谎月"通报会①上专门发布消费警示"谨慎选择民办高校"。(4)药品和保健品广告内容严重违法,误导欺骗消费者,除常见的虚假夸大宣传外,有的地方还出现了国家明令禁止的有奖销售药品的广告。保健品混用药品做广告,并且违法的问题更突出,在各地普遍存在。(5)一些房地产开发商广告承诺无法兑现,实际情况与承诺相差甚远。在与消费者签订的合同中也不注明其承诺的内容,出现问题后消费者投诉无门。

四是服务类投诉继续上升,消费者难以满意。主要问题有以下方面:(1)垄断性服务业纠纷多。(2)电信、邮政服务在某些地区仍引起较大投诉。随着移动电话的快速发展,寻呼业受到极大冲击,有的寻呼台在转网兼并过程中收取费用后不能提供正常服务,甚至在收费后逃匿。对邮政服务投诉的问题主要有邮寄包裹时间长,邮件收发两处重量不一致,快递物品没有按时送达目的地。(3)摄影冲印、洗染、美容、服务投诉问题多。"免费服务"和中介服务中的欺诈情况多,有些地方的消费者被经营者的所谓"免费服务"所吸引,可经营者往往在消费者接受"免费服务"后,又提出许多不公平的条件强迫消费者接受。"免费服务"实为陷阱诱饵。中介服务市场混乱,许多不法经营者不具备相关的资质条件,却公开进行婚姻、职业、租房介绍,在非法收取消费者的费用后就以种种借口欺骗、拖延消费者。(4)消费者通过网络交易购物权益受到损害。消费者反映通过网络购买的实际物品与网络上宣传的内容不符,宣传的商品实际购买时被告知没有该商品,预先付款后不能按时得到商品,出现质量问题后退换货困难。有些网站因为自己商品的质量问题,要求消费者自己付款邮寄退回,待商品退回后又迟迟不肯退款,在消费者追问后才退款。(5)一些地方的商场、服务场所仍然发生对消费者无故搜身,甚至有些商场在消费者付完款后出门还要重新验证小票,侵犯了消费者的合法权益。

五是商品房投诉数量仍不断上升。(1)质量问题。墙体开裂、房屋渗水,隔层偷工减料,管道漏水等始终是困扰消费者的主要问题。(2)开发经

---

① 参见东方网,http://news.eastday.com/epublish/big5/paper148/20010830/class014800014/hwz476313.htm,2020年5月8日访问。

销商不规范,制造购房的陷阱。有的开发商证件不齐、手续不全,甚至在一证都没有的情况下就敢开发售房;有的开发商使用不规范的格式合同损害消费者的权益;有的开发商不遵守承诺,随意更改规划设计、相关设施;有的开发商拖延交房,并且一拖再拖,不提交房产证;有的开发商广告宣传时只说片面的内容,误导消费者。(3)物业管理混乱,纠纷不断。有的物业管理公司收费标准不明确、不透明,乱收费而提供的服务差;有的物业管理公司的从业人员素质不高,甚至有些是非法雇佣的,时常与消费者发生纠纷,甚至殴打辱骂消费者;在产生房屋质量等问题后,有的物业管理公司与开发商互相推诿,开脱责任。(4)相关法律法规不健全,开发商采取不配合的态度致使问题难解决。由于商品房市场近年来发展很快,相关法律法规滞后,一些开发商在发生纠纷后,利用各种关系为解决纠纷设置障碍,有的甚至采取极端的手段,导致商品房投诉解决率很低。

六是手机投诉成为该阶段困扰消费者的问题。主要存在以下问题:(1)质量问题仍居首位。虽然各品牌故障情况有所不同,但屏幕显示、主板故障、信号差、自动关机、按键失灵、无法正常开关机等问题,是手机质量存在的"通病"。(2)售后服务质量差,"三包"无法落实。消费者主要反映售后维修质量差,导致商品修理几次甚至十几次等问题。总是出现只修不换退或只修换不退的情况,严重侵害了消费者的合法权益。(3)某些品牌的"水货"充斥市场,不法经营者欺骗消费者。手机销售渠道多,某些经营者乘机销售非法进口、来源不明的手机,出现问题时又推脱。有些不法销售者还销售改版或以次充好的旧机器,欺骗消费者。

总体来说,经过改革开放十几年的发展,中国消费者的市场主体意识和维权意识有了很大提高,从解决自身消费投诉的个别问题,上升到维护某一消费群体的共同利益和社会公众利益。加入WTO以后,消费者需要经营者依据法律规定提供更高标准的商品和服务。某些经营者放松了对自己产品和服务的质量要求,导致消费者的正当要求不能被满足,有时是把小事拖成大事。网络信息扩大了消费者"知情权"的范围。消费者在通过网络和其他各种渠道了解到维权信息后,及时提出权利主张,提高了自我主动维权意识。

三、典型案例

(1)因消费者公开批评揭露产品质量低劣而被诉名誉侵权的案件,法院将其作为一般名誉侵权案件审理,往往对消费者不利。1997年8月1日王洪以其所在公司的名义购买了一台恒生笔记本电脑,1998年4月该电脑开始出现故障,6月2日送修后被告知须付7300元修理费,因此就售后服务发生争执。6月9日王洪在互联网上发布题为《买恒生上大当》的文章。7月2日消费者协会通知王洪:恒生答应修理。但王洪与恒生联系时被告知必须先道歉。7月3日王洪在网上发布《势不低头》一文,并申请个人主页,建立《声讨恒生维护消费者权益》主页(后改名为《T315,诉说你的心酸事》)。短短的时间内,有数千人浏览。7月28日《生活时报》以《消费者网上诉纠纷,商家E-mail律师函》为题进行了报道,8月10日《微电脑世界周刊》以《谁之过?一段恒生笔记本的公案》做追踪报道。1998年9月7日恒生集团起诉王洪和《生活时报》《微电脑世界周刊》侵犯其名誉权,要求赔偿240万元。1999年12月15日北京市海淀区人民法院作出一审判决,认定侵权行为成立,判决王洪向原告支付赔偿金50万元,《生活时报》和《微电脑世界周刊》支付240,356.8元。责令三被告刊登道歉声明。2000年12月19日北京市第一中级人民法院作出二审宣判,判决王洪停止在国际互联网上对北京恒升远东电子计算机集团名誉权的侵害、删除全部主页内容,注销网址以及主页有链接的镜像域名,在新浪网、网易等中文站点刊登向北京恒升远东电子计算机集团致歉的声明,声明须经本院审查许可;王洪赔偿北京恒升远东电子计算机集团经济损失人民币9万元(一审判决50万元)。①

(2)1996年6月,陈某和谢某等30名消费者联名向甘肃省华亭县工商局申诉,他们在华亭县安口镇"好运来"餐厅就餐引起食物中毒。

经查明,1996年5月20日,安口煤矿杨氏太极拳协会举办活动后,陈某、谢某等30名会员在"好运来"餐厅吃饭后不久,就餐人员相继出现胃疼、呕吐、腹泻等症状,先后有20多人到医院治疗或购药治疗。经医院检查化验证实,就餐人员出现的症状为细菌性食物中毒。

"好运来"餐厅经营者李某,不注意饮食卫生,以致引起众多消费者食物中毒,违反了《消费者权益保护法》的有关规定,损害了广大消费者身体健康。依据《消费者权益保护法》第11条"消费者因购买、使用商品或者接受服务受到人身、财产损害的,享有依法获得赔偿的权利",第41条"经营者提供商品或者服务,造成消费者或者其他受害人人身伤害,应当支付医疗费、治疗期间的护理费",以及第50条"经营者有下列情形之一,由工商行政管理部门责令改正,可以根据情节单处或者并处警告、没收违法所得、处以违法所得一倍以上五倍以下的罚款"的规定,甘肃省华亭县有如下决定:① 支付陈某等人的医疗费1066.29元;② 罚款500元;③ 责令餐厅停业整顿。

(3)1996年1月22日,山东省济南市工商行政管理局接到消费者申某

---

① 参见《恒升诉王洪案》,载新浪网,https://tech.sina.com.cn/h/n/46907.shtml。

的申诉:申某于1996年1月18日在济南市中大观泰丰商场以每盘9元的价格购买了3盘录音磁带。购买时,营业员承诺:如有质量问题可以退换。第二天上午,申某感到其中一盘磁带音质不好,便立即到该店要求退换。双方为此发生争执,各不相让,申某顺手从柜台内待出售的磁带中拿了一盘,以作更换。营业员随即追出门外要回磁带,并召集与之相识的几名社会闲杂人员对申某进行殴打(打人者已由公安机关处理),致使其眼睛红肿、鼻子流血,不能正常工作,申某的合法权益受到严重侵害。经查明,消费者申某申诉的情况属实,并给其造成巨大的身心伤害。根据《消费者权益保护法》第43条"侵害消费者的人格尊严或者侵犯消费者的人身自由的,应当停止侵害、恢复名誉、消除影响、赔礼道歉并赔偿损害"的规定,济南市工商局组织双方调解,达成了济南市中大观泰丰商场一次性补偿受侵害人申某800元的协议,并当即予以履行。同时,济南市中大观泰丰商场无理由拒绝申某的退货要求,并对其殴打的行为,违反了《消费者权益保护法》第50条的规定,已构成侵害消费者合法权益行为,济南市工商局对其作出500元的罚款决定。①

第三节 第三阶段(2002—2013年)

一、法律变迁

进入21世纪后,中国的经济体制改革已经进入攻坚阶段。2001年中国加入世贸组织后,国内市场上假冒伪劣商品问题依然突出,已经成为政府必须尽快解决的难题。为此,消费者保护的立法范围和以前相比也明显扩大,从过去的食品、药品以及日常用品等,扩大到消费者的信息、环保、安全等各方面,例如,2004年《电子签名法》、2006年《农产品质量安全法》、2007年《物权法》、2009年《食品安全法》等具有新时代特点的法律陆续制定。至此,由《消费者权益保护法》《民法通则》《产品质量法》《食品安全法》等组成的消费者保护法律体系初步形成。

---

① 参见《96侵害消费者权益典型案例选》,载《工商行政管理》1997年第6期。

二、消费者权益保护中的突出问题

1. 2002年全国消协组织受理投诉情况分析①

表 2-3-1

按性质	质量	65.6%
	安全	1.7%
	价格	7.6%
	计量	4.9%
	广告	1.8%
	假冒	3.7%
	虚假品质表示	1.3%
	营销合同	1.6%
	人格尊严	0.2%
	其他	11.6%
按类别	家用电子电器	19.6%
	家用机械	6.1%
	百货	40.8%
	房屋及装修建材	5.9%
	农用生产资料	4.8%
	服务	18.7%
	其他	4.1%

2002年消费者投诉的主要特点是投诉总量下降,究其原因如下:

第一,消费者合法权益的行政保护得到了加强。国家更加重视对消费者权益的保护工作,行政机构改革已完成,云南省、山东省等地陆续出台消费者权益保护条例等法规;中消协和地方各级消费者协会组织,围绕整顿和规范市场经济秩序工作,坚持依法保护消费者权益的原则,积极开展"科学消费"年主题活动,努力加强自身的正规化、制度化建设,在推动消费者权益保护工作方面有了新的进展。

第二,消费者合法权益的司法保护力度不断加强。法院组织通过制定司

---

① 参见《2002年全国投诉情况分析》,载中国消费者协会网,http://www.cca.org.cn/tsdh/detail/20581.html。

法解释,运用简易审理程序等形式,方便消费者通过司法渠道保护自己的合法权益。

第三,企业自律意识增强。大部分经营者已意识到信誉的重要性,愿意通过自行提高商品和服务的质量,增强企业自律,去适应激烈的市场竞争。这使大量的消费争议能够通过协商得到妥善解决。

2. 2003年全国消协组织受理投诉情况分析[①]

表 2-3-2

按性质	质量	63.7%
	安全	2.2%
	价格	8.0%
	计量	4.4%
	广告	2.0%
	假冒	2.9%
	虚假品质表示	1.4%
	营销合同	2.2%
	人格尊严	0.3%
	其他	12.9%
按类别	家用电子电器	22.3%
	家用机械	5.8%
	百货	36.4%
	房屋及装修建材	6.4%
	农用生产资料	4.1%
	服务	19.9%
	其他	5.1%

2003年消费者投诉的主要特点如下:

第一,投诉总量为695,142件,增幅平缓,较2002年增长0.73%,其中质量、计量问题有所下降。随着国务院对整顿和规范市场经济秩序力度的加大,行政主管部门对市场监管的加强,消费者协会维权渠道的拓展,传统的质量、计量、假冒等性质的投诉都出现了不同程度的下降。

第二,通过对"营造放心消费环境"年主题的广泛宣传,广大消费者更加

---

① 参见《2003年全国投诉情况汇总——2003年全国消协投诉统计分析之一》,载中国消费者协会网,http://www.cca.org.cn/tsdh/detail/20584.html。

注重依法维护自己的合法权益。特别是由全国消费者协会共同开展的"不平等格式合同条款系列点评活动",对消费领域中存在的不平等格式条款和显失公平的行业惯例逐条剖析,猛烈抨击,有力地动员了广大消费者和专家、学者等社会各方面力量,开辟了对商品和服务加强监督的新途径。通过点评,社会各界开始普遍关注格式条款的公平性,对各种司空见惯的行规、惯例纷纷提出质疑,维权意识不断提高。

第三,司法和行政机关陆续出台的一些司法解释和行政规章,对消费者权益保护事业起到了积极促进作用。如最高人民法院出台的《关于审理商品房买卖合同纠纷案件适用法律若干问题的解释》;河南鹤壁市法院对售房欺诈案件适用《消费者权益保护法》判决加倍赔偿的案例;部分地方政府出台的"房屋销售按套内面积计价"的规定等,使原来横亘在消费者面前的"坚冰"逐步融化。最高人民法院出台的《关于审理人身损害赔偿案件适用法律若干问题的解释》,以及信息产业部连续两次召开的电话卡余额处理问题的座谈会、国家质监总局会议通过2004年实施的缺陷产品召回制度,都在保护消费者权益方面迈出了可喜的步伐。

第四,发展型和享受型消费投诉比重继续上升,生存型消费投诉比例下降。曾经在消费生活中占有举足轻重地位的"老三件"、服装鞋帽等已经基本退出占据投诉"关注点"的历史舞台,取而代之的是手机、汽车、计算机、互联网、短信等产品和留学中介、教育培训等服务的投诉增幅较大。

3. 2004年全国消协组织受理投诉情况分析①

表 2-3-3

按性质	质量	65.2%
	安全	2.3%
	价格	6.8%
	计量	3.5%
	广告	2.3%
	假冒	2.4%
	虚假品质表示	1.6%
	营销合同	2.7%
	人格尊严	0.4%
	其他	12.8%

---

① 《中消协2004年全国消费投诉情况汇总》,载中国消费者协会网,http://www.cca.org.cn/tsdh/detail/20592.html。

(续表)

按类别	家用电子电器	24.2%
	家用机械	6.2%
	百货	33.9%
	房屋及装修建材	6.3%
	农用生产资料	4.4%
	服务	20.3%
	其他	4.7%

2004年全年投诉的主要特点如下。

第一,投诉总量为724,229件,较前两年大幅度的增长,较2003年增长4.18%。主要原因是经过多年的宣传教育,消费者依法维权意识不断得到加强,自我保护能力不断提高。当自身权益受到侵害时,越来越注意利用法律武器讨公道。

第二,纠纷解决增长率低于投诉增长率,经消费者协会调解,不能达成和解协议的约有12,000件,这些投诉一般具有久拖不决、涉及范围广、影响面大的特点。这一类投诉主要涉及商品房、公用服务、金融、保险等行业,而难以解决的主要原因在于,有些属于经营者钻法律的"空子",有些自恃垄断行业特殊的经营地位,有些属于长期计划经济条件下形成的陈旧经营观念和思维模式难以改变。仅凭消费者协会的力量短期内不易解决这类投诉,还需要社会各有关方面共同努力。

第三,消费者合法权益的行政保护和司法保护力度加大。加倍赔偿数量、金额、支持消费者起诉的数量上升幅度都在10%以上,但来访咨询的数量呈下降趋势。

第四,随着消费市场的升级,消费者对价格、计量、假冒方面的关注程度下降,而更加关注对于涉及消费方面的合同、安全、虚假广告、虚假品质表示、人格尊严。

4. 2005年全国消协组织受理投诉情况分析[①]

表2-3-4

按性质	质量	65.9%
	价格	6.3%
	计量	2.9%

---

① 参见《中消协2005年全国消协组织受理投诉情况统计分析》,载中国消费者协会网,http://www.cca.org.cn/tsdh/detail/20589.html。

（续表）

按性质	营销合同	2.8%
	安全	2.1%
	假冒	2.0%
	广告	1.7%
	虚假品质表示	1.4%
	人格尊严	0.4%
	其他	14.5%
按类别	百货	31.3%
	家用电子电器	25.8%
	服务	22.2%
	家用机械	6.1%
	房屋及装修建材	5.7%
	农用生产资料	4.3%
	其他	4.6%

2005年的投诉呈现出"三降三升"的特点。

第一，投诉总量为703,822件，较去年下降了2.8%，消费者获得加倍赔偿案件的数量和赔偿金额上升。2005年受理件数、解决件数、挽回损失、政府罚没款、来访咨询都有所下降，各级消费者协会处理投诉的方式不断创新，工作更有成效。

第二，各种不同性质的投诉绝大部分下降，只有营销合同投诉上升。消费市场也是合同市场，消费活动中格式合同应用越来越多，由于一些格式合同条款加重消费者义务、减轻经营者责任，所以引发的消费纠纷也越来越多，说明消费市场的格式合同应当进一步规范。

第三，百货、家用机械等生活消费比重下降，享用型的家用电子电器类和服务消费投诉上升。不断上市的电子产品令人眼花缭乱，市场良莠不齐，鱼龙混杂。服务市场花样层出不穷，免费、赠送、打折等营销活动常有陷阱，防不胜防。企业特别是商业企业营销活动中的诚信意识和责任意识亟待加强。

5. 2006年全国消协组织受理投诉情况分析①

表 2-3-5

按性质	质量	64.3%
	价格	6.2%
	计量	2.2%
	营销合同	3.0%
	安全	2.0%
	假冒	1.8%
	广告	1.6%
	虚假品质表示	1.3%
	人格尊严	0.4%
	其他	17.2%
按类别	百货	30.0%
	家用电子电器	27.7%
	服务	23.3%
	家用机械	5.7%
	房屋及装修建材	5.6%
	农用生产资料	3.4%
	其他	4.3%

2006年全年投诉的主要特点是：服务投诉热点不减；新的难点不断出现。2006年共受理消费者投诉702,350件，较上一年降低0.2%。

第一，物业管理投诉上升快，主要表现在无法解决开发商遗留的问题，提供的安全、卫生服务不到位，加价收费和超范围、超标准收费，单方制定的合同条款霸气十足，自行租售停车位，擅自提高停车费标准。由于物业管理单位的服务存在诸多不规范的行为，以及对广大业主的投诉反映采取不负责任的态度或者拖延战术，导致矛盾激化，一些业主被迫采取拖欠管理费、水电费、暖气费等极端做法以争取权益。如此又会造成物业管理公司资金周转困难，长期下来形成恶性循环。很多情况下消协调解物业纠纷得不到经营者的积极配合，使得低成本的有利于双方和谐相处的协商途径常常不能解决问题。

第二，电信投诉居高不下，多年积累的问题尚未完全解决。消费者的投诉：一是对垃圾短信泛滥深恶痛绝；二是反映IP电话卡不正常折扣，SP服务商进入

---

① 参见《2006年全国消协组织受理投诉情况统计分析》，载中国消费者协会网，http://www.cca.org.cn/tsdh/detail/20564.html。

市场过多过快、故意设置陷阱诱导消费等问题;三是反映计费不准确、计费存在误差,设置最低消费,市话清单不能全面查询打印、手机双向计费、固话月租费以及停开机费收取不合理等问题;四是反映个别地方网络覆盖不全,信号差等质量问题;五是反映企业在不断推出新业务时配套服务跟不上,承诺不兑现问题。

虽然一些运营企业正在逐步改进,有的还建立起了专门的消费者权益保护部门,但与消费者的需求期望还有差距,电信企业应当承担更大的保护消费者权益的社会责任。

第三,网络消费投诉增长,成为新热点。网络购物作为一种新兴的方式吸引了很多的消费者,但由于其交易方式的特殊性以及监管的困难,消费者投诉也日渐增多。主要表现在因为异地交易和无店铺交易,消费者无法真实了解该商品的具体情况,只能通过广告来比较鉴别,所有具有明显的不确定性。例如,收到的物品与宣传不符,功能欠缺,甚至是残次品;卖家提供虚假信息,收钱不发货,骗取钱财;卖出的东西不开具发票或相关凭证,不负责售后服务,退换困难;依托的网站不承担责任,推诿拖延;利用网络行骗,盗用用户名和密码。

第四,中介机构坑人不浅。社会中介的发展,在给消费者的信息交流提供了高效便利的同时,也存在不少问题和投诉,主要表现在通过媒体发布虚假广告,诱骗消费者上当。利用不平等的格式合同欺诈消费者,扩大消费者的义务,减少经营者的责任。向消费者提供不全面、不真实的信息,对市场需求大的行业随意加价。

6. 2007年全国消协组织受理投诉情况分析[1]

表 2-3-6

按性质	质量	62.0%
	价格	6.0%
	计量	2.1%
	营销合同	5.4%
	安全	2.0%
	假冒	1.8%
	广告	2.0%
	虚假品质表示	1.5%
	人格尊严	0.3%
	其他	16.9%

---

[1] 参见《2007年全国消协组织受理投诉情况统计分析》,载中国消费者协会网,http://www.cca.org.cn/tsdh/detail/20556.html。

	百货	29.3%
	家用电子电器	28.0%
	服务	24.3%
按类别	家用机械	5.5%
	房屋及装修建材	5.7%
	农用生产资料	2.9%
	其他	4.3%

2007年消费者投诉的主要特点如下：

第一，2007年共受理消费者投诉656,863件，较2006年下降6.4%。受理数和解决率均继续呈下降的趋势，但为消费者挽回经济损失上升，表明投诉的标的额不断增长。加倍赔偿的数量增长而加倍赔偿的金额下降。另外，消费者对合同、广告、虚假品质表示的投诉同时增长，表明一些经营者的欺骗手段更加隐蔽，诱骗性和危害性更大。

第二，消费者对日用消费品的投诉进一步下降，而对电视购物、网络购物、金融保险、教育培训等新兴的服务行业投诉逐步增多。

第三，个别被媒体曝光的产品也引发了消费者的集中投诉。例如，"锅王胡师傅锅"的问题，即是厨房设备受投诉上升的主要原因。

7. 2008年全国消协组织受理投诉情况分析①

表2-3-7

	质量	59.9%
	价格	5.9%
	计量	2.0%
	营销合同	8.4%
按性质	安全	1.9%
	假冒	1.7%
	广告	1.7%
	虚假品质表示	1.4%
	人格尊严	0.3%
	其他	16.8%

---

① 参见《2008年全国消协组织受理投诉情况统计分析》，载中国消费者协会网，http://www.cca.org.cn/tsdh/detail/20565.html。

(续表)

按类别		
	百货	30.4%
	家用电子电器	25.6%
	服务	25.3%
	家用机械	5.3%
	房屋及装修建材	6.1%
	农用生产资料	2.6%
	其他	4.7%

2008年投诉的主要特点如下：

第一，投诉总量下降，2008年共受理消费者投诉638,477件，较2007年下降2.7%。究其原因：一是各级消协组织推进投诉和解机制建设，开展投诉不出门店等活动，促进经营者与消费者协商和解，鼓励企业自觉履行保护消费者权益的社会责任得到越来越多企业的积极响应；二是有关政府行政部门进一步转变职能，加强监管，建立完善受理消费者申诉机构，消费争议解决的渠道增加；三是更多的行业协会和其他社会组织、新闻媒体加入保护消费者权益的行列，消协投诉有所分流；四是消费者自身素质提高，理性消费、科学消费，加大了对信誉良好的商品和服务的选择力度，消费争议事前防范意识有所增强。

第二，以往投诉量大的部分商品投诉量下降，新兴行业的商品投诉量逐渐上升，投诉的热点难点范围在扩大，侵权的方式也更加复杂和多样化。

8. 2009年全国消协组织受理投诉情况分析①

表2-3-8

按性质		
	质量	58.9%
	价格	5.6%
	计量	1.6%
	营销合同	8.8%
	安全	2.0%
	假冒	1.9%
	广告	2.1%
	虚假品质表示	1.4%
	人格尊严	0.3%
	其他	17.4%

---

① 参见《2009年全国消协组织受理投诉情况分析》，载中国消费者协会网，http://www.cca.org.cn/tsdh/detail/20559.html。

(续表)

按类别	百货	29.1%
	家用电子电器	23.8%
	服务	27.3%
	家用机械	5.1%
	房屋及装修建材	5.5%
	农用生产资料	3.0%
	其他	6.2%

2009年投诉热点分析：

2009年共受理消费者投诉636,799件,较2008年下降0.26%。

第一,航班延误投诉多,服务滞后索赔难。在航空运输服务投诉中,主要问题是:航班延误理由不能服人,跟进服务主动性差,行李小票疏于查验,退票不易索赔难等。应该引起重视的是,一些境外航空公司缺乏保护我国消费者合法权益的服务机构和制度措施,对于消费者的投诉在总部和办事机构之间相互推诿,不能迅速妥善解决问题。

第二,互联网服务投诉持续增多,网络游戏服务问题较多。在互联网投诉中,反映网络游戏服务的相对较多,主要问题是:游戏服务商随意变更服务内容、服务范围和服务期限,游戏积分(点数)和游戏装备等虚拟财产遭到盗用,有的甚至封停消费者的游戏账号,严重侵犯了消费者的合法权益。值得警惕的是,一些不法分子利用网络游戏平台实施诈骗,致使网络游戏消费者上当受骗。

第三,保健食品功效严重夸大宣传,"食品当药品"的广告坑蒙农村消费者。一些经营者往往采用夸大功效宣传、虚构科学根据、"病人"现身说法等手段,通过农村地区的媒体把保健食品非法宣传成具有治疗疑难或慢性疾病作用的药品,诱导农村消费者购买使用,有的甚至一定程度上致使延误疾病的最佳治疗时机。值得注意的是,非法宣传广告正由城市向广大农村地区蔓延。

第四,预付费美容蕴含风险,门店搬迁余额清退难。一些经营者特别是美容服务经营者,一般采用预付费消费方式,要求消费者办理会员卡,消费者在享受消费优惠的同时,一旦服务门店无故易地或一夜蒸发,消费者或难以享受到后续服务,或面临资金被卷逃的风险。

9. 2010年全国消协组织受理投诉情况分析①

表 2-3-9

按性质	质量	54.4%
	价格	5.1%
	计量	1.5%
	营销合同	9.0%
	安全	2.1%
	假冒	2.1%
	广告	2.0%
	虚假品质表示	1.4%
	人格尊严	0.4%
	其他	22%
按类别	百货	26.8%
	家用电子电器	23.8%
	服务	30.0%
	家用机械	5.4%
	房屋及装修建材	5.5%
	农用生产资料	2.4%
	其他	6.1%

2010年投诉热点分析如下：

2010年共受理消费者投诉666,255件,较2009年增长4.6%。

第一,保健类产品广告虚夸。在保健类产品的投诉性质中,除质量问题外,涉及广告和虚假品质表示的比例相对较高。一些保健类产品厂商利用大众传媒进行宣传,有的厂商还采用"医生"坐堂就诊、"专家"点评推荐、"患者"现身说法等极具欺骗性的方式,将只具有某种保健功能的产品虚夸为具有治疗作用的药品,一些老年人购买使用后效果远不及宣传,有的甚至适得其反。

第二,汽车投诉创历史新高。2010年频频出现的汽车召回事件,一方面说明相关厂商对消费者合法权益有所关切,另一方面也给汽车质量安全问题敲响了警钟。此外,根据消费者反映的有关情况,一些汽车销售商将翻新车、事故车当作新车出售,涉嫌消费欺诈。

第三,笔记本电脑故障多。在计算机类产品投诉中,消费者反映的问题

---

① 参见《2010年全国消协组织受理投诉情况分析》,载中国消费者协会网,http://www.cca.org.cn/tsdh/detail/20588.html。

主要表现是：一些笔记本电脑出现死机、异响、高温等故障，经多次维修仍无法解决问题；不少电脑的液晶显示屏出现黑屏、花屏或屏闪等情况；部分品牌电脑出现质量问题后维修服务不及时；不少厂商随意解释国家"三包"规定，逃避企业责任。此外，一些消费者反映，部分厂商常常以缺少相关零配件为由致使维修时间大大延长，耽误消费者使用。

第四，厨房小家电投诉增长快。在厨房小家电产品投诉中，消费者反映产品材质做工差、使用寿命短、安全存在隐患等问题的相对较多。此外，维修难、服务差、收费高等问题成为小家电产品的软肋。

第五，旅游合同违约问题突出。在旅游投诉中，消费者反映的问题主要集中在：不少旅游公司在未征得消费者同意的情况下，擅自改变线路行程，减少参观景点，增加收费景点，硬塞购物安排，有的导游甚至涉嫌强制消费，严重影响了消费者的旅游感受，损害了消费者的合法权益。在出境旅游服务中，一些导游通过安排大量购物获取不菲收益，但当消费者所购产品出现质量问题后，他们往往推诿搪塞，无视消费者提出的合理要求。

第六，航班延误问题难解决。在航空运输服务投诉中，反映航班延误问题的相对较多。近些年来，航班延误问题一直成为社会关注的热点。然而，航空公司解释航班延误时，不可抗力成为惯常理由，一方面消费者的知情权得不到保障；另一方面企业借此逃避赔偿责任。

第七，互联网服务投诉增幅大。在互联网投诉中，反映宽带接入服务问题的相对较多，主要是网速太慢、网络中断、经常掉线、维修迟缓等问题。此外，因网络安全问题引起的财产损失问题也应引起高度重视。

10. 2011年全国消协组织受理投诉情况分析[①]

表 2-3-10

按性质	质量	50.2%
	价格	5.3%
	计量	1.3%
	营销合同	10.3%
	安全	1.7%
	假冒	1.5%
	广告	1.8%
	虚假品质表示	1.6%
	人格尊严	0.3%
	其他	26%

---

① 参见《2011年全国消协组织受理投诉情况分析》，载中国消费者协会网，http://www.cca.org.cn/tsdh/detail/20570.html。

（续表）

按类别	百货	27.4%
	家用电子电器	22.9%
	服务	33.2%
	家用机械	5.6%
	房屋及装修建材	4.5%
	农用生产资料	2.0%
	其他	4.4%

2011年投诉热点分析如下：

2011年共受理消费者投诉607,263件,较2010年降低8.8%。

第一,汽车投诉再创新高。汽车投诉中,制动系统失灵、发动机性能故障、轮毂氧化过快等关系行车安全的问题成为消费者关注的热点。一些新车在免费保养期内,由于汽车质量不过硬,加上售后服务不到位,刚过保养期就出现质量问题。此外,一些品牌汽车经营者在新车销售过程中,有的在随车附件上做文章,有的故意隐瞒汽车真实情况,侵害消费者的合法权益。

第二,网络团购得实惠难。在销售服务投诉中,与网络购物、电视购物等媒体购物有关的投诉相对较多,而且解决难度也相对较大。特别是一些经营者在开展服务类团购活动中,随意变更团购规则,取消服务内容,致使参团消费者无法享受团购带来的实惠。

第三,快递投诉居高不下。这几年来,邮政基本服务投诉相对平稳,而快递服务因发展迅猛,企业服务能力和管理相对滞后,造成投诉增幅较大。消费者反映快递服务中快件延误、丢失损毁、价格不透明、索赔困难等问题的相对较多,特别是春节前后。虽然总体情况好于去年,但由于一些快递企业业务量增加、人手紧张,相继出现快件延误现象。还有一些快递企业及其服务人员,没有认真执行国家《快递服务标准》的相关规定,在代收货款时仍然坚持"先签字再验货",在消费者签字后出现内件丢失、短少、损毁时,仍然面临索赔难等问题。

第四,银行服务不尽如人意。在金融保险投诉中,消费者反映的主要问题:一是信用卡办卡容易销卡难,收费名目繁多;二是普通客户窗口排长队,理财和VIP客户窗口长时间闲置;三是银行单方为消费者定制服务项目,未履行告知义务乱收费;四是医疗保险投保容易,办理理赔障碍重重。

第五,宽带网络难宽人心。在互联网投诉中,宽带网络服务仍然是投诉热点。消费者反映的宽带网络服务问题:一是申请办理容易安装使用难;二是办理宽带网络捆绑手机服务;三是网络出现故障维修服务迟缓;四是实际网速大大低于名义网速;五是同一区域的固话宽带业务大多只有一家,消费者别无选择。

11. 2012年全国消协组织受理投诉情况分析[①]

表 2-3-11

分类	项目	比例
按性质	质量	51.6%
	售后服务	14.2%
	营销合同	10.6%
	价格	5.4%
	虚假宣传	2.0%
	安全	1.7%
	假冒	1.3%
	计量	1.4%
	人格尊严	0.3%
	其他	11.5%
按商品	家用电子电器	37.55%
	服装鞋帽	15.6%
	食品	11.61%
	日用商品	11.34%
	交通工具	7.86%
	房屋建材	7.32%
	烟、酒和饮料	3%
	农用生产资料	2.25%
	首饰及文体用品	1.88%
	医药及医疗用品	1.59%
按服务	生活、社会服务	27.17%
	销售服务	21.1%
	电信服务	16.98%
	互联网服务	11.38%
	公共设施服务	5.29%
	卫生保健服务	3.52%
	邮政业务	3.52%
	房屋装修及物业服务	3.41%
	教育培训服务	2%
	文化、娱乐、体育服务	1.92%

[①] 参见《2012年全国消协组织受理投诉情况分析》,载中国消费者协会网,http://www.cca.org.cn/tsdh/detail/20596.html。

(续表)

按服务	旅游服务	1.48%
	金融服务	1.03%
	保险服务	0.95%
	农业生产技术服务	0.24%

2012年投诉热点分析如下：

2012年共受理消费者投诉543,338件,较2011年降低10%。

第一,网络团购陷阱多实惠少。不少经营性团购网站,由于对入住网站的商家或个人的资质审查不严、管理措施乏力、事后补救欠妥,一些诚信缺失的经营者利用网络购物互不照面的优势,以及消费者维权嫌麻烦的心理,向消费者提供质价严重不符的产品和服务。

第二,银行服务卡在服务管理上欠佳。在信用卡服务投诉中,超过三成投诉涉及售后服务问题。消费者反映银行服务的主要问题:一是消费者初次办理信用卡后,未经消费者确认,银行就擅自为消费者开卡收年费;二是消费者信用卡到期后,银行未经消费者同意就寄送新卡并开卡收年费;三是少数银行未经消费者同意,就擅自从账户中扣取包年短信通知费;四是少数消费者发现其银行账户余额出现随意增减情况后,被告知是银行的正常冲账行为。

第三,有线宽带网络接入难顺畅。消费者反映问题主要有:出现使用故障服务慢、宽带网络接入网速低、无线网络连接常掉线。例如,广东消费者李先生于2012年4月1日在网上营业厅成功办理将2M提升到4M以包年宽带网络接入服务。直到5月初,网络运营商才正式为消费者升级到4M,但网络连接频繁出现故障,经技术人员多次调试后仍无法解决。6月11日,网络运营商同意消费者退款,但要扣除5、6月份的宽带包月费用。

第四,高价白酒假冒问题多。一些经营者打着专卖的旗号,向消费者销售假冒烟酒,牟取非法利益,部分高价名酒成为假冒的重灾区,致使很多消费者上当受骗。

第五,房屋合同纠纷投诉集中度高。在合同问题投诉中,消费者反映的问题主要有:一些开发商违反合同约定,对于事先向消费者收取的"定金"不予退还,更谈不上按定金额度双倍返还;一些开发商任意延期交房,向消费者摊派不合理费用等。

第六,家用轿车售前售后大变脸。质量、合同和售后服务是家用轿车投诉的三大主要问题。一些汽车经营者售前诱导消费者预付定金或加价款,一旦汽车交付存在"困难"或汽车质量出现问题,经营者往往以各种理由拒不承担责任。

12. 2013年全国消协组织受理投诉情况分析①

表 2-3-12

按性质	质量	42.9%
	合同	16.8%
	售后服务	15.1%
	价格	3.7%
	虚假宣传	1.7%
	安全	1.3%
	假冒	1.1%
	计量	1.0%
	人格尊严	0.4%
	其他	16.0%
按商品	家用电子电器	38.71%
	服装鞋帽	13.92%
	食品	10.05%
	日用商品	12.47%
	交通安全	8.89%
	房屋建材	6.65%
	烟、酒和饮料	2.83%
	农用生产资料	2.32%
	首饰及文体用品	2.64%
	医药及医疗用品	1.52%
按服务	生活、社会服务	22.18%
	销售服务	18.16%
	电信服务	14.78%
	互联网服务	10.95%
	公共设施服务	5.24%
	卫生保健服务	0.89%
	邮政业务	4.86%
	房屋装修及物业服务	2.48%
	教育培训服务	2.31%
	文化、娱乐、体育服务	2.25%
	旅游服务	1.3%
	金融服务	0.61%

---

① 参见《2013年全国消协组织受理投诉情况分析》，载中国消费者协会网，http://www.cca.org.cn/tsdh/detail/20552.html。

(续表)

	保险服务	0.68%
	其他商品服务	12.95%

2013年投诉热点分析如下:

2013年共受理消费者投诉702,484件,较2012年增长29.2%。

第一,网络购物投诉居高不下。网络销售模式的蓬勃发展给消费者以更多的选择。但在网上购物快速发展的同时,诚信问题正日益成为制约其健康发展的主要因素:一是假冒伪劣商品同样存在于网购市场,消费者网购上当受骗之事屡有发生;二是有的商家服务质量差,逾期发货、发货不符合约定等问题存在;三是售后服务难兑现。网购发生纠纷,消费者欲退货,一些商家置之不理或者拒绝退货、拖延时间,推卸责任。

第二,家用汽车及零部件投诉增加明显。随着百姓生活水平的提高,家用轿车逐渐由奢侈品变为了代步工具,家庭汽车消费日益增长,但伴随着汽车拥有量的不断提高,有关汽车及汽车零部件的各项投诉也明显增加。投诉数量的明显增加,也与国家加强对汽车消费者的保护与消费者维权意识的提高有关。2013年10月1日,《家用汽车产品修理、更换、退货责任规定》正式实施后,汽车类产品的投诉明显增加。分析表明,质量问题、合同问题和售后服务问题是家用轿车投诉的三大主要问题,质量问题仍为消费者投诉的重中之重。

第三,家电售后承诺兑现难。主要问题是如空调、冰箱、彩电、洗衣机等家电,消费者购买时厂家承诺的三包期为3年,而出现问题后,三包期内经营者拒绝为消费者提供免费修理;维修时间随意性大,并常以各种不合理借口延期维修;售后零配件价格不公开透明,侵害了消费者的知情权。

第四,快递服务投诉增多。随着远程购物的快速发展,快递业务逐渐兴盛,同时相应的投诉量也明显增加。

第五,保健品销售专盯中老年人。主要表现为:商家有意识的选择患有慢性疾病、追求健康心切的中老年人作为销售对象;在消费者信任度高的报刊、电视、电台等主流媒体上发布保健品信息;保健品在销售的过程中,存在夸大虚假宣传等违规行为,消费者使用后无法达到宣传效果,有的消费者因为误信宣传甚至耽误了正常治疗;由于保健品销售涉及的人员复杂、行踪不定、环节多,销售商多是跨地域销售,很多都没有固定经营场所,所以致使保健品投诉处理难。

三、典型案例

(1)2012年7月27日、28日,孟某分别在广州健民医药连锁有限公司(以下简称健民公司)购得海南养生堂药业有限公司(以下简称海南养生堂公司)监制、杭州养生堂保健品有限责任公司(以下简称杭州养生堂公司)生产的"养生堂胶原蛋白粉"共7盒,合计1736元,生产日期分别为2011年9月28日、2011年11月5日。产品外包装均显示产品标准号:Q/YST0011S,配料包括"食品添加剂(D-甘露醇、柠檬酸)"。各方当事人均确认涉案产品为普通食品,成分含有食品添加剂D-甘露醇,属于超范围滥用食品添加剂,不符合食品安全国家标准。孟某因向食品经营者索赔未果,遂向广东省广州市越秀区人民法院起诉,请求海南养生堂公司、杭州养生堂公司、健民公司退还货款1736元并10倍赔偿货款17,360元。

一审法院判决杭州养生堂公司退还孟某所付价款1736元,海南养生堂公司对上述款项承担连带责任。孟某不服该判决,向广州市中级人民法院提起上诉。

二审法院经审理认为,第一,本案当事人的争议焦点在于涉案产品中添加D-甘露醇是否符合食品安全标准的规定。涉案产品属于固体饮料,并非属于糖果,而D-甘露醇允许使用的范围是限定于糖果,因此根据食品添加剂的使用规定,养生堂公司在涉案产品中添加D-甘露醇不符合食品安全标准的规定。杭州养生堂公司提供的证据不能支持其主张。第二,关于本案是否可适用《食品安全法》(2009年)第96条关于10倍赔偿的规定。本案中,由于涉案产品添加D-甘露醇的行为不符合食品安全标准,因此,消费者可根据该规定,向生产者或销售者要求支付价款10倍的赔偿金。孟某在二审中明确只要求海南养生堂公司和杭州养生堂公司承担责任,要求海南养生堂公司和杭州养生堂公司应向其支付涉案产品价款10倍赔偿金。二审法院判决杭州养生堂公司向孟某支付赔偿金17,360元,海南养生堂公司对此承担连带责任。

(2)2010年10月1日,赵某在北京泛美卓越家具有限责任公司(以下简称泛美公司)购买家具若干件,合计价款23,960元。涉案家具上有该公司注明的"桦木""美国赤桦木""胡桃木"等字样,且家具送货单上加注了上述家具为"实木"。后赵某发现涉案家具材质为板木结合,遂诉至北京市朝阳区人民法院,请求退还涉案家具及货款等,并赔偿23,960元。

泛美公司承认涉案的部分产品存在质量瑕疵,但否认构成产品质量问题,并认为其在销售过程中告知过赵某涉案产品为板木结合,但是泛美公司并不能提供涉案家具的进货凭证、购货发票、产品合格证、说明书等。

一审法院经审理认为,泛美公司提供的证据不足以证明涉案家具的真实信息及品质,应承担相应的产品质量责任。同时,结合送货单上的加注以及泛美公司产品宣传图片中关于产品的文字介绍,表述均为"某某木"或"实木",该家具公司存在引人误解的虚假宣传行为,构成对赵某的欺诈。故判决支持赵某的诉讼请求。泛美公司上诉至北京市第二中级人民法院。2012年

11月20日,二审法院判决维持原判。

（3）2009年3月至8月,吴某在由朱某经营的春和大药房先后8次购买广恩堂牌霍氏鲜清喷剂10盒,金额共计3080元。产品外包装盒注明该产品出品单位为拉萨广恩堂生物科技有限公司(以下简称广恩堂公司),该产品委托生产商为贵州苗仁堂生物医药科技有限责任公司(以下简称苗仁堂公司)。苗仁堂公司于2006年取得的苗灵牌鲜清喷剂的保健用品陕食药监健用字06070258号生产批准证书已于2008年7月被陕西省食品药品监督管理局依法公告注销,且该公告中明确"凡以原批准文号继续生产的,应视为违法生产行为"。鉴此,吴某向江苏省无锡市崇安区人民法院起诉,请求朱某加倍赔偿其6160元。朱某认为吴某知假买假不是消费者,应当驳回起诉。一审法院判决驳回吴某的诉讼请求。吴某上诉被驳回后又申请再审。

无锡市中级人民法院再审认为,经营者与消费者进行交易,应当遵循自愿、平等、公平、诚实信用的原则。经营者应当向消费者提供有关商品或者服务的真实信息,不得做引人误解的虚假宣传。吴某在春和大药房购买的广恩堂牌霍氏鲜清喷剂均由苗仁堂公司生产。鉴于广恩堂公司委托已被注销生产许可的苗仁堂公司生产鲜清喷剂属违法行为,且该产品存在引人误解的虚假宣传,故春和大药房销售上述产品应认定为存在欺诈行为,应当按照消费者的要求增加赔偿其受到的损失,增加赔偿的金额为消费者购买商品的价款的1倍。本案中吴某要求春和大药房业主朱某增加给付其购买产品价款3080元的1倍赔偿共计6160元的诉讼请求,应予支持,故判决朱某赔偿吴某6160元。①

四、2002—2013年全国消费者投诉分析小结

1. 2002—2013年全国消协组织受理投诉情况分析(按性质分类)

表2-3-13

年份\类别	2002	2003	2004	2005	2006	2007	2008	2009	2010	2011	2012	2013
质量	65.6%	63.7%	65.2%	65.9%	64.3%	62.0%	59.9%	58.9%	54.4%	50.2%	51.6%	42.9%
安全	1.7%	2.2%	2.3%	2.1%	2.0%	2.0%	1.9%	2.0%	2.1%	1.7%	1.7%	1.3%
价格	7.6%	8.0%	6.8%	6.3%	6.2%	6.0%	5.9%	5.6%	5.1%	5.3%	5.4%	3.7%
计量	4.9%	4.4%	3.5%	2.9%	2.2%	2.1%	2.0%	1.6%	1.5%	1.3%	1.4%	1.0%
广告	1.8%	2.0%	2.3%	1.7%	1.6%	2.0%	1.7%	2.1%	2.0%	1.8%	2.0%	1.7%

---

① 参见《最高法院分布10起维护消费者权益典型案例》,载《人民法院报》2014年3月16日。

(续表)

年份 类别	2002	2003	2004	2005	2006	2007	2008	2009	2010	2011	2012	2013
假冒	3.7%	2.9%	2.4%	2.0%	1.8%	1.8%	1.7%	1.9%	2.1%	1.5%	1.3%	1.1%
虚假品质	1.3%	1.4%	1.6%	1.4%	1.3%	1.5%	1.4%	1.4%	1.4%	1.6%		
营销合同	1.6%	2.2%	2.7%	2.8%	3.0%	5.4%	8.4%	8.8%	9.0%	10.3%	10.6%	16.8%
人格尊严	0.2%	0.3%	0.4%	0.4%	0.4%	0.3%	0.3%	0.3%	0.4%	0.3%	0.3%	0.4%
售后服务											14.2%	15.1%

2. 2002—2013年全国消协组织受理投诉情况分析(性质分类曲线图)

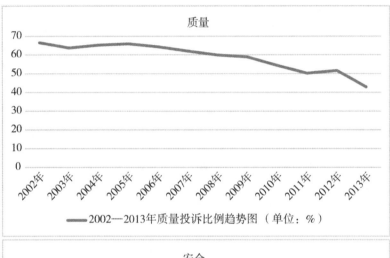

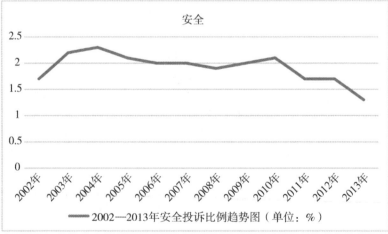

图 2-3-1

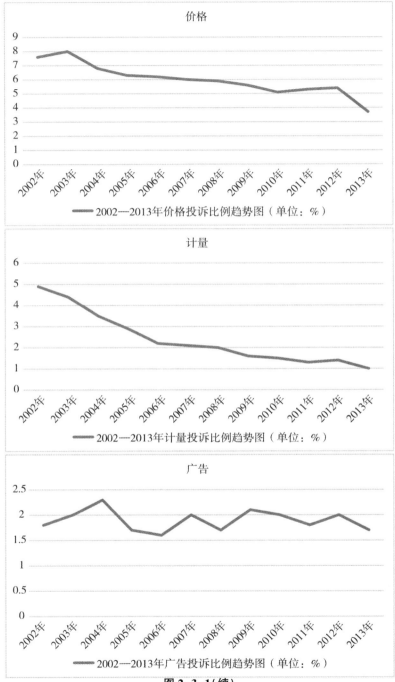

图 2-3-1(续)

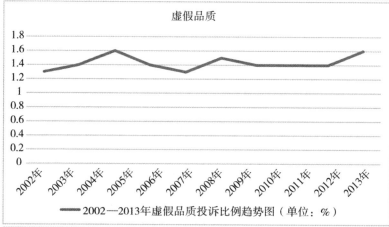

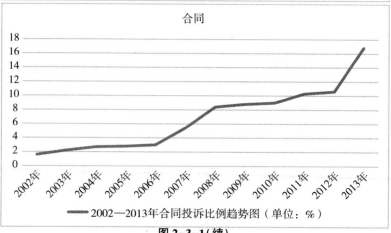

图 2-3-1(续)

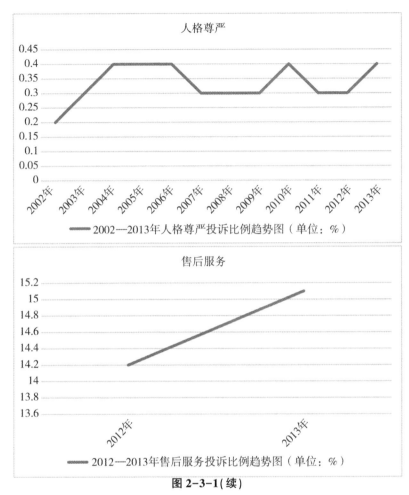

图 2-3-1(续)

3. 2002—2011 年全国消协组织受理投诉情况分析(按类别分类)(注:2012 年起类别划分为商品类及服务类)

表 2-3-14

年份 类别	2002	2003	2004	2005	2006	2007	2008	2009	2010	2011
家用电子电器	19.6%	22.3%	24.2%	25.8%	27.7%	28.0%	25.6%	23.8%	23.8%	22.9%
家用机械	6.1%	5.8%	6.2%	6.1%	5.7%	5.5%	5.3%	5.1%	5.4%	5.6%
百货	40.8%	36.4%	33.9%	31.3%	30.0%	29.3%	30.4%	29.1%	26.8%	27.4%

（续表）

年份 类别	2002	2003	2004	2005	2006	2007	2008	2009	2010	2011
房屋及装修建材	5.9%	6.4%	6.3%	5.7%	5.6%	5.7%	6.1%	5.5%	5.5%	4.5%
农用生产资料	4.8%	4.1%	4.4%	4.3%	3.4%	2.9%	2.6%	3.0%	2.4%	2.0%
服务	18.7%	19.9%	20.3%	22.2%	23.3%	24.3%	25.3%	27.3%	30.0%	33.2%

4. 2002—2011年全国消协组织受理投诉情况分析（类别曲线图）

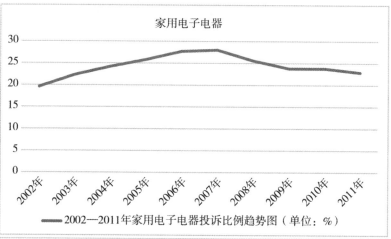

图 2-3-2

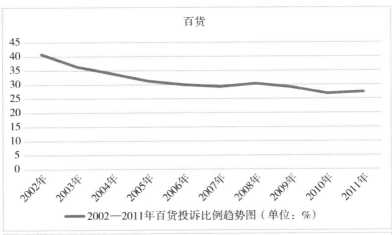

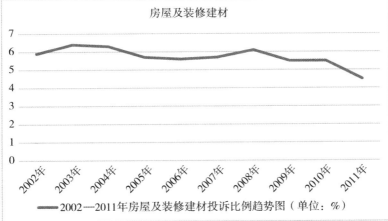

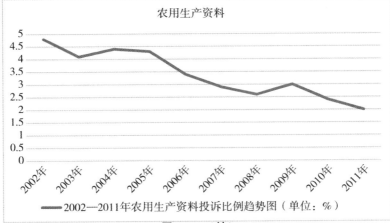

图 2-3-2(续)

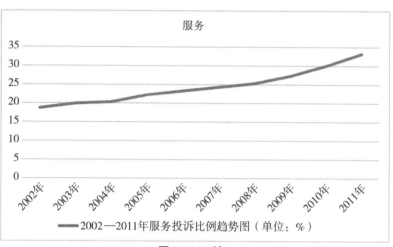

图 2-3-2(续)

第四节　第四阶段(2014—2020 年)

一、法律变迁

随着社会、经济的高速发展,中国已大步迈入互联网经济的新时代,电子商务开始崭露头角,市场领域涌现出不少新型的消费形式,包括互联网服务(如网购、跨境电商、农村电商等)、分享经济型服务(如网约车、共享单车等),而新兴消费领域的法律法规仍不完善,部分领域由于发展过快,存在较为突出的新型消费纠纷,成为新消费阶段的"重灾区"。酝酿于 20 世纪 80 年代、出台于 20 世纪 90 年代初的《消费者权益保护法》逐渐显示出不适应的一面。在相关主管部门及立法机关的不懈努力下,熔铸了我国消费者权益保护立法及实践经验的新《消费者权益保护法》在 2014 年 3 月 15 日正式施行,此次修订内容涉及面广,对时下流行的网络购物、公益诉讼、惩罚性赔偿等有关消费者权益保护的问题,作了明确规定。

2019 年 1 月 1 日,由第十三届全国人大常委会第五次会议表决通过的《中华人民共和国电子商务法》(以下简称《电商法》)开始施行。《电商法》的实施标志着中国正式进入新电商时代,电子商务从原先的自由生长逐渐过渡演化为合法合规治理。

二、消费者权益保护中的突出问题

1. 2014年全国消协组织受理投诉情况分析①

表2-4-1

按性质	质量	45.8%
	合同	12.97%
	售后服务	17.91%
	价格	2.94%
	虚假宣传	1.47%
	安全	2.08%
	假冒	0.89%
	计量	0.81%
	人格尊严	0.46%
	其他	14.67%
按商品	家用电子电器	38.40%
	服装鞋帽	15.19%
	食品	7.9%
	日用商品	12.91%
	交通工具	10.06%
	房屋建材	7.35%
	烟、酒和饮料	2.57%
	农用生产资料	1.66%
	首饰及医疗用品	2.82%
	医药及医疗用品	1.13%
按服务	生活、社会服务	20.76%
	销售服务	9.62%
	电信服务	8.22%
	互联网服务	10.16%

---

① 参见《2014年全国消协组织受理投诉情况分析》，载中国消费者协会网，http://www.cca.org.cn/tsdh/detail/24839.html。

(续表)

按服务	公共设施服务	2.66%
	卫生保健服务	0.23%
	邮政业务	2.87%
	房屋装修及物业服务	1.97%
	教育培训服务	2.26%
	文化、娱乐、体育服务	2.31%
	旅游服务	0.6%
	金融服务	0.47%
	保险服务	0.41%
	其他商品服务	37.47%

2014年投诉热点分析。

(1)投诉热点日趋多元化,群体投诉显著增加。从历年消协组织受理投诉统计情况分析来看,2008年前涉及的消费者投诉热点主要集中在家用电子电器、日用百货、食品等家居常用消费品。近年来,随着我国居民消费从雷同化、排浪化到个性化消费的转变,消费投诉热点也开始呈现多元化。从2014年消协组织受理消费者投诉热点来看,在汽车、商品房、假冒农资产品、网络购物、装修建材、消费者个人信息泄露、旅游服务、预付款购物、快递服务等方面消费者的投诉呈上升趋势。并且,以往消费者投诉问题的性质主要是商品质量,现在消费者投诉问题性质涉及安全、价格、计量、假冒、合同、虚假宣传、人格尊严等多个方面。投诉涉及的商品和服务种类多、性质复杂。随着互联网,特别是移动互联网的普及,消费者之间的沟通渠道和方式增多,因此当新修改的《消费者权益保护法》实施后,消费者的群体投诉也开始显著增加。

(2)远程购物和预付款消费投诉不断增加。在消费升级、消费方式变化的影响下,远程购物(包括网络、电视、电话、邮购等)和预付款消费已经非常普遍,这两种购物方式对信用要求较高。而国内的信用体系建设并不完善,信息沟通机制也不畅通,经营者信用意识尚待强化,因而容易产生消费纠纷,导致相关投诉增多。

消费者网络购物投诉反映的突出问题:一是交易对象不明确,消费者的知情权难以得到保护;二是虚假宣传误导消费;三是消费者个人信息被侵犯;四是网上购物付款安全存隐患;五是售后服务不尽如人意,退换货困难,延迟发货的现象也时有发生。

近年来,预付卡消费已成为一种新的高品质服务消费方式。所谓预付卡消费,是指经营者通过发行预付凭证、预缴预存等方式向消费者收取预付费用后,按照约定分期兑付商品或者提供服务的经营模式。

消费者反映预付款式消费较为集中的问题:一是发卡时的承诺不兑现。不少经营者在销售时做出种种承诺诱使消费者购买消费卡,之后却不能兑现承诺。主要体现在:服务"缩水",降低服务质量或者限制减少消费范围;以种种理由提价加钱,使持卡消费金额比现金付款还高;在服务过程中强制向消费者销售其他商品或服务,并从卡中予以扣款等。二是发卡商家改址、关店。已经发生多起在消费者办理预付款消费卡后,经营场所突然关闭或经营主体变更等情形,导致消费者的预付卡无法继续使用,也找不到商家退卡。三是以"一经售出、概不退卡"为由,规避违约责任。消费者办卡后,对服务感觉不满意,或因客观情况变化不能继续享受服务时,退卡困难。

(3)旅游消费欺诈购物问题依然突出。消费者对旅游相关的投诉问题:一是旅游合同不透明。旅行社提供的旅游合同,对旅游线路行程、时间安排、交通工具及档次等级、住宿安排及住宿酒店档次等级、景点(景区)及游览线路等内容,往往采取模糊化处理,发生消费纠纷时,旅行社给出的解释不利于消费者。二是旅游购物问题多。在旅游景点或旅游行程安排的购物活动中,很多商品存在以次充好、价格虚高、缺少卫生许可等问题,还有一些旅行社违规安排的购物店也存在诱导消费、强制购买、质次价高等问题。三是旅游骗局多。一些旅行社在国内热点旅游线路上,往往会安排一些自费项目,这些项目有些还是重要的观光景点。这是旅行社通过"票价回扣"获取利益的手段,消费者在不知情的情况下被骗消费。四是在境外旅游代购后维权难。消费者在国外旅游时,有时会委托导游或他人代理购物,因代购涉及环节较多,消费者回国后一旦发现产品价格名不符实、质量有缺陷等问题,需要导游协助办理修、退、换货时,往往费时费力。同时,个别导游会通过代理购物的方式推荐质次价高的商品。

2. 2015年全国消协组织受理投诉情况分析①

表2-4-2

按性质	质量	44.56%
	合同	10.80%
	售后服务	21.20%
	价格	3.17%
	虚假宣传	1.52%
	安全	0.80%
	假冒	0.82%

① 参见《2015年全国消协组织受理投诉情况分析》,载中国消费者协会网,http://www.cca.org.cn/tsdh/detail/26516.html。

(续表)

	计量	0.57%
	人格尊严	0.24%
	其他	16.32%
按商品	家用电子电器	35.77%
	服装鞋帽	15.22%
	食品	7.01%
	日用商品	13.43%
	交通工具	13.49%
	房屋建材	7.4%
	烟、酒和饮料	2.32%
	农用生产资料	1.44%
	首饰及文体用品	3.04%
	医药及医疗用品	0.88%
按服务	生活、社会服务	33.75%
	销售服务	15.32%
	信息通信服务	14.57%
	互联网服务	14.44%
	公共设施服务	2.58%
	卫生保健服务	0.28%
	邮政业务	7.06%
	房屋装修及物业服务	2.12%
	教育培训服务	3.1%
	文化、娱乐、体育服务	4.82%
	旅游服务	0.75%
	金融服务	0.61%
	保险服务	0.6%
	其他商品服务	0.62%

2015年投诉热点分析。

(1)远程购物投诉呈高发态势。近年来,我国电子商务发展迅猛,与此同时,以网络购物、电视购物为代表的远程购物也成为消费者投诉的多发领域。在远程购物中,消费者主要投诉的对象涉及电商平台、以微商为代表的个人网络商家和电视购物等方面。电商平台被投诉的问题:一是商品质量不合格和假冒的现象比较严重;二是7天无理由退货难落实;三是消费者个人信息遭泄露;四是网上支付安全难保障。微商是近年来新兴的网络交易模式,发展迅速,但由于大部分微商是个人对个人的交易行为,且微商纳入政府监管的时间并不长,所以存在很多问题:一是微商缺乏信用保证体系,如出现消费纠纷时,消费者维权难;二是微商存在虚假宣传行为,实物与宣传不符;三是部分微商的"积赞"等活动难以兑现承诺。除网络购物外,电视购物也是投诉高发区,主要问题包括:虚假宣传,误导消费者,尤其是老年消费者;部分商品存在质量问题,甚至涉嫌假冒伪劣;商品出现问题后,厂商与电视台互相推脱,导致消费者维权难。

(2)跨国跨境购物投诉成为新热点、新难点。近年来中国人跨境消费逐渐升温,同时跨境电商、海外代购等消费形式不断兴起,造成我国的跨国跨境消费投诉呈现激增态势。跨国跨境投诉的问题主要有:一是在跨境旅游中,部分旅行社、导游,利用信息不对称欺诈消费者,或强制消费者购物;二是跨境电商、代购商品的质量存在问题,包括运输过程中造成的损耗,国内外型号不符等;三是跨境商品的售后服务不完善,例如厂商对于境外购买的产品不予保修、退换货等问题。但目前由于我国跨境消费维权机制尚未建立,跨境消费维权环境还不成熟,跨境消费维权难度很大。

(3)预付卡消费欺诈已成顽疾。预付卡消费领域存在的主要问题:一是经营者诚信难保证,部分经营者利用预付卡变相融资、集资、诈骗甚至"跑路";二是在服务过程中,服务与宣传不符,服务缩水;三是经营者利用不合理格式条款限制预付卡使用期限,甚至剥夺消费者的退卡权利。

(4)消费者信息泄露的案件时有发生。新修正的《消费者权益保护法》第 29 条规定,"经营者及其工作人员对收集的消费者个人信息必须严格保密,不得泄露、出售或者非法向他人提供"。近年来,消费者信息泄露的事件时有发生:一是通过非法倒卖获得个人信息;二是利用非法买卖获得的个人信息,冒充其身份进行诈骗。

3. 2016 年全国消协组织受理投诉情况分析[①]

表 2-4-3

按性质	质量	41.47%
	合同	12.23%
	售后服务	22.73%
	价格	5.27%
	虚假宣传	4.8%
	安全	3.16%
	假冒	2.83%

① 参见《2016 年全国消协组织受理投诉情况分析》,载中国消费者协会网,http://www.cca.org.cn/tsdh/detail/27192.html。

(续表)

	计量	1.16%
	人格尊严	0.3%
	其他	6.06%
按商品	家用电子电器	32.53%
	服装鞋帽	15.11%
	食品	7.15%
	日用商品	12.46%
	交通工具	14.37%
	房屋建材	7.44%
	烟、酒和饮料	3.13%
	农用生产资料	2.29%
	首饰及文体用品	3.42%
	医药及医疗用品	2.09%
按服务	生活、社会服务	27.55%
	销售服务	16.58%
	信息通信服务	13.82%
	互联网服务	16.9%
	公共设施服务	4.05%
	卫生保健服务	1.16%
	邮政业务	4.83%
	房屋装修及物业服务	3.62%
	教育培训服务	2.83%
	文化、娱乐、体育服务	4.87%
	旅游服务	1.92%
	金融服务	1.5%
	保险服务	1.19%

2016年投诉热点分析。

(1)手机"质量门"影响大,应引起各方重视。2016年,三星、苹果等多个品牌类手机出现"质量门"。针对三星Galaxy Note 7手机爆炸问题,中国消费者协会约谈三星公司,并对召回提出9点具体要求,督促三星公司及时、有效完成召回。针对苹果手机异常关机问题,中国消费者协会两次发出查询函,督促苹果公司解决iPhone 6s部分批次手机异常关机问题,并找出其他型号手机异常关机的原因,切实保护消费者合法权益。针对8848钛金手机实物与宣传不符的问题,中国消费者协会履行调查和委托鉴定职责,监督8848钛金手机整改线上线下宣传不一致和所用主要材质表述不规范的问题。

在2016年手机消费投诉中,手机类投诉主要问题有:充不上电、无法正常开关机、按键失灵、无故黑屏、接收信号差、"三包"期内不"三包"、手机内预装软件无法删除、泄露消费者隐私等。同时,手机经销商推销的增值服务也存在问题。如向消费者推销会员卡、售后延保卡、通信套餐等,推销的时候宣传得很诱人,待消费者使用时,却增设门槛降低服务质量。此外,水货、组装机、翻新机等问题也较为突出,而且维权比较困难。

(2)"网约车"投诉成新热点,服务标准需完善。"互联网网约车出行"这个新型出行方式作为互联网分享经济的典型代表,为消费者的出行提供了便利,也节省了出行成本,受到越来越多消费者的青睐。随着约车服务的普及,行业中存在的问题也逐步显现,各项服务标准不尽完善,由此导致的消费纠纷成为投诉的新热点。"网约车"服务中主要存在的问题:一是在价格方面,网约车定价机制不透明,高峰时期涨价若干倍、网约车价格一月数变,订单显示金额与实际扣款金额不符,被重复扣款等现象;二是优惠券无法正常使用,经营者拒绝履行邀请好友使用返现等服务承诺;三是部分"网约车"平台没有客服电话联系方式,消费者只能通过电子邮件联系,沟通便捷性相对较差;四是部分"网约车"平台设置不公平的订单取消条款,消费者取消订单需额外扣费或无法取消网约车订单;五是平台开具服务发票需要累积到一定额度,且部分平台不接受消费者自取发票,并收取消费者发票快递费用;六是发生交通事故,经营者拖延赔偿医药费用或者拖延退还消费者先行垫付的费用等;七是部分司机存在驾驶技术不熟练、言语粗俗、服务态度差等问题。

4. 2017年全国消协组织受理投诉情况分析[①]

表2-4-4

按性质	质量	21.75%
	合同	31.07%
	售后服务	28.35%
	价格	3.18%
	虚假宣传	5.87%
	安全	2.37%
	假冒	2.33%
	计量	0.85%
	人格尊严	0.57%
	其他	3.67%

---

① 参见《2017年全国消协组织受理投诉情况分析》,载中国消费者协会网,http://www.cca.org.cn/tsdh/detail/27876.html。

(续表)

按商品	家用电子电器	31.27%
	服装鞋帽	14.54%
	食品	6.86%
	日用商品	13.73%
	交通工具	17.85%
	房屋建材	7.01%
	烟、酒和饮料	3.23%
	农用生产资料	0.82%
	首饰及文体用品	3.24%
	医药及医疗用品	1.45%
按服务	生活、社会服务	15.78%
	销售服务	18.13%
	电信服务	7.3%
	互联网服务	42.53%
	公共设施服务	2.34%
	卫生保健服务	0.39%
	邮政业务	2.74%
	房屋装修及物业服务	2.26%
	教育培训服务	2.7%
	文化、娱乐、体育服务	3.8%
	旅游服务	1.07%
	金融服务	0.7%
	保险服务	0.26%

2017年投诉热点分析。

(1)共享单车押金难退，群体投诉频发。借力移动互联网，共享单车快速发展，据交通运输部不完全统计，仅截至2017年7月，全国共有共享单车运营企业近70家，累计投放车辆超过1600万辆，注册人数超过1.3亿人次，累计服务超过15亿人次。但随着共享单车市场竞争的加剧，悟空单车、3Vbike、町町单车等先后退出运营，这引发了消费者对自己押金安全的担忧，纷纷提出退还押金，但商家的相关售后服务未能跟上，因此出现了退款难等问题。特别是自2017年第三季度以来,全国各地消协组织有关共享单车的投诉骤增。被投诉方主要是酷骑单车、小鸣单车、小蓝单车等被媒体报道倒闭的共享单车经营者。消费者主要反映在向商家申请退还押金后,时隔一个星期、甚至一个月仍未收到押金。

(2)远程购物投诉持续多发。随着我国电子商务的迅猛发展,移动商务的普及和推广,以网络购物、电视购物、广播购物等为代表的远程购物由于其独有的便捷性和直观性,已经被广大消费者认同和接受,但同时也成为消费者投诉的多发领域。在远程购物中,消费者投诉的对象主要涉及电商平台、以微商为代表的个人网络商家和电视购物等。电商平台被投诉的问题:一是商品服务、质量不合格和销售假冒产品;二是消费者个人信息遭泄露;三是网上支付安全难保障。微商市场经营中"三无"产品泛滥、价格虚高、暴力刷屏和虚假宣传是投诉重点问题。

(3)预付式消费成维权重灾区,经营者卷款跑路等违法行为有蔓延之势。随着居民生活水平的提高,娱乐健身、美容美发、餐饮住宿、教育培训、修理服务等服务型行业,向广大消费者推送的健身卡、美容卡、足浴卡、洗车卡、蛋糕卡、积分卡、培训卡等消费预付卡越来越多,众多消费者投诉反映"办卡容易退卡难"。相关投诉存在的主要问题:一是虚假宣传误导。经营者以免费体验、高额折扣优惠、夸大宣传服务质量等为诱饵吸引消费者办理预付卡,一旦消费者发现经营者不履行事先约定或承诺时,难以退卡。二是手续不规范。办卡时,双方并没有签订书面合同或协议,经营者只为消费者提供一张卡片,一旦发生消费争议,消费者的权利难以保障。三是霸王条款限制权利。部分经营者利用协议设置消费陷阱,限制消费者权利。四是擅自终止服务。部分经营者因经营不善等原因,发生关门歇业、易主、变更经营地址等情形,不能继续提供服务,也未采取其他善后措施,更有不法经营者卷款跑路。

(4)教育培训服务类投诉同比增幅大,合同问题突出。教育培训服务类投诉问题:一是部分培训机构无固定培训地点和办学资质。二是教学质量与承诺不符,存在虚假宣传,如夸大办学能力、授课老师的资质名不符实、授课质量达不到标准等。三是解除合同退费难。因培训机构变更地点、更换老师、教程变更等培训机构责任,消费者要求解除合同的,培训机构拒绝退款、拖延退款或要求消费者承担高额违约金。四是随意变更合同。开课后未经消费者同意随意更改课时、合并班级甚至取消课程。五是拒绝为消费者开具发票或提供有效凭证。

5. 2018年全国消协组织受理投诉情况分析①

表2-4-5

按性质	质量	25.69%
	合同	20.53%
	售后服务	29.24%
	价格	4.01%
	虚假宣传	7.73%
	安全	3.25%
	假冒	3.17%
	计量	0.71%
	人格尊严	1.06%
	其他	4.62%
按商品	家用电子电器	28.26%
	服装鞋帽	13.84%
	食品	8.24%
	日用商品	17.07%
	交通安全	15.41%
	房屋建材	7.64%
	烟、酒和饮料	3.34%
	农用生产资料	0.95%
	首饰及文体用品	3.78%
	医药及医疗用品	1.45%
按服务	生活、社会服务	26.71%
	销售服务	19.41%
	电信服务	9.94%
	互联网服务	15.29%
	公共设施服务	4.08%
	卫生保健服务	0.6%
	邮政业务	3.8%
	房屋装修及物业服务	4.71%
	教育培训服务	5.57%
	文化、娱乐、体育服务	6.28%
	旅游服务	2.3%
	金融服务	0.88%
	保险服务	0.42%

---

① 参见《2018年全国消协组织受理投诉情况分析》,载中国消费者协会网,http://www.cca.org.cn/tsdh/detail/28383.html。

与往年相比,2018年消费者投诉出现"一新一难"。"一新"即在传统预付式消费涵盖的各领域,出现捆绑金融消费信贷式的新营销模式,在此领域可能滋生"预付式+消费贷"缠绕叠加的新的侵害消费者权益问题。"一难"表现在网购家具等大件商品后,由于大件商品的安装要求高、运输成本高、产品质量与使用场景不匹配等因素影响,导致此领域消费维权成为难点。具体而言:(1)预付式消费与金融信贷捆绑,消费者权益受到严重损害。预付式消费模式已经从最初的美容美发行业,向健身、餐饮、装饰装修、洗涤洗染、教育培训等多行业、多领域发展,成为横跨商品和服务的一种常见消费模式。特别值得警惕的是,近一段时间以来,预付式消费与金融信贷捆绑叠加侵害消费者权益的问题相对突出。经营者在宣传时,往往把自己提供的产品和服务描述得十分美好,并有意淡化贷款的压力,甚至以无息贷款吸引消费者。消费者在通过经营者推荐的金融机构贷款预付高额费用后,往往在出现商家不履行承诺、服务缩水、甚至关门跑路等情况时,才发现金融信贷条约中含有各种高额违约条款,使其在享受不到服务的同时仍需继续偿还金融贷款,消费者权益受到严重损害。(2)家具类投诉较为突出,网购家具纠纷成为维权难点。网络购物虽方便了消费者购买家具,但异地购买家具维权困难。有的网购家具涉及跨地域问题,受南北方湿度差异影响,家具厂家对实木家具平衡湿度等方面标准把握不好,导致家具在短时间内出现严重开裂、变形;有的收到的家具实物与网络图片的材质、做工、颜色有明显差别。网购家具出现问题时,由于鉴定难等原因,消费者的退换货诉求难以保障;即使消费者选择无理由退货,因家具属大件物品,消费者也要承担高额的物流及搬运费用。

6. 2019年全国消协组织受理投诉情况分析[①]

表2-4-6

按性质	质量	25.13%
	合同	18.31%
	售后服务	29.09%
	价格	5.13%
	虚假宣传	7.15%
	安全	5.09%
	假冒	3.06%
	计量	0.85%

---

① 参见《2019年全国消协组织受理投诉情况分析》,载中国消费者协会网,http://www.cca.org.cn/tsdh/detail/29434.html。

（续表）

	人格尊严	1.43%
	其他	4.76%
按商品	家用电子电器	26.11%
	服装鞋帽	14.05%
	食品	9.29%
	日用商品	15.82%
	交通安全	17.59%
	房屋建材	7.43%
	烟、酒和饮料	4.11%
	农用生产资料	0.66%
	首饰及文体用品	3.53%
	医药及医疗用品	1.41%
按服务	生活、社会服务	25.6%
	销售服务	12.08%
	电信服务	7.99%
	互联网服务	24.77%
	公共设施服务	2.66%
	卫生保健服务	0.75%
	邮政业务	2.33%
	房屋装修及物业服务	3.73%
	教育培训服务	9.51%
	其他服务	6.91%
	旅游服务	1.87%
	金融服务	1.34%
	保险服务	0.46%

2019年全年投诉数据分析体现出四大变化。

（1）远程购物投诉在全部投诉中占比大幅度下降，从多年第1位退居第3位，远程购物中电商所占比例最大，这个变化反映出电商消费环境得到优化。

（2）经营性互联网服务首次成为服务类投诉第一，这是与数字经济、数字消费迅速增长成正比的，随着消费者数字生活比重的提高，经营性互联网服务的投诉数量及比重可能长期居于前列。

（3）培训服务第一次进入服务类投诉前10位，且居第4位。与培训有关的关键词是"跑路",2019年,"预付式消费"已经从健身、美发美容、洗车、餐饮进入教育培训等领域,成为维权"老大难"问题。

(4)消费需求侧出现变化,部分供给侧经营者跟进不力。2019年,自行车突然进入商品类投诉前10位,名列第8位。在中国进入高铁时代、汽车化生活、公共交通发达的形势下,自行车进入商品类投诉前10位,投诉中高端自行车及配件产品占比明显,这是因为消费者健身、休闲娱乐的需求对自行车从通勤代步提高到要求运动时尚,而自行车供给侧经营者没有做好相应准备。

7. 2020年全国消协组织受理投诉情况分析①

表 2-4-7

按性质	质量	20.65%
	合同	25.11%
	售后服务	28.37%
	价格	7.83%
	虚假宣传	4.77%
	安全	3.06%
	假冒	1.28%
	计量	0.72%
	人格尊严	0.98%
	其他	7.23%
按商品	家用电子电器	21.47%
	服装鞋帽	12.79%
	食品	14.65%
	日用商品	16.92%
	交通安全	11.93%
	房屋建材	7.07%
	烟、酒和饮料	2.64%
	农用生产资料	0.73%
	首饰及文体用品	3.8%
	医药及医疗用品	8%

① 参见《2020年全国消协组织受理投诉情况分析》,载中国消费者协会网,http://cca.org.cn/tsdn/detail/29923.html。

(续表)

按服务	生活、社会服务	27.76%
	销售服务	11.99%
	电信服务	4.67%
	互联网服务	19.2%
	公共设施服务	6.42%
	卫生保健服务	0.73%
	邮政业务	2.06%
	房屋装修及物业服务	3.16%
	教育培训服务	11.25%
	文化娱乐体育服务	7.74%
	旅游服务	3.42%
	金融服务	1.26%
	保险服务	0.34%

2020年投诉热点分析。

（1）部分领域涉疫类投诉大幅攀升。

第一，卫生防疫用品投诉集中爆发。新冠肺炎疫情突如其来，年初卫生防疫用品成为投诉热点。消费者投诉的主要问题：一是产品质量不合格，部分经营者以次充好，销售的口罩、消毒液、酒精为假冒或"三无"产品。二是部分经营者哄抬物价，造成口罩、酒精、测温仪等防疫用品价格上涨，非法牟取暴利。三是网购防疫产品发货不及时，甚至频频被砍单。四是通过微信群、朋友圈售卖防疫用品，进货渠道、产品质量没有保障。五是一些经营者混淆普通口罩、一次性医用口罩、医用外科口罩、医用防护口罩等口罩功效和使用场景，欺骗消费者。

第二，交通出行服务退订难。消费者投诉的主要问题：一是年初疫情期间，机票退订纠纷突出。比如航空公司退款延迟、以代金券形式退款，有的国外航空公司甚至不退款。二是部分订票平台和航空公司相互推诿，消费者退票难。三是客服电话难以接通，退款申请不能及时审核。四是部分航空公司推出"无限飞"产品，但是实际兑换时经常没有合适的座位。五是汽车租赁宣传与实际不符，例如无法正常使用仍被计费，出现故障无法得到及时服务，押金不能按约退还。

第三，餐饮、团购等食品问题突出。消费者投诉的主要问题：一是年初餐饮退订投诉集中,主要涉及年夜饭、春节聚餐、婚宴等,定金、预付款纠纷多。二是疫情期间部分蔬菜、肉制品等食品不合理涨价、强制搭售。三是食品安全问题,比如食品变质、过期、掺假等。四是食品包装标识不规范,部分进口食品未贴中文标签。五是以生鲜为主的社区团购售卖的果蔬不新鲜,甚至缺斤少两。六是部分低价网红食品、散装食品的卫生、安全状况堪忧。

(2)新型消费纠纷亟待关注解决。

第一,网络购物、直播带货问题多。2020年因疫情影响,"网红"直播成为网络购物的发力点。消费者投诉的主要问题:一是部分主播存在夸大或虚假宣传等问题。如对商品作不实描述,宣传时使用绝对化极限词汇,夸大产品功能效用;选择性介绍产品,回避关键信息;展示、销售的商品非正品;低价推销劣质商品;承诺的优惠、赠品不兑现;诱导私下转账等。二是一些电商经营者拖延或者拒不履行合同约定。如随意砍单拒不发货、销售商品货不对板等。三是有些电商经营者不承担售后服务义务。如不执行"七日无理由退货"规定、不履行"三包"义务等。四是网购协议暗藏不公平格式条款。首次注册或软件更新后,都需要消费者同意经营者的协议,否则无法登录。消费者往往未加关注或不能完全理解协议的具体内容就予以确认,这导致后期维权陷入被动。五是个人信息泄露,商家促销短信不胜其烦。

第二,在线视频、网络游戏纠纷难。消费者投诉的主要问题:一是购买视频网站会员后,观看热门影视剧仍需单独付费,引发不满。二是一些视频APP推出免费试用活动,到期后默认自动续费,消费者忘记关闭或在不知情的情况下被扣费,经营者不予退费。三是未成年人大额充值纠纷多,家长要求退款难。四是网络游戏经营者利用不公平规定,侵害消费者选择权、财产权,如在上线网络游戏产品的展示视频中加贴"最终效果以游戏内容为准",使双方约定处于不确定状态,为自己违反约定开脱和免责。五是网络游戏道具抽奖概率不明,引发消费者群体投诉。

第三,校外培训机构"跑路"频。受新冠肺炎疫情影响,2020年线下教育培训机构受到较大冲击,在线教育培训机构发展加速。消费者投诉的主要问题:一是培训机构倒闭、"跑路",没有善后措施。二是培训内容质量参差不齐,与合同约定不符。例如课程缩水,师资不稳定。三是培训机构虚假宣传或虚假承诺。四是培训机构资质不健全,甚至没有相应资质。五是服务合同含有不公平格式条款,加重消费者责任或者免除经营者义务,消费者退款难。六是线下培训转线上,培训机构单方变更服务协议,强制消费者同意。七是培训机构乱收费,不开具正规发票。采取买3个月赠3个月、分班次付款等方式变相突破不得一次性收取超过3个月费用的规定。八是部分培训机构诱导消费者办理"培训贷",对于贷款利率、贷款机构、存在风险未尽充分告知义务。一旦培训机构不履行承诺、服务缩水甚至关门跑路,消费者面临退费难的同时,还要继续按期还贷。

第四,长租公寓等租房纠纷冲突大。蛋壳公寓"爆雷"事件将长租公寓等租房问题推到风口浪尖。消费者投诉的主要问题:一是部分长租公寓、房屋中介提供的租房合同利用不公平格式条款减轻自身责任,加重消费者责任。二是拖延向退租租户退款、不按约定提供服务、返现优惠不履行、客服无法联系。三是一些长租公寓高收低租、长租短付形成资金池,因经营不善倒闭,未及时将房租支付给房东,造成租户被强制清退,无法收回预交租金或者要继续偿还贷款。四是有的长租公寓装修质量不过关,影响消费者身体健康。五是对个体"黑"中介、小中介监管困难。

第五,新老能源汽车投诉热。传统能源汽车投诉的主要问题:一是汽车质量不合格。如驾驶过程中刹车失灵,发动机、变速箱故障等。二是购车合同争议大。口头约定为"订金",合同、票据上却是"定金",发生纠纷后以"定金不退"设置退款障碍。三是变相加价、隐性收费、违背消费者意愿搭售商品或服务、附加不合理交易条件等。四是拖延交车,上户不及时。五是售后服务良莠不齐、维修保养乱象多。六是二手车销售信息不实,偷改里程,隐瞒事故。新能源汽车投诉的主要问题:一是续航里程"打折",特别是气温较低时,电池电量下降太快,充电速度与宣传不符。二是电池质量问题突出,电池故障、充电故障较常见。三是变速箱异响、变速箱顿挫、动力消失等问题较多。车辆"自燃"概率虽低但安全性仍令人担忧。四是售后服务水平不高,充电故障等问题需要多次维修,不能彻底解决。

(3)传统投诉难点有待破解。

第一,房屋装修消费心很累。消费者投诉的主要问题:一是装修质量问题。比如墙面开裂、水电管网布局不合理、防水不彻底、功能区预留空间不足等。二是虚假宣传问题,主要集中于实际使用的建材品牌和档次与宣传或样品不符,"全包""一口价""免费装修"多是营销噱头。三是合同约定不明确,后期加项较多。四是因疫情影响,上半年装修延期,下半年工期紧张,消费者有苦难言。五是很多装修公司单独收取设计费,但设计师水平参差不齐,甚至有的设计师用同一张设计图复制给不同客户。六是全屋定制家具"不合身"。例如,设计好看安装后却不实用,主材、辅料、配件等被偷工减料或后期被迫加钱,安装粗放、售后跟不上等。

第二,"办卡"消费模式坑很深。办卡等预付式消费已成为投诉顽疾。当前,"先交费后消费"的预付式消费模式已经渗透到生活消费的方方面面,从最初的办卡、买券,到如今的各类付费会员、充值满减等,各行各业的商家都在以各种名目拓展预付式消费的应用场景。此类消费方式,确实能降低消费者的成本,但提前支付也增加了消费者的单方风险,一旦商家倒闭、"跑路",消费者将损失惨重。消费者投诉的主要问题:一是办卡前未告知重要条款,实际消费限制多。二是设置不公平格式条款,前期交费容易,后期退款难。三是商品或服务质量与承诺不符。四是商家转让、倒闭后,对债权债务不做妥善处理,引发群体投诉。五是部分商家以低价优惠为诱饵,诈骗钱财,卷款"跑路",使消费者遭受重大损失。

第三,电视购物上当受骗事很烦。电视购物的主要消费群体是老年人,消费者投诉的主要问题:一是产品质量问题,比如产品质量不合格、缺斤少两,甚至属于"三无"产品等。二是虚假宣传问题,比如夸大产品品质或者效果、虚假降价优惠、虚假抽奖、虚假限时购买等。三是售后服务问题,比如拒不履行退换货义务、售后服务渠道不畅通、电话二次推销等。

三、典型案例

(1)2019年4月,西安市一名女子坐在奔驰车引擎盖上哭诉维权的视频在网络热传。在视频中,该名女子称,新购买的汽车漏油,而经销商却以汽车"三包"规定为由拒绝承担退货责任。随着舆情不断发酵,汽车销售过程中收取金融服务费的问题也引发舆论质疑。对此,西安市高新区市场监管部门依法立案调查,中国银保监会、中消协也相继发声。5月,西安市高新区市场监管部门通报称,奔驰车存在质量问题,利之星有限公司因销售不符合保障人身、财产安全要求的商品,夸大、隐瞒与消费者有重大利害关系的信息误导消费者的两项违法行为,被依法处以合计100万元罚款。

奔驰车主哭诉维权事件虽是个案,但其折射出汽车消费领域维权困难的现状,同时也反映出汽车行业存在产品质量缺陷、厂商经销商销售套路多、售后服务不到位等乱象,值得各界反思。针对汽车消费维权难,舆论认为,有关部门应采取完善消费者投诉机制、畅通投诉渠道、简化投诉流程等举措,以降低消费者维权成本。①

(2)借力移动互联网,共享单车快速发展,但随着共享单车市场竞争的加剧,许多共享单车纷纷退出运营,引发了消费者对自己押金安全的担忧,纷纷提出退还押金,但商家的相关售后服务未能跟上,出现了退款难等问题。

共享单车的投诉,总体呈现如下特点:一是投诉量大。共享单车的注

---

① 参见《2019年消费维权舆情热点》,载 http://belijiahao.belidll.com/s?td=1655593588296551475&wfr=spiden&for=pc,2020年5月25日访问。

册用户多,仅酷骑单车一家涉及的消费者就达上百万人。二是个案金额小。共享单车主要是押金问题,从99元到299元不等,仅就个案来说,单个消费者受损金额小,但因受众群体大,涉及总额非常大。三是有组织。共享单车事件社会影响大,有律师、维权人士组织消费者进行集体维权。

自2017年8月起,酷骑(北京)科技有限公司(以下简称酷骑公司)因押金、预付资金退还出现严重问题,其先后关闭网上、线下网点等退款通道,虽然留有电话,但一直打不通,导致消费者大面积投诉,引发社会广泛关注。自2017年11月23日起,中消协不断收到酷骑单车消费者来信,要求退还押金、预付费,控告酷骑公司涉嫌集资诈骗等。经中消协调查,北京酷骑公司总部已人去楼空。2017年12月12日,中消协向酷骑公司发出公开信,要求酷骑公司相关责任人主动配合有关部门调查取证,依法承担企业及个人应负法律责任,主动回应消费者关切和公众质疑,并向消费者公开道歉。中消协对酷骑公司无视消费者权益的恶劣行径表示强烈愤慨,于2017年12月13日向有关公安机关提交刑事举报书,举报酷骑公司及其主要负责人涉嫌刑事犯罪,申请公安机关立案侦查。①

(3)网络购物、电视购物等省时省力便捷的购物方式已经成为消费者普遍的购物方式,与此同时,网络购物、电视购物消费投诉也越来越成为消协组织遇到的普遍性投诉。主要的问题:一是质量不过关。主要表现为商品在收到拆包后发现存在质量问题或有瑕疵。二是质量担保未落实。消费者通过网络购买品牌服装、鞋类、化妆品等商品,商家承诺假一赔十或其他售后保证,但在消费者收到商品后发现是假冒产品,要求退货时,商家拒绝履行承诺。三是实物与宣传不符。消费者收到网购货物后发现实际货品与样品性状不符,有的甚至为"三无"产品。四是网络交易7日无理由退货执行难,电商平台、入驻商家推诿扯皮,或擅自扩大不适用7日无理由退货范围,承诺不兑现、退货时商家拖延解决等。五是保价承诺不保价。商家宣称不用等"双十一"即享最低价,不料几日后又降价。消费者要求补偿差价,商家则以不可同时享有多项优惠为由予以拒绝。六是优惠活动规则不明晰。商家对优惠券或者消费积分的使用条件、方法和期限不加提示,消费者使用时处处受限。有的商家玩起"文字游戏",夸大促销力度误导消费者。七是商家单方面取消订单。消费者支付订单后,商家以"商品无货""系统故障""工作失误"为由擅自取消订单。当促销的商品或者服务销售完毕后,商家未在促销页面、购买页面及时告知消费者,而后又单方

---

① 参见《酷骑单车负责人卷了押金不露面 中消协申请警方立案侦查》,载http://belijiahao.belidu.com/s? id=1587382911125296150&wfr=spider&for=pc,2020年6月3日访问。

面拒绝履约。①

（4）2018年，相继发生"郑州空姐滴滴顺风车遇害案"和"乐清女孩滴滴顺风车遇害案"，滴滴出行及其旗下的顺风车业务因此被推上舆论的风口浪尖，其运营理念与管理方式遭到舆论的诟病。顺风车安全也引发舆论担忧与质疑，成为消费者关注与讨论的热点话题。针对上述事件，交通运输部联合公安部以及北京市、天津市交通运输、公安部门，对滴滴出行开展联合约谈，责令其立即对顺风车业务进行全面整改。随后，滴滴出行在全国范围内下线顺风车业务，并新增了一键报警、安全中心入口、分享行程至紧急联系人、全程录音等功能。

舆论认为，对于恶性案件的发生，不法分子固然应该承担法律责任，但是滴滴作为平台方存在重大过失。根据《消费者权益保护法》第7条规定，"消费者在购买、使用商品和接受服务时享有人身、财产安全不受损害的权利"，平台方必须将消费者的安全放到首位。滴滴出行不能因为忙于追逐市场利润，疏于对入驻司机的资质审核及服务质量的监管，更不能放弃平台方对于消费者负有的安全保障义务。网约车作为全民性、高频次的消费产品给大众带来便利的同时也遭遇了安全质疑，舆论表示对于新生事物仍需包容审慎，期待网约车安全、服务升级，为消费者出行提供更多选择。②

四、2014—2020年全国消费者投诉分析小结

1. 2014—2020年全国消协组织受理投诉情况分析（按性质分类）

表 2-4-8

年份 类别	2014	2015	2016	2017	2018	2019	2020
质量	45.8%	44.56%	41.47%	21.75%	25.69%	25.13%	20.65%
合同	12.97%	10.80%	12.23%	31.07%	20.53%	18.31%	25.11%
售后服务	17.91%	21.20%	22.73%	28.35%	29.24%	29.09%	28.37%
价格	2.94%	3.17%	5.27%	3.18%	4.01%	5.13%	7.83%
虚假宣传	1.47%	1.52%	4.8%	5.87%	7.73%	7.15%	4.77%

---

① 参见《中消协发布去年消费校内榜网约车校训成新热点》，载 http://m.haiuainet.cn/middke/352345/2017/0124/contert.30684150_1.html，2020年6月5日访问。
② 参见《2018年十大消费维权舆情热点 顺风车案例问题居首位》，载 https://belijiahao.belidu.com/s?id=16222552062155642l2&wfr=spider&for=pc，2020年6月5日访问。

（续表）

类别＼年份	2014	2015	2016	2017	2018	2019	2020
安全	2.08%	0.80%	3.16%	2.37%	3.25%	5.09%	3.06%
假冒	0.89%	0.82%	2.83%	2.33%	3.17%	3.06%	1.28%
计量	0.81%	0.57%	1.16%	0.85%	0.71%	0.85%	0.72%
人格尊严	0.46%	0.24%	0.3%	0.57%	1.06%	1.43%	0.98%

2. 2014—2020年全国消协组织受理投诉情况（按性质分类曲线图）

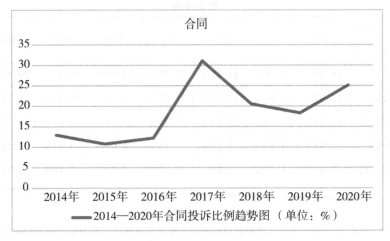

图 2-4-1

图 2-4-1（续）

图 2-4-1(续)

图 2-4-1(续)

3. 2014—2020年全国消协组织受理投诉情况(按商品分类)(注:自2012年开始,投诉类别增加种类,划分为商品类及服务类)

表 2-4-9

年份 类别	2012	2013	2014	2015	2016	2017	2018	2019	2020
家用电子电器	37.55%	38.71%	38.40%	35.77%	32.53%	31.27%	28.26%	26.11%	21.47%
服装鞋帽	15.6%	13.92%	15.19%	15.22%	15.11%	14.54%	13.84%	14.05%	12.79%
食品	11.61%	10.05%	7.9%	7.01%	7.15%	6.86%	8.24%	9.29%	14.65%
日用商品	11.34%	12.47%	12.91%	13.43%	12.46%	13.73%	17.07%	15.82%	16.92%
交通工具	7.86%	8.89%	10.06%	13.49%	14.37%	17.85%	15.41%	17.59%	11.93%
房屋建材	7.32%	6.65%	7.35%	7.4%	7.44%	7.01%	7.64%	7.43%	7.07%
烟、酒和饮料	3%	2.83%	2.57%	2.32%	3.13%	3.23%	3.34%	4.11%	2.64%
农用生产资料	2.25%	2.32%	1.66%	1.44%	2.29%	0.82%	0.95%	0.66%	0.73%
首饰及文体用品	1.88%	2.64%	2.82%	3.04%	3.42%	3.24%	3.78%	3.53%	3.8%
医药及医疗用品	1.59%	1.52%	1.13%	0.88%	2.09%	1.45%	1.45%	1.41%	8%

4. 2012—2020 年全国消协组织受理投诉情况（商品分类曲线图）

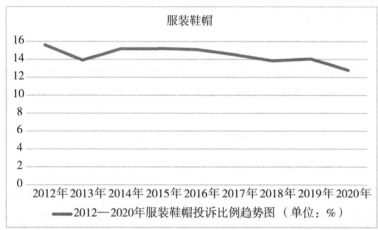

图 2-4-2

图 2-4-2（续）

图 2-4-2(续)

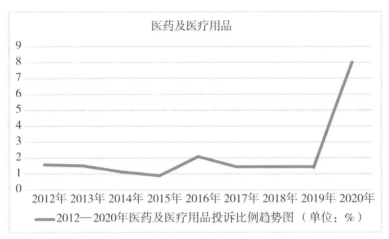

图 2-4-2(续)

5. 2014—2020年全国消协组织受理投诉情况(按服务分类)

表 2-4-10

年份 类别	2012	2013	2014	2015	2016	2017	2018	2019	2020
生活、社会服务	27.17%	22.18%	20.76%	33.75%	27.55%	15.78%	26.71%	25.6%	27.76%
销售服务	21.1%	18.16%	9.62%	15.32%	16.58%	18.13%	19.41%	12.08%	11.99%
电信服务	16.98%	14.78%	8.22%	14.57%	13.82%	7.3%	9.94%	7.99%	4.67%
互联网服务	11.38%	10.95%	10.16%	14.44%	16.9%	42.53%	15.29%	24.77%	19.2%
公共设施服务	5.29%	5.24%	2.66%	2.58%	4.05%	2.34%	4.08%	2.66%	6.42%
卫生保健服务	3.52%	0.89%	0.23%	0.28%	1.16%	0.39%	0.6%	0.75%	0.73%
邮政业务	3.52%	4.86%	2.87%	7.06%	4.83%	2.74%	3.8%	2.33%	2.06%
房屋装修及物业服务	3.41%	2.48%	1.97%	2.12%	3.62%	2.26%	4.71%	3.73%	3.16%
教育培训服务	2%	2.31%	2.26%	3.1%	2.83%	2.7%	5.57%	9.51%	11.25%
文化、娱乐、体育服务	1.92%	2.25%	2.31%	4.82%	4.87%	3.8%	6.28%	6.91%	7.74%

（续表）

年份\类别	2012	2013	2014	2015	2016	2017	2018	2019	2020
旅游服务	1.48%	1.3%	0.6%	0.75%	1.92%	1.07%	2.3%	1.87%	3.42%
金融服务	1.03%	0.61%	0.47%	0.61%	1.5%	0.7%	0.88%	1.34%	1.26%
保险服务	0.95%	0.68%	0.41%	0.6%	1.19%	0.26%	0.42%	0.46%	0.34%
农业生产技术服务	0.24%								
其他商品服务		12.95%							

6. 2012—2020年全国消协组织受理投诉情况（服务分类曲线图）

图 2-4-3

图 2-4-3(续)

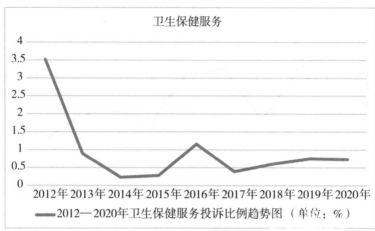

图 2-4-3(续)

图 2-4-3(续)

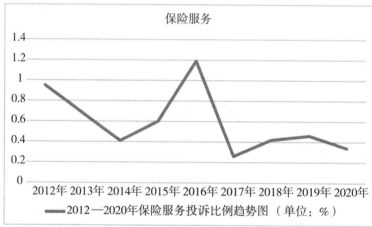

图 2-4-3(续)

第三章 关于消费者权益保护的重要论述与相关政策

第一节 党和国家领导人重要指示、讲话

一、习近平总书记在中央财经领导小组第十六次会议上的重要讲话(节选)①

中共中央总书记、国家主席、中央军委主席、中央财经领导小组组长习近平7月17日下午主持召开中央财经领导小组第十六次会议,研究改善投资和市场环境、扩大对外开放问题。习近平发表重要讲话强调,要改善投资和市场环境,加快对外开放步伐,降低市场运行成本,营造稳定公平透明、可预期的营商环境,加快建设开放型经济新体制,推动我国经济持续健康发展。

习近平指出,产权保护特别是知识产权保护是塑造良好营商环境的重要方面。要完善知识产权保护相关法律法规,提高知识产权审查质量和审查效率。要加快新兴领域和业态知识产权保护制度建设。要加大知识产权侵权违法行为惩治力度,让侵权者付出沉重代价。要调动拥有知识产权的自然人和法人的积极性和主动性,提升产权意识,自觉运用法律武器依法维权。

习近平强调,扩大金融业对外开放是我国对外开放的重要方面。要合理安排开放顺序,对有利于保护消费者权益、有利于增强金融有序竞争、有利于防范金融风险的领域要加快推进。要有序推进资本项目开放,稳步推动人民币国际化,继续完善人民币汇率形成机制,保持人民币汇率在合理均衡水平上的基本稳定。

习近平指出,扩大金融业对外开放,金融监管能力必须跟得上,在加强监管中不断提高开放水平。要结合我国实际,学习和借鉴国际上成熟的金融监管做法,补齐制度短板,完善资本监管、行为监管、功能监管方式,确保监管能

---

① 参见中华人民共和国中央人民政府网,载http://www.gov.cn/xinwen/2017-07/content_5211349.htm,2020年10月5日访问。

力和对外开放水平相适应。

习近平强调,要在稳定出口市场的同时主动扩大进口,促进经常项目收支平衡。要改善贸易自由化便利化条件,切实解决进口环节制度性成本高、检验检疫和通关流程繁琐、企业投诉无门等突出问题。要研究降低有些消费品的关税,鼓励特色优势产品进口。要创造公平竞争的国内市场环境,在关税、进口检验、市场营销等方面创造机会平等的条件,让消费者自主选择,让市场发挥作用。

二、习近平总书记在"不忘初心、牢记使命"主题教育总结大会上的重要讲话(节选)[①]

四是紧盯问题、精准整改。突出问题导向,从一开始就改起来,奔着问题去、盯着问题改,对标整改、源头整改、系统整改、联动整改、开门整改,着力抓好整改落实特别是8个方面突出问题专项整治。对问题整改实行台账式管理、项目化推进,明确责任主体、进度时限和工作措施,列出清单、挂牌销号,逐条逐项推进落实,做到问题不解决不松劲、解决不彻底不放手、群众不认可不罢休,一锤接着一锤敲,确保取得的成果经得起实践、人民、历史检验。

五是严督实导、内外用力。中央主题教育领导小组及其办公室加强政策研究指导,分级分类推进,压紧压实责任。各级指导组、巡回督导组、巡回指导组沉下去,敢于坚持原则、动真碰硬,把党中央精神传导到位,把压力动力传递到位。各地区各部门各单位坚持敞开大门,请群众参与、监督、评判,对群众不满意的及时"返工"、"补课"。坚持正面宣传和舆论监督,营造良好氛围。

六是力戒虚功、务求实效。把反对形式主义、官僚主义作为突出要求,不以专家讲座、理论辅导代替自学和研讨,就近开展红色教育,不对写读书笔记、心得体会等提出硬性要求,不搞"作秀式"、"盆景式"调研,严格控制简报数量,不将有没有领导批示、开会发文发简报、台账记录、工作笔记等作为主题教育各项工作是否落实的标准。把主题教育同落实"基层减负年"的各项要求结合起来,总结推广一批整治形式主义官僚主义、为基层减负的好经验好做法,通报曝光一批形式主义、官僚主义的典型案例,把基层干部干事创业的手脚从形式主义的束缚中解脱出来,防止重"形"不重"效",把工作做扎实、做到位。

---

① 参见中华人民共和国中央人民政府网,载http://www.gov.cn/xinwen/2020-06/30/content_5522900.htm,2020年10月5日访问。

三、李克强总理 2019 年政府工作报告(节选)①

以公正监管促进公平竞争。公平竞争是市场经济的核心,公正监管是公平竞争的保障。改革完善公平竞争审查和公正监管制度,加快清理妨碍统一市场和公平竞争的各种规定和做法。政简易从。规则越简约透明,监管越有力有效。国家层面重在制定统一的监管规则和标准,地方政府要把主要力量放在公正监管上。推进"双随机、一公开"跨部门联合监管,推行信用监管和"互联网+监管"改革,优化环保、消防、税务、市场监管等执法方式,对违法者依法严惩、对守法者无事不扰。深化综合行政执法改革,清理规范行政处罚事项,坚决治理多头检查、重复检查。对监管者也要强监管、立规矩,决不允许搞选择性执法、任性执法,决不允许刁难企业和群众。依法打击制售假冒伪劣商品等违法行为,让违法者付出付不起的代价。用公正监管管出公平、管出效率、管出活力。

四、全国人民代表大会常务委员会执法检查组关于检查《中华人民共和国消费者权益保护法》实施情况的报告(节选) ②

全国人民代表大会常务委员会:

根据全国人大常委会 2015 年监督工作计划,常委会组成执法检查组,对《中华人民共和国消费者权益保护法》(以下简称消保法)的贯彻实施情况进行了检查。常委会对这次执法检查高度重视。张德江委员长作出专门批示:"消费者权益保护法是维护消费市场秩序、保护消费者权益、强化经营者责任、发挥消费者协会作用、加强社会诚信建设的重要法律,对于营造良好消费环境、扩大国内有效需求具有重要意义。要通过执法检查,督促法律的有效实施,推动解决相关领域存在的突出问题,实行正确监管、有效监督,更好地保护消费者合法权益,促进社会和谐和社会主义市场经济健康发展。"吉炳轩、张平副委员长和我担任执法检查组组长,与全国人大财经委 8 位组成人员和 10 位全国人大代表一起参加了检查工作。

为了搞好这次执法检查,财经委从今年 1 月开始做了比较扎实的前期工作。一是在北京多次召开部门、专家、律师、企业和消费者代表座谈会;二是

---

① 参见中华人民共和国中央人民政府网,载 http://www.gov.cn/premier/2019-03/05/content_5370734.htm,2020 年 10 月 5 日访问。
② 参见中国人大网,载 http://www.gov.cn/premier/2019-03/05/content_5370734.htm,2020 年 10 月 7 日访问。

到了四川、上海等地听取地方对搞好这次执法检查的意见;三是在中国人大网上设置专栏,公开征求社会公众意见并进行了汇总分析。

今年6月17日,检查组召开第一次全体会议,听取了工商总局等国务院5个部门和最高法院、中消协的情况汇报,研究了执法检查方案。在前期调研的基础上,确定本次执法检查的重点是:公益诉讼、个人信息保护、惩罚性赔偿、经营者承担举证责任等重要法律制度的落实情况,消费者反映比较强烈的网络购物、预付卡消费、电信服务、金融服务、汽车销售服务等问题,以及完善消保法的意见和建议。会后,检查组分成3个小组,赴云南、海南、天津、浙江、福建、江西、上海等7个省市检查了解情况,并委托河北等10个省、自治区、直辖市人大常委会对本行政区的贯彻实施情况进行了检查。9月25日,检查组召开第二次全体会议,总结了检查工作,讨论了报告稿。在各方面意见的基础上,形成了执法检查报告。现将有关情况报告如下。

一、消保法实施成效

消保法自2014年3月15日实施一年多来,国务院及其有关部门、最高法院、中消协和各地做了大量工作。

(一)开展宣传教育。各地、各部门和法院、消协组织采取多种形式,加强对消保法的宣传教育培训。工商总局在法律颁布后3个月内完成了从省级到基层工商所执法人员的全员培训,为实施消保法做了认真准备。最高法院发布2010—2013年维护消费者权益白皮书及典型案例,今年6月,再次召开消费者维权典型案例发布会,通过公开示法、以案说法,大力宣传消保法知识和消费者维权审判工作。中消协组织各地消协共同开展"新消法、新权益、新责任","携手共治、畅享消费"等活动,开展修订后的消保法宣传,提高社会认知度。工信部组织开展"工业企业质量信誉承诺"活动,引导超过6000家工业企业承诺并履行质量责任,使维护消费者权益成为行业的共同意识和自觉行动。各地、各部门还通过"3·15国际消费者权益日"、质量万里行,开展了丰富多彩的主题活动,普及法律知识,增强各级政府、企业、消费者和全社会的消费维权意识。

(二)出台配套规章。消保法颁布实施以来,工商总局出台了《工商行政管理部门处理消费者投诉办法》《侵害消费者权益行为处罚办法》等4个部门规章,细化了消费者投诉流程、经营者义务,明确了七日无理由退货、消费者个人信息保护、欺诈消费者行为以及经营者违反法定义务的行政处罚。最高法院制定了《关于审理食品药品纠纷案件适用法律若干问题的规定》的司法解释,正在起草《关于审理消费民事公益诉讼案件适用法律若干问题的规定》和适用食品安全法的司法解释。工信部制定了《电信和互联网用户个人信息保护规定》等部门规章,细化了收集、使用个人信息的规则,明确了安全保障措施。商务部制定了《单用途商业预付卡管理办法(试行)》,明确发卡售卡企业备案义务和有关责任,消费者可通过查询系统了解备案企业信息,保障消费者的知情权。上海市人大根据消保法去年率先修订了《上海市消费者权益保护条例》,于今年3月15日实施。甘肃省今年9月也颁布了消费者权益保护的地方性法规。云南等18个省已经启动地方性法规的修订工作。各地还制定了大量政府性规章和规范性文件,落实消保法规定。

(三)加强平台建设。工商总局下发了《关于进一步加强12315体系建设的意见》,推进专用电话、互联网、手机短信、新媒体等多渠道受理平台建设,目前正在建设全国12315互联网平台。质检总局、国家标准委推动建立企业产品和服务标准自我声明公开和监督制度,去年12月,首批选择在浙江、深圳等7个省市开发企业产品标准信息公共服务平台,到今年6月15日,有3592家企业公开了10182项标准。海南、浙江等地结合市场监管体制改革的要求,在市、县推进投诉平台的整合优化。天津今年7月1日出台政府令,推进"一个号码搞服务"改革,全面优化全市53条政府热线,率先实现12315、12365、12331等三个举报投诉平台的整合,实行统一受理、归口办理、联动处置、限时办结,为人民群众提供一体化便利化服务。福建、重庆等地开通短信、传真、微信、互联网等投诉渠道,让消费者电话打得进来、转得下去、处理得及时,解决得满意。各地工商部门还在机场、车站、码头、商场、菜市场、宾馆、旅游景点等消费场所,广泛设立12315消费维权服务站,为消费者提供解决纠纷的快捷途径。

(四)推动执法协作。国务院有关部门、最高法院和各地围绕消保法实施,加强协作,形成全力,共同提升消费维权工作水平。工商总局加强与有关部门、行业组织、新闻媒体的协作,健全小额纠纷快速调解机制、消费纠纷诉调衔接机制、区域维权协作机制。最高法院支持行政机关依法行政,对于处理"包间最低消费"、"禁止自带酒水"等工商部门认定无效的格式条款,给予司法支持。商务部发挥全国打击侵权假冒工作领导小组办公室职能,会同30个成员单位开展了打击互联网领域、农村及城乡结合部侵权假冒行为的专项行动;将推动执法与司法协作作为2015年十六项重点工作之一,建立与公安机关、检察机关和审判机关的案情通报、案件移送制度,形成打击侵权假冒违法犯罪的合力。质检总局加强消费品标准化工作,开展消费品安全标准"筑篱"专项行动,充分听取消费者、相关部门和消协组织的意见制定修订有关标准。天津市整合工商、质监、食药监等3个部门市场监管和消费维权职能,组建市场和质量监督管理委员会,解决部门职能交叉、推诿扯皮,消费者多头投诉、告状无门的问题。上海市多个行政部门、社会组织与法院签订协议,建立非诉调解与诉讼渠道相衔接的矛盾纠纷解决机制,今年化解了消费投诉 3000 多件,提高了调解的公信力和执行力。

（五）创新维权机制。各地、各部门发挥政府部门、消协组织、行业协会、专家学者和志愿者的综合作用,努力构建政府主导、企业自律、行业规范、社会监督、公民参与的消费维权新机制,创造了一批好的经验和做法。一是全国消协组织正在成为消费者维权的主要途径。据检查组网上调查,599 名被调查者中有 160 人选择到当地消协组织投诉,占 26.7%,仅次于拨打 12315 热线的 174 人;上海市消保委受理的投诉占到全市各类投诉的 90% 以上。二是开展消费引导,提高消费者自我保护能力。中消协对全国消协组织开展比较试验工作培训会,共同完成了儿童玩具等 160 多个比较试验项目。三是探索基层维权新做法。上海、浙江等地将消费维权与基层社会管理结合起来,上海市长宁区"李琴人民调解工作室",将消费争议化解在基层,赢得了当地群众的信赖与好评。浙江省发展了 3 万多名消费维权监督员,初步形成"村村都有放心店、人人都做监督员"的局面。四是落实消费公益诉讼。上海市消保委今年 7 月 1 日起诉手机预装软件侵权,成为国内消费公益诉讼的第一案。五是将消费者权益保护与社会诚信体系建设有机结合。天津市开通市场主体信用信息公示系统,实现"一个平台管信用",以信用平台规制侵权企业。

从检查情况看,各方面对新修订的消保法给予了较好的评价,认为消保法是一部好法律,对于改善市场环境,维护市场诚信,保障消费维权,拉动经济增长,起到了积极促进作用。消保法实施一年多来,国务院及其有关部门、最高法院、中消协高度重视,采取了一系列有效措施,贯彻实施工作初见成效。截至今年 6 月,全国工商部门受理消费者诉求 1122.75 万件,为消费者挽回经济损失 24.19 亿元;全国消协组织共受理消费者投诉 91.2 万件,为消费者挽回经济损失 17.17 亿元;其中,适用惩罚性赔偿的投诉 11558 件,加倍赔偿金额为 2547 万元;全国法院共审理消费者维权纠纷案件 19.9 万件,审结 17.9 万件,消费者胜诉率明显上升,保障了消费者权益。

二、法律实施中的问题

2013 年新修订的消保法针对近年来消费领域的热点问题作出了相应规定,进一步完善了对消费者权益的保护。但是,法律的全面贯彻实施仍然存在一些问题。主要有以下四个方面:

（一）法律规定的一些内容还没有真正"落地"。消保法规定了远程购物七天无理由退货制度。从检查情况看,无理由退货产生的争议在许多地方已经上升为消费投诉的第一位。争议主要集中在两个方面:一是退货范围。经营者和消费者关于哪些商品能够适用无理由退货存在不同理解,导致争议发生。二是对商品完好的解释。有的商家不仅要求商品本身完好,而且商品包装必须完整,甚至要求商品不得拆封、试用。还有一些商家存在故意拖延拒绝退货、折扣或赠送商品不予退货等现象。

消保法规定了耐用商品和装饰装修服务由经营者承担举证责任的制度,即在商品和服务出现瑕疵时,由经营者负责举证,而不是通常的谁主张谁举证。检查中,许多部门、单位、专业人士和消费者反映:一是经营者承担举证责任范围太窄,仅限于机动车、计算机、电视机、电冰箱、空调器、洗衣机等6类商品和装饰装修等服务,手机、照相机等许多商品和电信、金融等服务的举证责任没有明确,不利于解决经营者与消费者之间的信息不对称的问题;二是举证责任时限短,仅要求经营者在6个月之内承担相应的举证责任,不利于全面保护消费者利益;三是经营者举证往往没有公信力,许多经营者以自己的售后服务部门出具检测报告举证,或以企业标准举证,使消费者认为不公平、不合理。

消保法规定了惩罚性赔偿制度,当经营者存在欺诈行为时,消费者可以请求"退一赔三"或损失额2倍的惩罚性赔偿。大家反映,适用惩罚性赔偿比较困难,除消费者维权意识不足外,在执法司法中还存在着以下问题:一是把消费维权案件等同于一般民事案件,行政处罚和司法判决中仅以实际损失进行赔偿;二是对经营者行为是否构成欺诈存在不同认识,往往以不能认定为欺诈而不适用惩罚性赔偿;三是消保法与相关法律和少数地方性法规,规定的处罚条件和标准不同,导致个别同样性质的案件处罚结果不一致。

消保法规定了省级以上消协组织提起消费公益诉讼职责,但是消费公益诉讼推进缓慢。消保法实施一年多来,仅有上海市消保委成功提起了一件消费公益诉讼。大家反映,一是消费公益诉讼是新生事物,消协组织对此缺乏经验,也缺少相应的专业能力和技术支撑;二是有关的诉讼规则、配套制度尚待明确。特别是受案范围、程序规则、举证责任、费用承担、赔偿标准等问题,影响了公益诉讼的开展;三是消协组织在提起公益诉讼时受到的压力比较大。

消保法规定了消费者个人信息保护制度。检查中,各地普遍反映,消保法规定的经营者收集、使用消费者个人信息的制度过于原则,执法主体不明确,法律责任不到位,消费者个人信息被违法收集使用的势头还在蔓延。目前的状况是消费者举证难,监管部门和消协组织取证难,即使查实的案件也存在追责难、处罚轻的情况,难以起到震慑作用。

(二)一些新的消费领域缺乏有效规制。从检查情况看,网络消费、服务领域和预付卡消费成为消费维权案件集中的新领域。近年来,我国电子商务发展迅猛,网络零售交易额以每年40%以上的速度增长,2014年达到2.8万亿元。与此同时,网络消费也成为消费侵权案件多发领域。据商务部反映,互联网领域侵犯消费者合法权益、制售假冒伪劣商品等违法犯罪行为突出,已经成为侵权假冒的重点环节。一是质量不合格和假冒现象比较严重。2014年,质检总局开展了5类14种电子商务产品质量的国家监督抽查,合格率只有73.9%。据国家工商总局抽查,2014年的网购正品率只有58.7%。二是投诉和案件增长迅速。2014年全国工商部门共受理网络购物投诉7.78万件,同比增长356.6%;在消协组织受理的20135件远程购物投诉中,网络购物占到了92.3%。根据最高法院提供的数字,北京市朝阳区法院自消保法施行以来,共受理消费者网购合同纠纷107件,同比增长3.7倍。

服务领域投诉增长较快。2014年全国工商部门受理的服务领域投诉已经占到了总量的40%,呈现快速增长态势。如文化娱乐服务、中介服务投诉的增幅分别为58%和51%。一些地方反映,当地消费投诉的商品和服务占比,已经从10年前的7∶3变为现在的3∶7,主要集中在教育培训、家庭装修、汽车维修、餐饮旅游等方面。虚假广告、明码标价、格式合同、价格欺诈等导致的消费投诉时有发生。同时,消保法虽然明确将金融服务纳入调整范围,但相关法律中缺少金融消费者权利和义务的衔接性规定,对是否属于欺诈、是否适用惩罚性赔偿存在争议。

预付卡消费领域问题突出。据统计,2014年国内多用途和单用途预付卡销售规模为9068.8亿元,有关部门估算,一半以上的份额已经人民银行批准或商务部备案,但仍有大量发卡行为未纳入监管。据上海市工商局估计,全市发卡主体近10万家,而在上海市商务委备案的企业只有351家。预付卡消费是由消费者一次性支付费用,经营者分次提供商品或服务的消费模式,存在一定风险。一是发行预付卡的企业量大面广,涉及资金较大,个别商家利用其变相融资、集资甚至诈骗;二是约定不明导致服务缩水。上海市12315平台2014年预付卡消费投诉占到了全年投诉量的一半,主要集中在美容美发、健身、教育培训等行业。浙江去年以来的预付卡消费纠纷已达6000多件,多数难以处理。地方还反映,一些商家"关门跑路",导致爆发群体性事件。

(三)消协组织的作用发挥不够。消保法界定了消协的组织性质,明确其公益性,赋予其新的职责,并规定各级政府应当予以必要的经费等支持。但是,越到基层,消协组织的登记管理、编制经费等问题越突出。一是登记管理不明确。消保法将消协组织的定性规定为"公益性社会组织",但并未具体规定其登记管理。目前,全国共有县级以上消协组织3080个,在编制部门登记的655个,在民政部门登记的1747个,同时在两个部门登记的256个,未登记的还有422个。二是编制经费不到位。全国各级消协组织总共仅有编制12274个,市县以下的工作人员多为工商部门的干部兼职。政府对消协的工作经费保障不到位,消协又不能向企业筹资、不能向消费者收费,影响到工作开展。检查组在云南做了专门了解,全省各级消协2013年各项经费为666万元,2014年为557万元,2015年只有361万元。三是履职能力不适应。全国消协组织普遍存在着人员结构老化、专业水平不够、机构和队伍不稳的问题,明显不适应新修订的消保法所赋予的公益性职责要求。

(四)消费者维权渠道需要进一步理顺。有关部门和各地重视投诉平台建设,都建立了以热线电话为主的投诉平台。各部门和地方政府从监管执法需要出发,设置的12315(工商)、12312(商务)、12365(质监)、12331(食药监)、12300(工信)、12301(旅游)、12358(物价)、12321(互联网)、12319(市政)、12345(市长)等热线电话,成为消费者投诉维权的重要组成部分。但是,由于热线电话号码众多,各个平台之间又缺乏互联互通,反而让群众投诉不知所措,加上平台接线人员政策法律和专业水平不够,无法准确答复跨部门的问题,导致许多消费投诉被"踢皮球",引起消费者的不满。目前,一些地方已经开展了投诉平台的整合,但多数地方还未开始;已经开展整合的地方,多数只是将热线电话统一,后台的信息数据和执法调度并未整合。由于不同平台的数据格式不统一,难以实现信息共享,无法适应大数据时代信息化管理的需要。

检查中还了解到,一些地方为解决多头执法问题,整合基层执法力量,成立统一的市场监管执法队伍,已经取得了较好效果。但是,由于各地做法和进度不一致,特别是基层整合而上面没有整合,反而造成新的职能交叉和权责不对称问题,急需通过深化行政体制改革加以解决。

三、建议

检查组认为,消保法完全顺应了经济进入新常态和发挥消费基础性带动作用的需要,当务之急是抓紧制定完善相关配套法规和司法解释,发挥好行政执法、司法裁判和社会组织管理的合力,适应新的消费形式和业态,把好的法律制度贯彻实施好。为此,提出以下建议:

(一)完善以消保法为龙头的消费维权法律体系。法律的生命在于实施,消保法的贯彻落实需要行政法规、司法解释加以细化完善,形成以消保法为龙头的消费维权法律体系。

建议国务院在2016年底前出台消保法的实施条例,对法律确定的远程购物无理由退货、经营者承担举证责任、惩罚性赔偿、个人信息保护、金融消费者权益保护等重要制度进行细化补充,使之更具有可操作性。

建议最高人民法院在今年内出台关于消费公益诉讼的司法解释,明确诉讼范围、举证责任、损害赔偿等内容,支持省级以上消协组织开展消费公益诉讼。同时,建议最高人民法院将涉及消费者权益保护的案件实行单独案由管理。

建议各地加快制定和修改地方性法规,争取在本届全国人大常委会任期内实现31个省(区、市)都有消费维权的地方性法规。

(二)依法充分发挥消协组织的作用。各级消协组织承担着协调社会各方面力量、共同保护消费者合法权益的重要职责。建议国务院明确消费者协会作为公益性社会组织的性质定位和相应的登记管理办法,其办事机构按照公益一类事业单位管理,国家给予编制和经费保障,支持各级消协组织履行好法定职责,发挥好公益性作用。

(三)加强对预付卡消费、服务领域和网络消费领域的管理。建议国务院出台适用于全部市场主体发卡行为的行政法规,督促有关部门加强对预付卡消费的管理。加快制定修改服务领域的服务质量标准体系,发挥行业协会作用,完善金融服务、教育培训、装饰装修、汽车维修、家电维修等服务领域的监管规范和有关标准。同时,建议加快电子商务的立法进程,完善电子商务监管体制,明确经营者、消费者的权利义务,规范落实电子商务平台和企业的主体责任。

(四)进一步协调和理顺消费维权机制。建议国务院建立消费者权益保护的部门协调机制,明确牵头单位,协调行政执法和应对重大消费事件。加强消费维权和社会诚信体系建设,统一数据标准,整合各部门现有的投诉平台;大力支持基层消费维权网络建设,为消费者提供高效便捷的维权服务;加快建设全国统一的企业信用和作为举证依据的企业标准等信息公示平台,为政府监管、公众知情、社会征信提供强有力的数据支撑。

我们每一个人都是消费者,消费者权益保护工作永远在路上,永远与全面深化改革和全面推进依法治国同行。让我们以这次执法检查为契机,从维护人民群众的根本利益出发,把好的法律制度落实好,把广大消费者的合法权益保护好,全面推动消费者权益保护法的贯彻实施。

(全国人大常委会副委员长 严隽琪)

五、对于消费领域的顽疾问题,要强化约谈"回头看"工作(节选)[①]

今天中国消费者协会在北京召开第五届理事会四次会议。第十二届全国人大常委会副委员长、中国消费者协会会长张平同志,以及来自中央国家机关、社会组织、新闻媒体、学术机构、全国消协组织等理事出席会议。

会议总结评价2017年五届三次理事会以来消协组织维权工作,对深入

---

① 参见央广网,载https://baijiahao.baidu.com/s?id=15919146282982239 71&wfr=spider&for=pc,2020年10月7日访问。

贯彻落实党的十九大精神,做好2018年消费维权工作进行全面部署。会议对全国消协组织2016—2017年度的"先进集体""先进个人"进行了表彰。张平会长代表中消协常务理事会在会上做了题为《深入贯彻党的十九大精神,努力开创新时代消协工作新局面》的工作报告。报告充分肯定中消协和全国消协组织一年来的工作成效,全面分析新时代消费维权的新任务新挑战。

张平指出,党的十九大报告深刻阐述了以人民为中心的发展思想,强调要把人民对美好生活的向往作为奋斗目标,坚持在发展中保障和改善民生,解决人民最关心最直接最现实的利益问题,不断满足人民日益增长的美好生活需要。这为我们做好新形势下的消费维权工作提供了科学的理论指导和根本遵循。贯彻落实习近平新时代中国特色社会主义思想和党的十九大精神,就要在消费领域坚持以人民为中心,努力营造安全放心的消费环境,实现好、维护好、发展好最广大消费者的合法权益,不断服务消费品质提升,不断促进高质量发展,不断满足人民美好生活需要,为决胜全面建成小康社会、夺取新时代中国特色社会主义伟大胜利贡献力量。

张平指出,中消协和全国消协组织要以习近平新时代中国特色社会主义思想为指导,坚持以人民为中心的发展思想,坚持新发展理念,按照高质量发展要求,不断创新消费维权工作体制机制。充分发挥消协社会组织优势,大力引导品质消费,使绿色、共享、文明、理性的品质消费观念深入人心。要巩固网络消费、老年消费教育活动成果,同时要引导更多消费教育资源向农村消费者倾斜,提高农村消费者的消费知识和维权意识。要注重研究新消费领域的新问题,利用行业技术优势,推动电子商务、个人信息保护、共享经济、预付式消费等重点难点领域的法律制度建设,为消费环境的优化提供良好法治支撑。要依法用好社会监督武器,善于利用大数据技术,加强对投诉信息的采集和深入分析,建立重大投诉预警机制,强化风险监测,为消费维权工作提供重要支撑。

对于消费领域的顽疾问题,要强化约谈"回头看"工作,发挥好媒体的舆论监督作用。要认真总结消费民事公益诉讼实践经验,深入开展公益诉讼理论与法律制度研究,从技术层面不断完善公益诉讼的程序、方法和适用范围,发挥公益诉讼利剑作用。要适应新时代新任务要求,加强消协组织建设和维权队伍建设,全面落实从严治党要求,牢固树立"四个意识",加强党风廉政建设,打造一支讲政治、顾大局、守纪律、有担当、懂政策、敢作为的高素质干部队伍。

国家工商总局局长、中国消费者协会常务副会长张茅在会议总结讲话中要求,中消协和全国消协组织要深入学习本次会议精神,认真履行各项职责,切实维护好消费者合法权益,更好服务人民日益增长的美好生活需要。

六、凝聚力量,共建共治,推动消费者权益保护事业再上新台阶①

各位理事、同志们:

今年以来,面对突如其来的新冠肺炎疫情,习近平总书记亲自指挥、亲自部署,统筹全局、果断决策,全国疫情防控阻击战取得重大战略成果,经济社会恢复发展取得重大进展。习近平总书记在7月30日召开的中央政治局会议上指出:当前经济形势仍然复杂严峻,不稳定性不确定性较大,我们遇到的很多问题是中长期的,必须从持久战的角度加以认识,加快形成以国内大循环为主体、国内国际双循环相互促进的新发展格局,这是根据我国发展阶段、环境、条件变化作出的战略抉择。今年时间虽已过去大半,我们决定召开第五届理事会六次会议,主要任务就是深入贯彻落实习近平总书记重要指示批示精神和党中央、国务院决策部署,紧紧围绕统筹推进新冠肺炎疫情防控和经济社会发展,认真总结第五届理事会2019年以来的工作,全力做好常态化疫情防控下的2020年消协工作,为加快形成以国内大循环为主体、国内国际双循环相互促进的新发展格局贡献消协力量。下面,我代表中消协常务理事会讲几点意见。

(一)协同共治履职责,消保工作取得新成绩

2019年是中华人民共和国成立70周年,是全面建成小康社会的关键之年,也是我国消费者权益保护事业充满机遇和挑战的一年。一年多来,中消协坚持"以人民为中心"发展思想,扎实开展"不忘初心、牢记使命"主题教育,按照五次理事会议要求,落实2019年"信用让消费更放心"消费维权年主题工作安排,依法履职,主动作为,消费维权工作取得丰硕成果,公信力和影响力进一步提升,得到了广大消费者的赞誉以及党和政府的认可。

特别是新冠肺炎疫情发生以来,全国消协组织发挥职责优势,通过深入开展2020年"凝聚你我力量"年主题活动,广泛动员各方力量,全力化解消费纠纷,积极开展消费引导,为疫情防控和企业复工复产复商复市保持消费和谐稳定,发挥了积极作用。在疫情暴发之初,中消协针对消费者在机票、车票、门票、餐饮、酒店以及旅游行程退改方面遇到处理不及时、扣取费用偏高等问题,公开呼吁相关行业组织、经营者以及平台经营者严格履行法定责任、积极承担社会责任,及时采取有效措施,妥善处理相关消费者合理诉求。疫情防控期间,中消协联合行业协会发布声明,及时消除口罩紧缺恐慌,倡导家

---

① 参见《中国消费者协会第五届理事会第六次会议资料》。

电维修无接触服务,并加大全国消协投诉处理指导力度。各地消协组织积极行动,发布消费提示警示观点或防控倡议书,联合行业企业主动为消费者提供必要服务,不少地方消协组织提前结束春节假期,妥善处置消费者相关投诉,体现了消协组织责任担当。疫情防控常态化以来,中消协发起"凝聚你我力量 让消费更温暖"大型社会公益活动,各地消协组织按照活动部署安排,结合当地实际,正在组织与民生消费密切相关行业企业共同参与,推动广大生产经营者研发良心产品、提供贴心服务、落实爱心行动,推动形成换位思考、相互尊重、互谅互让、温暖和谐的消费氛围,为促进经济发展、提振消费信心、共建和谐消费,助力"六稳""六保"作出新贡献。近期,中消协积极落实习近平总书记重要指示,向广大消费者发出"崇尚节约为荣,向餐饮浪费说'不'"的倡议,动员消费者争做绿色节约消费的实践者、传播者、监督者。倡议发出后,引起社会广泛关注。

(1)进一步发挥平台纽带作用,多方共治合力不断增强。消协理事会成员单位和消费维权专业支持团队,是维护14亿消费者合法权益的中坚力量。通过消协这个平台纽带,大家立足职责、各尽所能,不断提升我国消费维权能力和社会治理水平,取得了显著成效。

第一,各理事单位发挥重要作用。去年以来,中消协各理事单位积极发挥职能作用,为优化消费环境、维护消费者合法权益作出了重要贡献。国家发展改革委加大政策配套和引导力度,印发《关于促进消费扩容提质 加快形成强大国内市场的实施意见》和相关配套方案,进一步优化供给推动消费平稳增长,促进形成强大国内市场;商务部多措并举,推出20条促消费政策措施,联合多个部门开展"双品网购节",进一步增强消费对经济发展的基础性作用;工业和信息化部大力推进网络提速降费,实施"携号转网",整治骚扰电话、清理"黑宽带"、打击"黑广播""伪基站"和App侵害用户行为,同时,统筹疫情防控应急物资保障,确保疫情防控通信顺畅;文化和旅游部努力改善文化和旅游消费环境,加大旅游市场规范力度,促进旅游业发展,保护旅游消费者合法权益;农业农村部牵头开展农村假冒伪劣食品专项整治行动,推进农村消费环境治理;市场监管总局不断强化市场监管执法,加强重点产品、重点人群、重点地区食品药品安全、特种设备安全和产品质量安全监管,启动"保价格、保质量、保供应"行动,开展消费投诉公示试点,创新信用监管机制,积极探索线下无理由退货、经营者首问和赔偿先付制度,充分发挥12315投诉举报平台作用。人民银行、银保监会、全国妇联、中残联、全国老龄委以及中国连锁经营协会、中国快递协会、中国家电协会、中国家电服务维修协会等单位发挥行业引导和自律作用,努力促进了消费环境改善。

第二,各领域专家积极建言献策。专家委员会、律师团和专业委员会是中消协开展工作的重要智力支撑。各领域专家尽己所能、发挥所长，积极参与中消协工作，为维护和促进消费者权益献计出力。中消协律师团和专家委员会成员深入参与《民法典合同编》《反垄断法》修订等重要立法立标有关事项、公益诉讼相关议题、公开约谈和点评企业违法违规经营行为、疫情期间合同履行问题研究以及"月月3·15"线上咨询活动；积极参与城市消费者满意度测评论证、比较试验报告解读、消费教育以及消费维权志愿者队伍建设等工作，提供专业咨询建议。由来自人民日报、光明日报、经济日报、中央广播电视总台等资深记者组成的新闻专业委员会，协助中消协开展消费维权舆情问题研究，积极引导舆论、普及消费知识、宣传维权观点，提供了专业支持。

（2）不忘初心使命，认真履行职责，消费维权各项工作成效明显。2019年以来，在市场监管总局指导支持下，中消协联动各地消协组织认真履行法定职责，紧紧围绕中央决策部署和广大消费者集中关切，更新维权理念，创新维权机制，采取有效举措，维护消费者合法权益取得切实成效。

第一，参与立法立规和政策建议积极有力。一是先后就《疫苗管理法》《产品质量法》《消费者权益保护法实施条例》等47部法律法规规章提出立法建议727条，提供消费维权典型案例61个。二是就《快件航空运输信息交换规范》《快递服务与银行服务信息交换规范》等35项国家和行业标准的制定、实施提出意见69条，并主动参与长租公寓、外卖餐品、共享厨房、智能电视开机广告等领域的团体标准制定工作。三是参与全国人大、全国政协以及中央政策研究室、国家发改委、交通部、市场监管总局、国务院发展研究中心等有关部门和机构的立法政策研讨或座谈咨询活动，就相关领域的消费者权益保护问题提出意见和建议。此外，中消协还组织地方消协参与相关法律法规制修订工作，共提出立法建议840条，充分反映消费者诉求，上海、江苏、浙江、广东、四川、福建等地立法参与成果突出。

第二，消费教育工作深入开展。一是针对2019年以来消费热点难点问题和疫情防控形势，及时发布《春节消费理性做到"八防范"》《消费者需理性选购保健品》《科学防疫 理性购物 依法维权 主动监督》等多次消费提示警示。二是以电子商务法实施为契机，开展电子商务法知识竞赛活动，共有220多万消费者参与答题。三是开展消费教育宣传资料征集评选，遴选出优秀作品在全国推广。此外，中消协还编印消费教育手册，制作宣传片，供各地消协在消费教育活动中使用。内蒙古、河南、湖南、重庆、云南、甘肃等地消协结合各自特点，开展了形式多样的消费教育活动。

第三，比较试验数据加快整合。一是落实习近平总书记关于防控儿童近视的重要批示和国家相关部门的指导意见，中消协联合或指导陕西、重庆、广东、深圳等地开展了配装眼镜、护眼台灯、蓝光膜等商品测试。二是联合四川、深圳开展了智能门锁比较试验,推动了电子智能门锁团体标准制定。三是组织开展"第二届全国消协组织优秀比较试验项目"评选活动,并对入选优秀项目公示推广。四是开发全国消协比较试验数据库系统,录入近三年比较试验报告,基本完成比较试验数据整合,并已于今年3月15日对消费者开放。2019年以来,全国消协组织共开展商品比较试验项目近200个,为消费者提供信息咨询和消费参考发挥了重要作用。北京、江苏、天津、广州等地消协精心选题,开展了太阳镜、果蔬清洗剂、儿童滑板车等比较试验,上海、安徽等地策划具有地方特色的伴手礼评测推荐,取得良好的社会反响。

第四,监督调查工作富有成效。一是完善城市消费者满意度测评体系,发布《2018年70城市消费者满意度测评报告》《2019年100城市消费者满意度测评报告》,联动各地深入研究满意度提升工作,向地方政府提出加强消费者权益保护的意见和建议。二是开展"信用消费与消费者认知""消费维权认知及行为"问卷调查,了解消费者的信用意识、维权意识以及维权行为,发现消费维权热点难点,提出相关建议。三是组织开展青少年近视现状与网游消费体验活动,深化调查结果解读,约谈相关游戏平台,并向中央网信办、卫健委、教育部、市场监管总局等相关部门提出加快完善网游防沉迷平台的政策建议。四是关注城市居民生活消费,联动31个省级消协组织开展住宅小区物业服务调查体验活动,引起社会广泛关注。五是开展农村集贸市场体验调查"回头看",就农村集贸市场仍然存在的"三无"产品、占道经营、消防安全隐患等问题,再次向政府有关部门反映。六是开展电商消费监督工作,发布《直播电商购物消费者满意度在线调查报告》,组织电商平台后评价调查体验,对电商平台内经营者后评价流程和刷单平台进行消费监督。北京、黑龙江、上海、江苏、安徽、广东等地结合当地维权热点难点,积极开展消费监督工作,有力地推动了消费环境改善。

第五,消费投诉化解稳妥有序。一是持续做好投诉受理。2019年和今年上半年,中消协接受消费者来电、来信、来访投诉咨询6,314件,直接处理消费纠纷167件,指导地方消协处理疑难投诉548件。二是继续推进电商维权直通车建设。截至今年上半年,使用直通车维权单位达到615个。三是直接处理腾讯王者荣耀游戏纠纷、奥迪车内空气污染致病纠纷等热点消费事件,推动化解群体性消费风险。四是编印新版《中国消费者协会投诉工作手册》和《2019年全国消协投诉典型案例选编》,对地方消协投诉工作加强规范指导。2019年和今年上半年,全国消协组织共受理消费者投诉138.3万件,解决105.2万件,投诉解决率76.1%,为消费者挽回经济损失19.8亿元;接待消费者来访和咨询205万人次。重庆消委会将解决消费者诉求的结果纳入对各区县市场监管局的考核,深圳消委会将企业投诉处理情况转化为消费评价指数进行发布,推动了消费纠纷化解工作。北京、上海、江苏、广东、浙江、湖北、四川、深圳等地采取有效措施,探索推进投诉便利化工作。

第六,公益诉讼实践探索成果突出。一是中消协诉雷沃重工违法生产销售正三轮摩托车案件达成民事调解协议,提出的六项诉讼请求全部实现,开启了我国消费民事公益诉讼"确认之诉"的先河。央视《焦点访谈》作了专题报道。二是收集消费领域侵害众多消费者权益线索,组织召开专题论证会,邀请有关专家、律师对相关案件线索进行可行性评估。三是出台《消费者协会消费民事公益诉讼工作导则(试行)》,指导地方消协积极开展公益诉讼实践。参加安徽消保委惩罚性赔偿公益诉讼研讨会,就福建消委会有关预付式消费公益诉讼案件线索中有关法律问题提出意见。支持广东、四川、内蒙古等地消协组织分别就未成年人优惠票价标准、假冒运动品牌商品侵权问题、共享汽车押金不退等提起消费公益诉讼。

第七,维权宣传引导及时有力。一是落实党的十九大精神和中央有关促进消费的指导意见,分别确定了2019年"信用让消费更放心"和2020年"凝聚你我力量"年主题,并联合人民网开展"3·15消费者权益日主题活动"。二是发掘社会监督维权典型,弘扬依法维权正能量。开展"寻找最美消费维权人物"活动,设立消费者维权"啄木鸟奖",引导和发动社会力量和广大消费者积极参与消费维权工作。三是充分发挥中消协自媒体作用,聆听消费者心声,传递中消协维权观点。截至今年6月,中消协网站发稿760篇,微信公众号发文265篇,官方微博发文311篇,全年累计阅读量超过1亿次。四是继续与央视"315晚会"、央广"天天315特别节目"加强合作,并与人民网合作开办"消费洞察"直播栏目,就消费热点问题及时跟进分析、发表观点,全年完成合作节目20期。五是做好舆情监测和成果运用。2019年共编辑《舆情日报》316期、《季度舆情分析》5期、《舆情专报》7期,梳理发布了"2019年十大消费维权舆情热点"。此外,利用中消协成立35周年契机,制作"中消协会歌再次唱响MV""中消协35周年足迹H5"等多媒体作品广泛宣传消协工作、形象和维权理念。天津、江苏、湖南、重庆、广东等地积极发挥维权引导作用,消费维权新闻宣传工作有声有色。

第八,国际交流合作深入推进。一是组织湖北、重庆、深圳等地消协代表赴葡萄牙参加国际消联第21届全球高峰大会,与国外消费者组织进行了广泛交流。二是赴蒙古国参加蒙古国公平竞争和消费者权益保护局成立15周年纪念交流活动,就中消协消费者权益保护开展工作情况做主题发言。三是赴德国参加有效消费者保护新探索国际研讨会,与德国司法与消费者保护部、巴西司法部共同探讨公益诉讼、电商领域新挑战及在线纠纷解决对策。四是参加在上海举办的中日韩消费者保护政策磋商会,就消费教育和跨境维权协作进行交流。此外,按照"一国两制"要求,接纳香港消委会和澳门消委会加入中消协电商投诉直通车平台,并赴澳门共同举行新闻发布会。

(3)扎实开展主题教育,协会组织建设取得突破。

中消协深入学习领会习近平新时代中国特色社会主义思想,深入贯彻落实党的十九大新时代党的建设总要求和党中央全面从严治党战略部署,落实市场监管总局党组要求,以坚持党的全面领导、加强党的政治建设为统领,进一步增强"四个意识",坚定"四个自信",做到"两个维护"。2019年以来,中消协扎实开展"不忘初心、牢记使命"主题教育活动,按照守初心、担使命、找差距、抓落实总体要求,深入学习习近平总书记关于坚持以人民为中心发展思想、加强市场监管和消费者权益保护系列重要论述和指示批示,深入基层开展消费维权调查研究,查找梳理协会履行职责中存在的突出问题和消费者反映的热点难点问题,制定有效措施,认真整改落实,确保主题教育活动取得实效。一年多来,中消协坚持目标导向、责任导向、问题导向、效果导向相统一,落实落细党建主体责任,严守党的政治纪律和政治规矩,提高政治站位和政治觉悟,确保在思想上政治上行动上同以习近平同志为核心的党中央保持高度一致。坚持把全心全意为消费者服务、切实维护好消费者合法权益作为消协政治责任,履职尽责,努力营造良好消费环境。认真履行全面从严治党责任,加强党风廉政建设,严格落实中央八项规定精神,确保消协组织立场坚定正确,全力服务新时代消费者美好生活需要。

党中央国务院高度重视消费者权益保护工作。在市场监管总局党组的大力支持和推动下,2019年5月,中央编办批复同意成立中国消费者协会秘书处,确定为公益一类事业单位,核定编制70名,为解决中消协履职保障问题奠定了基础。在中消协改革成果的带动和推动下,各地结合实际加大消协组织机构建设力度,河北成立省消保委,山西、重庆、浙江参照中消协模式完成省级或区县换届,湖南、广东积极推进常设办事机构改革,各地消协组织建设取得明显进展。同时,各地消协积极发挥上下左右联通作用,京津冀、长三角、粤港澳大湾区等地消协努力加强区域协作,消费维权工作能力和水平明显提升。

同志们,2019年以来,中消协在市场监管总局的有力指导下,在各有关部门和地方消协组织的大力支持下,为营造良好消费环境、维护消费者合法权益发挥了积极作用。但与习近平总书记重要指示批示精神要求和广大消费者的热切期待相比,中消协工作还有一定差距。我们要以习近平新时代中国特色社会主义思想为指导,深刻认识履行好法定职责的重要性和紧迫性,更加坚定人民立场、更加坚定服务大局、更加坚定务实创新,切实做好常态化疫情防控下消费者权益保护工作,为服务经济高质量发展、加快形成新发展格局和人民群众美好生活需要,作出更大努力。

(二)提高认识抓落实,消协工作大有作为

消费者权益是人民利益在消费领域的具体体现。实现好、维护好、发展好广大消费者合法权益,是践行"以人民为中心"的发展思想,为人民谋幸福、为民族谋复兴的必然要求。各级消费者组织作为保护消费者权益的社会中坚力量,面对新时代、新形势、新要求,要提高认识、勇于担当、积极作为,切实当好"以人民为中心"发展思想的坚定拥护者和忠实实践者。

(1)准确把握消费维权新形势。目前,我国疫情防控持续向好态势进一步得到巩固,中国特色社会主义制度优势以及治理体系和治理能力得到充分彰显。虽然目前全球疫情仍处于大流行阶段,国际经济形势依然复杂严峻,但我国经济发展具有巨大韧性、潜力和回旋余地,经济长期向好的基本面没有改变,也不会改变。抓紧抓实抓细常态化疫情防控,统筹推进疫情防控和经济社会发展,是党中央着眼我国疫情防控新形势做出的重大决策。我们要立足消协职责,既要努力做好疫情防控常态化条件下的消费维权工作,也要着眼长远不断完善消协工作机制,围绕促进改善消费环境、推动完善社会治理发挥好消协独特作用。

做好保护消费者权益这个事业,在当前历史时期具有突出的重要意义。习近平总书记指出:"为人民谋幸福,是中国共产党人的初心。我们要时刻不忘这个初心,永远把人民对美好生活的向往作为奋斗目标。"从党的执政兴国角度,保护消费者权益是以人民为中心的最直接体现。14亿人民就是14亿消费者,坚持"以人民为中心"发展思想,在消费领域就要坚持"消费者优先"的维权理念。只有坚持"以人民为中心",才会把为中国人民谋幸福作为不变的初心,只有坚持"消费者优先",才能始终保持党和政府与广大消费者的紧密联系。从国家治理角度,消费者权益保护水平是国家治理体系和治理能力的重要体现。党的十九届四中全会对进一步坚持和完善中国特色社会主义制度、推进国家治理体系和治理能力现代化作出重大部署,明确提出强化消费者权益保护、坚持和完善共建共治共享的社会治理制度等要求。各有关部门以及社会各有关方面都应当积极作为,把参与消费者权益保护事业作为提升社会治理能力的重要内容。从经济发展角度,保护消费者权益是促进经济健康发展的重要支撑。习近平总书记指出,实现经济增长,要发挥消费的基础性作用,打造多点支撑的消费增长格局,营造便利安全放心的消费环境。消费者是商品与服务的最终接受者和评价者,消费者更有力量,经济发展就更有质量。消费者是消费需求的重要创造者和实现者,做好消费者权益保护,有利于激发居民消费潜力,使消费者能消费、敢消费、愿消费,经济发展就更有动力。

消费者协会是依法成立的对商品和服务进行社会监督、保护消费者合法权益的公益性社会组织，是我国消费者权益保护的重要社会力量。《中共中央国务院关于完善促进消费体制机制进一步激发居民消费潜力的若干意见》明确提出，充分发挥消费者协会维护消费者权益的积极作用。党的十九届四中全会进一步强调，要强化消费者权益保护，坚持和完善共建共治共享的社会治理制度。这些对于我们消协担当新使命提出了新的更高要求。尤其是在当前我国经济下行压力加大、新冠肺炎疫情对经济发展产生冲击的背景下，更需要各级消协组织准确把握改革发展大局，认真履行法定职责，不断加大消费维权工作力度，努力营造安全放心便利的消费环境，为扎实做好"六稳"工作、落实"六保"任务提供助力。

当前，我国消费环境总体向好，连续3年测评的城市消费者满意度持续提升，农村消费供给持续改善，但消费者权益保护工作依然面临许多问题，还存在不少制约进一步扩大消费的因素。例如，消费环境建设与百姓美好生活的迫切需要还不匹配，假冒伪劣、虚假宣传、消费欺诈等消费顽疾尚未得到根治，互联网金融消费维权难，预付式消费问题频发，消费者个人信息安全形势不容乐观；国民消费素养与推动高质量发展的要求还不同步，科学消费、绿色消费、依法维权、理性维权尚未蔚然成风，消费教育工作有待加紧普及和持续深入；一些行业企业落实"消费者优先"观念的自觉性与促进形成强大国内市场的现实需要还不适应，消费领域信用体系建设任重道远，消费者权益保护工作亟须统一协调和共同努力；消费维权资源配置与消费者投诉需求还不协调，特别是在经济欠发达省份和广大农村地区，消费维权力量还很薄弱，难以满足消费者维权需要，等等。这些问题的存在，既有消协组织顶层设计和统筹规划不完善、消费维权前沿问题研究与应对不足的问题，也有一些地方对消协组织认识不清、建设和投入不足，导致一些地方消协发挥作用不够的问题，需要我们引起足够重视。一方面，我们要向各级党委和政府积极主动汇报工作，为消协依法履职争取相应保障；另一方面，我们要进一步增强责任感和使命感，用优异的消费维权成绩向党和人民递交满意的答卷。

（2）切实履行消费维权新使命。消费者权益保护工作关乎广大消费者最关心、最直接、最现实的利益，与人民群众获得感、幸福感、安全感密切相关。作为依法维护消费者合法权益的公益性社会组织，各级消协组织要立足职责，坚守初心，勇担使命，始终坚定消费者立场，反映消费者诉求，维护消费者利益，推动消费环境不断优化，在国家完善治理、实现发展的进程中充分发挥积极作用。

第一，要把服务人民美好生活需要作为政治责任。坚持"以人民为中心"的发展思想，是习近平新时代中国特色社会主义思想的根本立场，实现人民群众对美好生活的向往,是我们党的奋斗目标。人民群众对消费品质的追求是美好生活需要的重要内容,引导广大消费者科学文明消费,在消费者合法权益受到侵害的时候及时为消费者排忧解困、保驾护航,是消协工作的基本职责,也是贯彻"以人民为中心"发展思想,不断服务人民美好生活需要的重要体现。进入发展的新阶段,在消费对经济增长已经连续6年稳居第一动力的大背景下,面对新消费需求、新消费模式、新消费业态以及市场新领域等不断出现的新问题,我们还有大量的工作要做。各级消协组织要把服务人民美好生活需要作为政治责任,始终秉持"消费者优先"维权理念,急消费者所急、想消费者所想、忧消费者所忧,当好党和政府联系广大消费者的"桥梁"和"纽带"。要按照专业化、网络化、信息化、国际化标准,推动消协机构建设,打造纵向互通、横向互联的全国消协组织网络体系,建立健全权责明晰、分工协作、保障有力、运行高效的消费维权工作机制,协调社会各方面消费维权力量,共同保护消费者合法权益。

第二,要在推动实现高质量发展、加快形成新发展格局上有更大作为。党的十九大报告指出,我国经济已经由高速增长阶段转向高质量发展阶段。这是适应我国社会主要矛盾变化作出的论断。进入新时代,消费需求主要矛盾不再是有没有的问题,而是好不好的问题,消费者不仅关注商品和服务的价格,更加关注商品质量、消费安全、交易公平,更加注重消费体验。当前我国正处在经济结构转型升级的关键阶段,需要通过制度变革、健全市场激励与约束机制,特别是发挥广大消费者的监督力量,促使生产者、经营者强化消费者需求导向和问题导向,为消费者提供更高品质的产品和服务,从供需两端发力助推深化供给侧结构性改革。今年以来,习近平总书记面对国内国际形势发生的变化,提出要加快形成以国内大循环为主体、国内国际双循环相互促进的新发展格局。消协对商品和服务依法具有社会监督的职责,与广大消费者联系密切,要充分利用好这个职责优势,为国家质量发展战略实施提供有力抓手,对商品和服务的价格、功能、质量、性能、环保性、实用性、可维护性等特征加强测试、体验、评价和比较,推动符合消费者需求的标准制定和完善,形成商品和服务质量提升的倒逼机制,为高质量发展营造良好的市场环境。要发挥消费引导功能,牢牢把握扩大内需这个战略基点,进一步激发居民消费潜力,支持和引导居民合理消费、绿色消费、升级消费,促进消费扩容提质,增强消费对经济高质量发展的拉动作用。要提升参与立法工作质量,提高消费监督工作成效,营造便利安全放心的消费环境。要高度关注农村地区消费者权益保护工作,积极推动放心消费环境创建,在农村消费维权网络建设上多下功夫,在引导城乡消费品互通上多下功夫,为决胜脱贫攻坚战和全面建成小康社会作出新贡献。

第三,要积极参与国家治理体系和治理能力现代化建设。习近平总书记指出,放眼世界,我们面对的是百年未有之大变局,我国发展既面临前所未有的机遇,也面临前所未有的挑战。当前,我国正处于实现中华民族伟大复兴的关键时期,党的十九届四中全会从党和国家事业发展全局和长远出发,着眼于充分发挥中国特色社会主义制度优越性,对坚持和完善中国特色社会主义制度,推进国家治理体系和治理能力现代化作出了全面部署,提出了明确要求,具有重大的现实意义和深远的历史意义。维护消费者权益的水平是国家治理体系和治理能力的体现。四中全会审议通过的决定是各级消协组织做好新时代消费者权益保护工作的行动纲领,其中关于加快完善社会主义市场经济体制,坚持和完善统筹城乡的民生保障制度、坚持和完善共建共治共享的社会治理制度的重要论述更直接关系维护消费者合法权益和发挥社会组织的作用。更好发挥消协的作用,通过消协的工作让老百姓更加认识中国特色社会主义制度的优越性,更加坚定"四个自信",是推动国家治理体系和国家治理能力现代化的必然要求,也是消协义不容辞的责任。要坚持"创新、协调、绿色、开放、共享"新发展理念,更好统筹疫情防控和经济社会发展工作,推进消费维权工作更好服务营商环境优化,保护和激发市场主体活力,更好服务消费环境改善,更好服务高质量发展,为"六稳""六保"营造良好氛围。要努力建设更加便利的投诉渠道,积极推进公益诉讼和集体诉讼的落地,更大范围、更深程度保护消费者合法权益,为维护社会稳定大局作出贡献。要利用好消协的影响作用和灵活便利的工作方式,加强与"一带一路"沿线国家和地区的消费维权协作,积极参与消费维权国际交流与合作,维护中国消费者合法权益和正当利益。要发挥消协组织平台优势,完善消费维权工作机制,促进消费维权共建共治共享,不断提升消协组织参与社会治理的能力和水平。

(三)乘势而为谋发展,各项工作要上新台阶

2020年是全面建成小康社会和"十三五"规划收官之年,在以习近平同志为核心的党中央坚强领导下,全党全国人民团结奋斗、攻坚克难,我们将如期实现第一个百年奋斗目标,并开启全面建设社会主义现代化国家新征程。今年也是中消协落实机构改革任务之后的开局之年,中消协和各级消协组织在疫情防控和维护消费者合法权益方面做了大量卓有成效的工作。在今后一段时间,要以机构改革深化为契机,积极完善消费维权体制机制,主动作为、及时补位,在推动消费维权社会共治、服务扩大内需战略实施、服务"六稳""六保"任务等方面发挥更大作用。我们要以习近平新时代中国特色社会主义思想为指导,全面贯彻党的十九大和十九届二中、三中、四中全会及中央政治局会议精神,围绕统筹推进新冠肺炎疫情防控和经济社会发展的工作部署,以加强政治建设为统领,以"凝聚你我力量"消费维权年主题为主线,紧扣服务大局、改革创新、维权协作、效能提升四个着力点,切实做好加强理论研究、畅通投诉渠道、创新引导方式、突出监督重点、推动完善制度、提升维权能力等六个方面的工作,做好常态化疫情防控下的消费者权益保护工作,为加快形成以国内大循环为主体、国内国际双循环相互促进的新发展格局贡献消协力量。

(1)加强政策理论研究,强化顶层设计科学性。理论是实践的先导。要加强消费维权政策学习和理论研究,大力开展基层调研,抓住重点、大胆创新,提升消协工作顶层设计的系统性、科学性和协同性。要注重消费政策理论研究与服务大局相结合,推动消协工作服务经济发展和民生改善,提升消协组织参与社会治理的能力和水平。要积极开展消费维权形势与任务研究,制定并实施全国消协组织消费维权中长期工作规划,引领消协组织消费维权工作开展。要加强消费维权热点难点问题研究,探索新消费模式、新消费领域问题治理机制,为消协组织解决本领恐慌、能力不足问题提供指导帮助,为政府决策、行业监管提供参考。要研究制定中消协秘书处工作规则,为地方消协组织加强建设、改进工作提供指导意见。要完善新时代消协治理机制,改进理事会议事规则,发挥理事会成员作用,凝聚各行业部门共识,推动消费维权共建共治共享。要加强消费维权新闻宣传协作,发挥消协组织在保护消费者合法权益、维护社会公共利益中的重要作用。要研究制定专业支持团队管理办法,完善工作制度,深化与相关专业机构的合作,形成多层次、多渠道的专业维权协作新格局。

(2)畅通投诉受理渠道,提升纠纷化解有效性。习近平总书记在2019年中央政法工作会议上提出,要把非诉讼纠纷解决机制挺在前面,使矛盾化解关口前移。消协投诉调解工作作为非诉讼纠纷解决方式之一,对于消费领域矛盾的及时化解和社会关系的及时修复有着重要作用。我们要坚持受理投诉工作的基本职责不动摇,切实采取有效措施,提升纠纷化解能力,及时妥善解决每一起消费投诉,把消费纠纷化解在前端。要抓紧完善落实投诉便利化、规范化措施,研究投诉咨询平台改造,利用技术手段便利消费者投诉,推进投诉专业化协作。要综合运用调解、劝谕、约谈、点评、评议、委托鉴定、媒体曝光、支持诉讼等手段,切实维护消费者合法权益。要探索利用大数据等方式强化投诉分析,建立投诉预警机制,推进消费者投诉信息的综合应用。要完善全国消协组织受理投诉工作导则,进一步简化工作流程,满足消费者投诉咨询需求,保障消费者投诉件件有回应、事事有着落。要规范和推进投诉信息和监督评价信息公示工作,研究制定投诉信息公示规则,加强与相关部门的信息对接,促进消费领域信用体系建设。

(3) 创新宣传引导方式,增强消费教育针对性。培育健康的消费理念和消费方式是提升消费者素养的基础工程,是推进良好消费环境创建工作的重要支撑,是从源头上减少消费纠纷的根本举措,是消协依法履职的重要手段。要探索创新消费教育举措,打造独具消协特色的消费教育平台,用符合受众特点的宣传方式,把书面语言口语化、抽象概念形象化、深刻道理通俗化,提高消费教育信息触达率,让消费者愿听、想听、入脑、入心,有效提高消费教育的针对性和信息传播的有效性。要完善比较试验数据库应用,加大消费提示警示、消费投诉、消费监督以及维权法律知识等数据整合和成果转化力度,探索建设网上消费教育基地,加大消费维权成果宣传力度,为消费者选择更优商品和服务、提升消费维权自我保护能力提供重要参考。要统筹全国消协组织消费教育工作,研究制定消费教育大纲,加强与相关行业部门的联动协作,构建互通有无、协作有力的消费教育协作机制,努力为消费者提供一站式消费维权服务。要广泛动员和凝聚各方面力量,深入开展"让消费更温暖"公益活动,为促进经济发展、提振消费信心、共建和谐消费发挥作用。要持续开展反对餐饮浪费的宣传,深入传播"浪费可耻、节约为荣"的绿色节约理念,督促餐饮企业出台制止餐饮浪费的具体措施,引导消费者以实际行动支持、鼓励符合绿色节约餐饮要求的用餐场所。

(4) 突出消费重点领域,提升消费监督权威性。近年来,中消协组织开展的城市消费者满意度测评和体验式调查已经成为促进消费环境改善的有效抓手。要认真总结城市消费者满意度测评工作经验,组织开展 2020 年 100 个城市消费者满意度测评工作,加紧完善测评程序、测评方法和测评机制,制定城市消费者满意度测评工作指南,提升城市满意度测评工作权威性,促进地方政府重视和改进消费环境建设和消费维权工作。要密切关注民生消费的重点领域,组织实施汽车 4S 店服务消费者满意度调查、直播电商平台网红带货调查体验,敦促相关行业企业进一步优化商品服务质量,推动政府有关部门形成监管合力。要继续开展农村集贸市场调查体验"回头看"工作,研究农村消费者满意度调查工作。要推动行业企业扎实开展"让消费更温暖"行动,让广大消费者可感知,能够实实在在受益。要制定消费维权志愿者活动细则,完善活动激励机制,做好管理、凝聚力量、形成品牌,充分调动志愿者参与消费监督与维权工作的积极性。

(5) 推动完善相关法律,增强维权制度先进性。健全的法律体系是消协组织力量的"倍增器"和发挥积极作用的根本保障,参与并推动完善相关法律、法规、标准,是提高维权成效的"固本之策",也是各级消协组织服务国家治理体系和治理能力现代化的重要任务。要积极参与《个人信息保护法》《产品质量法》《消费者权益保护法实施条例》《企业信息公示条例》等法律法规制修订工作,从消费者权益保护角度提出意见,积极推动消费者保护相关立法完善。要积极参与食品安全等国家标准的制定工作,加强对消费领域团体标准的监督,打造消协组织履行法定职责的新手段。要组织开展公益诉讼专题培训和研究,通过书面建议、组织座谈、调研推动等方式,推进完善惩罚性赔偿等公益诉讼配套制度,指导地方诉讼实践。要加强对预付式消费、网络直播带货、汽车消费维权难、集体诉讼等领域相关法律问题研究,强化成果运用,为相关工作提供法律理论支撑。要加强与司法机关合作,组织开展消费者保护司法案例评选等活动,强化消费维权司法保护。

(6)发挥党建引领作用,激发干部履职积极性。消协虽然是社会组织,但肩负的是维护人民群众利益的使命。要肩负这样的使命就首先要讲政治,加强政治建设,提高政治站位。各级消协组织要深入学习贯彻习近平新时代中国特色社会主义思想,真正学懂弄通做实,这是我们做好工作的根本保证。要切实加强党建工作,把党的基层组织建设好,党员的先锋模范作用发挥好,发挥党组织的政治引领作用,强化党组织的政治建设,切实增强"四个意识"、坚定"四个自信"、做到"两个维护",增强新时代消费维权政治责任感和历史使命感,激发干部职工的积极性、主动性和创造性。要按照建设政治机关、实干机关、廉洁机关、和谐机关要求把秘书处建设好、发展好。要组织开展地方消协组织秘书长全面履职能力集训、轮训工作;要完善各项业务规范,实施业务技能提升计划,组织开展消费维权业务比武和成果展示活动;要建立绩效考核和责任追究制度,鼓励创新和实干,加快提升干部队伍政治素质、业务素质和服务能力。要积极参与消费维权国际交流与合作,强化信息沟通与区域协作,拓展消费维权国际化视野,提升消费者权益保护工作水平,建设一支对让党中央放心、让消费者满意、忠诚干净担当的维权队伍,不断提升消协组织的公信力和社会影响力。

各位理事们,同志们,面对新形势新任务,各级消协组织责任更加重大,使命更加光荣。我们要以习近平新时代中国特色社会主义思想为指引,全面贯彻落实党的十九大和十九届二中、三中、四中全会及中央政治局会议精神,坚定人民立场,坚定服务大局,坚定务实创新,努力把我国消费者权益保护制度优势和消协职责优势转化为消费维权效能,助力经济行稳致远、社会安定和谐,为决胜脱贫攻坚战和全面建成小康社会、实现第一个百年奋斗目标,开启全面建设社会主义现代化国家新征程作出新的更大的贡献!

(中国消费者协会会长 张平)

第二节　市场监督管理总局、消费者协会领导文章、讲话

一、原市场监管总局局长张茅在十三届全国人大二次会议开幕会结束后答记者问①

中央广播电视总台央广记者：

我发现过去一段时间有关假冒伪劣产品问题屡禁不止，同时引发了消费者信心上的损伤。请问，今年我们在打假工作上是如何部署和安排的？如何进一步打击假冒伪劣产品？

国家市场监督管理总局局长　张茅：

这个问题提得非常好，假冒伪劣产品严重侵害了消费者的利益，严重干扰了市场公平竞争环境。打击假冒伪劣产品是我们市场监管总局的职责。今年有几项工作要重点做好：

第一，抓住重点领域，特别是食品、药品、儿童、老年人用品等重点领域。

第二，要依法严格监管和实行最严厉的惩罚，要在这方面创新一些制度，比如巨额惩罚制度、内部举报人制度，还有一项很重要的，就是没收和全部销毁被我们发现的假冒伪劣产品，使得假冒伪劣制造者付出付不起的成本。

第三，加强企业的自律和社会共治，完善社会信用体系，完善有关法律法规，假冒伪劣产品是一个长期存在的问题，要经过我们不懈努力、打持久战，逐步减少假冒伪劣，做到"天下少假"，让消费者少一分担心，多一分放心。

二、深化改革创新　狠抓工作落实　全面完成今年市场监管工作任务②

同志们：

经总局党组研究，决定召开这次座谈会。主要任务是，认真学习贯彻习近平总书记重要讲话精神和治国理政新理念新思想新战略，按照全国深化简

---

① 参见中国新闻网，载 https://baijiahao.baidu.com/s?id=1627143194911091754&wfr=spider&for=pc，2020年10月10日访问。

② 参见张茅：《深化改革创新　狠抓工作落实　全面完成今年市场监管工作任务》，载《中国市场监管研究》2017年第7期。

政放权放管结合优化服务改革电视电话会议精神,结合今年总体工作部署,总结上半年工作,明确下半年重点任务,以求真务实的作风,推动市场监管改革与创新,为党的十九大胜利召开营造良好环境。下面,我讲几点意见。

(一)以深化商事制度改革为主线,上半年各项工作取得新成绩

今年上半年,全国工商和市场监管部门认真贯彻落实党中央、国务院决策部署,以深化商事制度改革为主线,加强总体谋划,突出工作重点,把握关键时点,以高度的责任感使命感攻坚克难,各项工作取得新成绩,在"放管服"改革中发挥了重要作用,为促进经济社会持续健康发展做出了积极贡献。

(1)商事登记制度改革取得新突破。加强改革总体部署,围绕商事登记便利化,完善各项改革措施,支持基层多样化探索,持续形成了新的改革亮点,便利化、法治化的营商环境逐步形成。

——"多证合一"改革全面启动。从"三证合一"到"多证合一",这项改革从最初的改革难点,逐步成为准入制度改革的热点。报请国务院印发了《关于加快推进"多证合一"改革的指导意见》,召开推进"多证合一"改革电视电话会议,李克强总理高度重视并作重要批示,王勇国务委员出席会议并作重要讲话,对全面推进这项改革作出部署。各地充分发挥积极性主动性,探索多样化的改革模式,大幅度整合涉企证照,为全面推进改革积累了经验。总局出台了《关于开展个体工商户登记制度改革试点工作的通知》,选择辽宁等8个省开展试点。

——"先照后证"改革取得新进展。从最初的审批顺序调整,到目前成为倒逼审批制度改革的重要切入点,为进一步精简许可审批,解决"准入不准营"难题创造了条件。国务院印发了《关于进一步削减工商登记前置审批事项的决定》,总局修订并公布《工商登记前置审批事项目录》,将5项工商登记前置审批事项改为后置。指导各地严格履行"双告知、一承诺"制度,推动市场主体登记信息在工商部门与审批部门、行业主管部门间共享应用、互联互通。积极支持上海、广东等地依托自由贸易试验区开展"证照分离"改革试点,为进一步深化改革提供了借鉴。

——积极推行全程电子化和电子营业执照。按照"互联网+政务服务"的理念,以企业办理登记"零见面"、电子营业执照"无介质"为目标,在北京、江苏等地试点的基础上,总局制定了《关于推行企业登记全程电子化工作的意见》《关于全面推进企业电子营业执照工作的意见》,有序推进改革工作。全国已有25个省(区、市)开通网上登记系统,许多省市实现了足不出户就能办理营业执照,有的实现了跨地域办理。总局在5个省开展了个体工商户和农民专业合作社登记全程电子化试点工作。

——推进企业名称登记和简易注销改革。在放开县级企业名称库的基础上,印发了《关于提高登记效率积极推进企业名称登记管理改革的意见》,全面推进企业名称登记改革。完善市场退出机制,今年3月1日在全国推行企业简易注销登记改革。至5月15日,全国共有15162户企业通过简易注销程序退出市场。

——积极促进小微企业发展。出台《关于深入推进"放管服"多措并举助力小型微型企业发展的意见》,进一步优化小微企业发展环境。升级改造小微企业名录系统,加强宣传,目前已集中公示扶持政策5400多件、提供导航1900多项,累计访问量达6000多万人次。开展银企对接、项目对接活动,支持小微企业发展,引导民营企业吸纳大学生、农村剩余劳动力、退伍转业军人等重点人群就业。

(2)企业信用监管机制进一步完善。按照"放管结合"的要求,加强市场监管改革创新,实施"双随机、一公开"改革,加强信用监管,探索建立市场监管新机制。

——全面实施"双随机、一公开"监管。这是国务院明确的改革任务,李克强总理多次作出重要指示。总局召开系统电视电话会议进行部署,公布了随机事项抽查清单,将12类共40项工商检查事项全部纳入,100%实施随机抽查。积极推动与海关总署、质检总局等部门进行跨部门联合检查。31个省(区、市)都制定了"一单、两库、一细则",一些地方建立了工商牵头的跨部门联查工作机制,提高了监管的规范性、公正性和透明度,有效改变了过去"想查谁就查谁""想怎么查就怎么查"的随意监管方式。为规范抽查工作,总局下发了《关于做好"双随机、一公开"抽查工作的通知》。

——认真抓好信息公示工作。基本完成企业年报公示工作。至5月底,全国已公示2016年度年报企业1663.33万户,年报公示率65.63%,比上年度同期提高5.6个百分点。企业即时信息公示进一步扩大,至5月底全国累计有312.94万户企业公示即时信息789.14万条。加强行政处罚信息公示工作,建立处罚信息公示通报机制。

——加强涉企信息归集共享与联合惩戒。总局发布了《政府部门涉企信息归集资源目录》,推动部门间企业信用信息归集共享,与有关部门开展联合惩戒。至5月底,工商系统累计向其他部门提供经营异常名录、严重违法失信企业名单数据811万条,全国列入经营异常名录的市场主体384.66万户,累计移出经营异常市场主体164.8万户,全国联合限制"老赖"担任公司各类职务12.11万人次。

——加强"全国一张网"的建设和运用。按照今年全面建成的目标要求,明确了验收标准和考核指标体系,确立了信息化工程建设整体架构和重点任务,制定《国家企业信用信息公示系统使用运行管理办法(试行)》。"全国一张网"建设进展顺利。同时,加大公示系统的宣传,社会应用日益广泛,影响力不断提高,对于降低企业交易成本,提高经济运行效率,促进社会信用体系建设,发挥了重要作用。

(3)市场监管执法工作成效显著。针对市场秩序中存在的突出问题,加大监管执法力度,市场竞争环境持续改善,市场秩序进一步好转。

——进一步加强竞争执法工作。积极实施竞争政策,参与研究制定公平竞争审查制度实施细则等工作。扎实推进垄断案件查办,授权省级工商机关查处医疗卫生、保险、交通运输等领域涉嫌垄断行为,调查处理滥用行政权力排除、限制竞争行为。以民生领域热点问题为重点,持续推进专项整治工作,扩大公用企业限制竞争和垄断行为专项整治成效,上半年共查处案件88件。把握新趋势新问题,加大对新业态不正当竞争行为的打击力度。认真做好打击电信网络新型违法犯罪等经济检查工作。加强对传销新情况、新问题研究,推动重点城市整治工作和"无传销城市"创建,保持打击传销高压态势。至5月底,全系统查处各类经济违法违章案件11.8万件,罚没款12.3亿元。

——推进网络市场线上线下一体化监管。召开网络市场监管部际联席会议,十个部门联合部署网络市场监管专项行动,重点打击侵权假冒、刷单炒信、虚假宣传等违法行为,推动形成高效协同的监管格局。部分省区相应建立了网络市场监管协作机制。在上海长宁、江苏宿迁、山东临沂、重庆綦江开展网络市场监管与服务示范区创建工作。部署推动成品油质量监管,加强合同监管,积极开展动产抵押登记全程电子化建设。

——推进实施广告战略。加强广告市场导向监管,开展整治"特供""专供"违法广告专项行动。加大对重点媒体、重点领域广告执法力度,突出查处医疗、药品、食品、金融等重点领域虚假违法广告。加强互联网广告监管,开展互联网金融广告专项整治。加强广告监测,总局对4600家传统媒体、1000家互联网网站进行监测。出台《关于加强广告产业园区规范建设促进广告产业园区健康发展的指导意见》,引导园区发挥创业基地和创新平台作用。新认定宁波、宜昌、芜湖3个国家广告产业园区。

(4)消费维权工作扎实推进。以深入贯彻《消费者权益保护法》(以下简称消法)为主线,以节日消费、新消费、日常消费为重点,加强消费市场监管,创新消费维权机制,市场消费环境进一步改善。

——加强流通领域商品质量和有关服务领域监管执法。认真贯彻国务院《质量发展纲要》,强化商品质量监管和日常监督检查。认真做好流通领域商品质量抽检工作,特别是针对网络购物假冒伪劣问题,增加了抽检次数。指导各地强化案件查办工作,推进线上线下一体化监管。研究制定总局加大打击假冒伪劣力度工作方案。

——加强消费维权体系建设。加快全国12315互联网平台建设,平台一期工程于今年3月15日上线运行。至5月底,全国12315互联网平台共受理消费者投诉举报11万件。广泛开展"放心消费创建活动",积极推进12315"五进",落实消费环节经营者首问和赔偿先付两项维权制度,促进消费纠纷源头解决。至5月底,全国共受理消费者投诉72.7万件,为消费者挽回经济损失7.2亿元。

——完善消法配套规章制度。制定了《网络购买商品七日无理由退货暂行办法》《关于切实加强12315消费者权益保护工作的意见》等规定,不断健全消费维权制度体系。加强12315数据分析应用,开展消费者满意指数研究,强化消费教育引导和法治宣传,营造良好社会氛围。

——充分发挥消协组织作用。全国消协组织围绕"网络诚信 消费无忧"年主题,积极履职尽责,形成一些工作亮点。广泛开展网络消费教育活动,积极开展比较实验,适时发布消费警示、提示。推进电商维权绿色通道平台建设,提高电商消费纠纷解决效率。针对预付式消费、快递服务开展体验式调查,就共享单车、网约车、携程网"搭售"等问题,约谈相关企业,督促整改。积极推动公益诉讼,参与全国人大《产品质量法》执法检查,参与行业、部门立法立标工作,消协组织的影响力进一步扩大。

(5)商标品牌战略实施开局良好。围绕商标品牌战略实施,推动商标注册管理体制改革,加大商标知识产权保护力度,商标工作取得新进展。

——制定商标品牌战略实施方案。出台《关于深入实施商标品牌战略推进中国品牌建设的意见》,召开商标品牌战略实施工作会议进行部署。积极推进统一市场监管框架下的知识产权综合管理执法,支持有条件的地方开展试点工作。

——扎实推进商标注册便利化改革。拓宽商标工作渠道,新设商标受理窗口20个、质权登记受理点6个。加快推进商标注册电子化,向所有申请人开放网上申请,新版网上查询系统投入试运行,电子商标公告系统初步建成。推进京外审查协作中心建设。至5月底,我国商标申请量174.8万件,注册量96.1万件,有效注册量1322.2万件,地理标志集体商标、证明商标有效注册量3598件。收到各类评审案件申请7.64万件,审结6.4万件。发布《商标评审案件口头审理办法》。

——加大商标知识产权保护力度。推动商标工作重点向加强商标保护转变,以驰名商标、地理标志、涉外商标、老字号商标等为重点,加大商标专用权保护力度。推动注册商标维权联系人信息库建设,加强商标信用监管。至5月底,全系统共查处商标侵权假冒案件7395件,案值7320万元。

——规范驰名商标、著名商标认定工作。认真吸取西安"电缆事件"教训,规范驰名商标、暂停著名和知名商标认定。坚持市场化改革方向,发挥企业作为商标品牌建设的主体作用,使市场和消费者成为品牌价值的最终裁判者,改革政府评选认定的传统方式。组织第三方建立中国商标品牌价值评价数据库,发布《2016年中国商标价值排行榜》。

(6)市场监管基础保障不断加强。围绕改革新要求和市场监管新任务,加强总体谋划,强化自身建设,进一步夯实了基础保障,为深化改革提供了重要支撑。

——推动规划发布实施。今年1月,国务院发布了《"十三五"市场监管规划》,对市场监管改革创新的目标任务进行了全面部署。总局召开新闻发布会、专家座谈会,近期正在组建由35个部门组成的市场监管部际联席会议制度,推进规划落实。各地按照国务院文件要求,加强统筹谋划,通过编制地方规划、出台指导意见、制定实施方案等,把今年各项任务与规划有机衔接,全面抓好规划贯彻落实。

——进一步加强法治建设。继续完善法律法规制度体系,编制立法计划,启动总局权责清单编制工作,推进《反不正当竞争法》《无证无照经营查处办法》等法律法规的修订工作。强化执法监督效能,对一些省区开展法治建设评价工作,完善行政复议应诉工作程序,深入推进法治宣传教育。

——加大信息化建设力度。围绕"多证合一"、全程电子化等重大改革,全力推进相关信息化建设。完成总局政府网站升级改造,提升了"互联网+政务服务"水平。总局网站在2016年中国政府网站绩效评估中,位列国务院直属部门第3名。

——全面加强队伍建设。严格落实全面从严治党责任,牢固树立"四个意识",坚决维护以习近平同志为核心的党中央权威,认真贯彻落实党的十八届六中全会精神,严肃党内政治生活,强化党内监督,深入推进"两学一做"学习教育在总局常态化制度化,实现总局内部巡视全覆盖。召开总局机关第三次党代会,开展"以案释纪明纪,严明纪律规矩"警示教育。加大干部教育培训力度,上半年共举办培训班32期,培训学员3087名,网络培训覆盖到基层。加强基层综合执法改革的跟踪研究,强化基层建设。

——加强基础研究和舆论宣传。加强市场环境形势分析,定期上报国务院,为经济形势分析提供参考。一些地方开展了开办企业便利度、营商环境、竞争环境、消费环境指数等方面的分析评价,得到了领导高度重视。新闻发布工作扎实推进,总局被中宣部、国务院新闻办评为2016年度新闻发布十个优秀部门之一。"两报一刊"围绕中心工作,加大宣传力度,取得积极成效。

——不断扩大国际合作交流。加强与"一带一路"沿线国家交流合作,与世界知识产权组织联合举办 2017 年世界地理标志大会等重要国际活动,上半年共开展多边双边合作交流活动 148 项,签署中外合作协议 10 项。妥善处理涉港澳台各项工作。

(二)突出工作重点,全面完成下半年的各项任务

做好下半年工作,要认真贯彻李克强总理在"放管服"改革电视电话会议上的重要讲话精神,树立"营商环境就是生产力"的理念,按照全年目标任务,深入推进准入制度改革,切实加强事中事后监管,不断优化市场环境建设,着力打造营商环境的"高地",为经济发展创造良好条件。

(1)强化市场准入环境建设,进一步激发市场活力和社会创造力。围绕提高准入效率,优化服务,继续深化商事登记制度改革,降低市场准入制度性成本,促进各类市场主体繁荣发展。

第一,全面实现"多证合一"改革。按照电视电话会议的部署,抓好重点任务,确保今年 10 月 1 日前全国范围内实现"多证合一、一照一码"。各地要制定实施方案,按照"能整合的尽量整合、能简化的尽量简化、该减掉的坚决减掉"的原则,对证照种类、数量进行全面梳理。总局要加强跟踪指导,各地要相互学习借鉴,加强窗口建设。要深化部门信息共享和业务协同,完善信息共享交换平台建设,实现申请材料"一次提交、部门流转、一档管理"。继续推进"先照后证"改革,配合做好削减工商登记前置、后置审批事项工作。继续推进个体工商户登记制度改革试点工作。大力支持上海浦东等地深化"证照分离"改革试点,抓紧选择一些地方推广浦东经验,扩大改革试点范围,待条件成熟时全国开展"证照分离"改革工作。在企业登记环节上,经过试点将全面推开不管是内资还是外资,一个窗口办事并限时办结,使外资在中国办企业更加便利。

第二,全面推进企业登记全程电子化和电子营业执照广泛应用。继续完善措施,今年 10 月底前,全国各地企业登记机关全部开通网上登记系统,实现网上登记与窗口登记并存。制定全国统一的电子营业执照技术规范和数据标准,开展业务技术培训,10 月底前全国具备电子营业执照发放能力,逐步实现电子营业执照跨区域、跨部门、跨领域的互通互认互用。按照国际营商环境先进水平开展对标,研究建立开办企业时间统计通报制度。适应新技术、新产业、新业态发展趋势,及时研究便利化登记措施,大力支持创业创新。

第三,稳妥推进企业名称和简易注销登记改革。加大名称登记改革力度,今年 10 月底前全面放开省、地(市)企业名称库,制定名称禁限用规则和相同相近规则,完善企业名称查询系统,有效解决"起名难"的问题。取消企业集团登记。全面实行企业简易注销登记改革,使更多的未开业企业以及无债权债务企业高效快速地退出市场。做好个体工商户简易注销登记工作,9

月底前出台个体工商户简易注销的有关规定。

第四,营造小微企业发展良好环境。认真贯彻落实《关于深入推进"放管服"多措并举助力小型微型企业发展的意见》。进一步发挥小微企业名录作用,深度挖掘数据资源,把小微企业名录打造成为国家扶持小微企业的主要数据平台和服务平台。扩大小微企业名录在部门间的共享与应用,汇集有关部门对小微企业的扶持政策,建立"银商互动"合作机制。推进非公经济组织党建工作,推动"小个专"党组织"两学一做"教育常态化制度化,加快非公党建数据库建设,提升非公党建整体水平。

(2)强化市场竞争环境建设,为加快经济转型升级提供支撑。顺应企业对市场公平竞争的新期望,强化事中事后监管,把竞争环境建设作为重中之重,围绕市场秩序中的突出问题,加强竞争执法,规范市场秩序,促进企业优胜劣汰,推动供给侧结构性改革。

第一,全面实施"双随机、一公开"监管。落实总局《关于做好"双随机、一公开"抽查工作的通知》,依据随机抽查事项清单,制定各省(区、市)年度随机抽查计划,全面实行本系统各业务部门的联合抽查。积极开展跨部门"双随机"联合抽查,减少对企业的干扰,减轻企业负担。

"双随机、一公开"是监管理念、监管方式的深刻变革。要坚持公平公正的原则,真正体现随机的内涵,不是信用好的、抽查过的,就不再抽查,避免人为选择。在双随机的同时,要坚持问题导向,进一步完善监管方式方法,对群众投诉举报、大数据监测发现、转办交办或工商部门通过其他手段掌握的违法违规线索、案件等,依职权开展核查和处理,提高监管的针对性、有效性。要理清政府与市场的关系,强化企业的主体责任,明确政府部门监管职责的法律边界,不是所有的问题都是政府监管的责任。要注重公开透明,强化执法信息公开化,把市场监管放在阳光下运行。

第二,加强企业信用监管。全面推进企业信息公示工作,做好年报收尾、总结和数据分析工作。扩大信息公示范围,加大公示公开透明度,年底前实现工商机关行政处罚信息公示两个100%。定期公布《政府部门企业信息归集资源目录》,加快制定《政府部门企业信息归集格式规范》,推进信息共享、协同监管和联合惩戒,指导省区市尽快建立部门间失信企业联合惩戒机制。做好企业经营异常名录和严重违法失信企业名单的管理,适时开展经营异常名录制度评估工作。建立完善大数据监测预警系统,防范市场风险。通过几年努力,逐步形成信用监管长效机制,扩大信用监管的影响力。

第三,加大竞争执法工作力度。围绕水电气、医药等民生领域和舆论重点,继续推进反垄断执法工作,有序推进重大垄断案件调查和线索核查工作,认真开展制止滥用行政权力排除、限制竞争行为工作,指导和支持地方开展反垄断执法工作。继续开展专项行动,整治公用企业限制竞争和垄断行为突出问题。扎实做好新形势下经济检查、直销监管和打击传销各项工作,针对新型传销方式和手段,加大线上线下打击力度。抓好"无传销城市"和"无传销社区(村)"创建工作,采取发布警示提示、曝光典型案件等形式,加大宣传力度,增强识别传销能力。尽快推动公平竞争审查制度细则的出台,加强政策审查,规范政策制定。

第四,加大广告战略实施力度。强化广告导向监管,对涉嫌导向问题、政治敏感问题或社会影响大的广告内容定向监测,快速处置,严肃查办。加大对医疗、药品、食品等重点领域广告执法力度,重点查处涉及广大人民群众重大利益和反映强烈的虚假违法广告,公布重大虚假违法广告案件。加大广告监测力度,完善传统媒体广告监测制度,推进互联网广告监测中心建设,加强互联网广告监管。继续推进广告产业园区建设,积极打造广告业"双创"平台。

第五,加强网络市场监管。强化网络市场线上线下一体化监管,精准打击网络侵权假冒行为。强化内外部协调协作,深入推进2017网络市场监管专项行动,开展定向监测,警示违法行为,督促平台落实责任。依法公示对网络经营者的行政处罚信息,加大对网上失信违法行为联合惩戒力度。持续推进"网络市场监管与服务示范区"创建工作。开展成品油、农资、文物流通市场监管、合同监管、动产抵押登记等工作。

第六,全面建成"全国一张网"。坚持统筹规划、整体推进,确保今年全面建成"全国一张网"。按照国家企业信用信息公示系统运行管理办法要求,进一步规范公示系统使用、运行和管理。不断提高公示数据质量,推进全国统一的公示查询功能建设,实现政府部门涉企信息归集于企业名下并向社会公示。加强公示系统的使用培训,今年市县所三级工商和市场监管部门人员熟练使用率超过60%。

(3)强化市场消费环境建设,充分发挥消费拉动经济增长的作用。树立消费者至上理念,适应消费新趋势新特点,创新维权机制,强化重点领域监管,推动社会共治,进一步释放消费潜力,增强经济发展动力。

第一,加大打击假冒伪劣工作力度。假冒伪劣既侵害消费者权益,又严重挤占企业发展的市场空间,成为影响经济发展的重要因素。下半年,要认真贯彻落实国务院《关于新形势下加强打击侵犯知识产权和制售假冒伪劣商品工作的意见》(2017年3月9日国务院印发),重点加强对网络市场、农村和城乡接合部市场的治理,加大惩戒力度,逐步实现"天下少假"。

第二,强化消费维权监管执法。指导各地开展商品质量监管工作,做好抽检结果和行政处罚信息全发布。推进"2017年红盾质量维权行动",以农村消费市场为重点,开展市场检查和质量抽检。加强服务领域消费维权,加大对网购七日无理由退货、公用企业服务、修理和中介服务等经营活动中侵权行为的打击力度。完善全国流通领域商品质量抽检系统和全国消费侵权案件数据库,增强数据分析能力,提升监管效能。充分发挥消费者权益保护工作部际联席会议的作用,加强执法协作。

第三,完善消费维权体系建设。加快全国12315互联网平台二期建设。完善12315受理投诉举报工作规则,统一规范电话和互联网渠道消费者诉求的处理流程。指导各地深入开展放心消费创建活动,落实消费环节经营者首问和赔偿先付制度,力争今年实现放心消费创建活动省级全覆盖。出台"消费者满意指数",对全国大中城市消费者满意度进行测评。进一步扩大消费投诉信息公示试点范围,加强对损害消费者权益行为的相关信息的公示,引导社会诚信建设。

第四,支持消协组织发挥更大的作用。进一步加强消协组织建设,提升依法履职能力。完善消费纠纷解决机制,推进电商消费维权绿色通道建设、企业约谈、弱势消费群体诉讼等工作,提升消费维权效能。加强维权社会监督,深入开展热点、难点和新消费领域体验式调查和评议工作。加强消费教育与消费维权新闻宣传,营造良好消费氛围。加大立法立标参与力度,推动完善相关法律制度。

(4)强化商标品牌战略实施,促进品牌经济发展。认真贯彻落实《"十三五"市场监管规划》关于实施商标品牌战略的新要求,转变商标工作理念,深化商标制度改革,强化商标品牌服务能力建设,推动品牌经济发展。

第一,深化商标注册管理体制改革。深入推进商标注册便利化改革,持续推进地方商标受理点、质押登记受理点试点工作和京外审查协作中心工作。不断完善商标审查制度,推动商标数据库向社会公众开放,今年实现商标注册全程电子化,具备发放电子注册证能力。探索商标评审案件审理新模式,依法有序推进商标评审案件口头审理,实现商标评审裁定文书全部即时网上公开,不断增强商标评审工作的透明度和公信力。

第二,强化商标知识产权保护。创新监管机制和监管方式,加大失信惩戒力度。深化与司法机关合作,创新与行业协会、电商平台、权利人、企业的互动。以驰名商标、地理标志、涉外商标、老字号注册商标为重点,加大商标行政保护力度。继续推进统一市场监管框架下的知识产权综合管理执法。研究制定《关于在商标确权案件中适用商标法的若干规定》,完善保护机制,遏制商标恶意抢注行为。

第三,提高品牌建设与服务能力。发挥企业在品牌建设中的主体作用,引导企业通过市场培育知名品牌,推动商标服务业和商标密集产业的发展。完善商标品牌价值评价体系,鼓励第三方机构开展中国商标品牌评价,发布评价报告。

第四,推动商标品牌国际化。加大自主商标品牌海外宣传支持力度,加快培育以商标品牌为核心的国际竞争新优势。加强商标品牌对外合作机制与企业商标海外维权协调机制建设,加大海外商标维权援助力度。主动参与商标品牌国际规则制定,提高我国的话语权和影响力。

(三)提高认识、正视问题、狠抓落实,为完成今年各项任务提供保障

今年下半年的工作任务很重,面临的难点和挑战很多,社会上对深化改革的期待很高。要提高思想认识,正视难点问题,抓好工作落实,强化基础保障,确保全面完成今年各项工作任务。

(1)充分认识改革成绩,进一步增强工作信心

随着商事制度改革的不断深化,改革的宏观效应愈加显现。作为"放管服"改革的先手棋和突破口,商事制度改革充分激发了市场经济的内在活力,进一步释放了我国经济的内在潜力,在经济社会发展全局中发挥了重要作用。

首先,商事制度改革,改善了我国的营商环境。一是从2013年度到2016年度,我国营商环境的世界排名每年提高6位,这几年共提高了18位,其中开办企业便利度大幅上升31位。二是新设市场主体保持较快增长势头,成为推动创业创新的重要力量,成为创业创新活跃程度的重要标志。改革前,2013年平均每天新设企业0.69万户,2016年是1.5万户,今年前5个月平均每天1.56万户。三是促进了新产业新业态蓬勃发展,高新技术产业、新兴服务业、"互联网+"大量涌现,为新常态下的结构转换提供了新动能。四是全社会形成的创业创新热潮,为扩大就业发挥了重要支撑作用。据测算,2016年新设市场主体对城镇新增就业的贡献达到40%。五是新设市场主体的税收贡献不断提升,为经济繁荣发展提供了微观基础。据分析,通过"五证合一""两证整合"改革,2016年下半年办理税收申报户数比上半年增长189%,申报纳税额增长255%,表明新设市场主体经营状况不断改善,对经济发展的贡献持续提升。

对商事制度改革取得的成效,党中央、国务院领导给予高度评价,国内外媒体予以广泛关注。李克强总理对商事制度改革作出了23次重要批示,强调商事制度发生了根本性变革。这是非常重要的判断,我们要深刻领会。在国务院办公厅"放管服"改革专项督导的报道中,商事制度改革是突出的亮点。最近,日本媒体称赞中国通过"供给侧结构性改革""商事制度改革""大众创业、万众创新"等政策措施,打造了良好营商环境,特别提到如"商事制度改革"及"多证合一"改革已带来全社会创新热情。近日,经合组织《G20

结构性改革进展的技术性评估报告》认为,中国结构性改革取得积极进展,特别提到通过"三证合一""一站式"监督等"放管服"改革措施减少了行业准入壁垒,提高了整体经济效率。

这些改革成绩的取得,是党中央、国务院正确领导的结果,是各地党委、政府关心支持的结果,是工商和市场监管部门广大干部群众主动改革、自我革命、勇于担当、积极奉献的结果。我们要增强自豪感和荣誉感,进一步坚定信心,增强做好各项工作的责任感和使命感。

(2)正视改革中的矛盾问题,在实践探索中逐步解决

商事制度改革取得突出成绩,也存在一些问题和薄弱环节。有些方面反映,改革节奏快,落实操作难;放开放活快,后续监管难;改革创新快,新旧衔接难;工商改革快、协同推进难;部门要求快,基层落实难,等等。改革过程中,出现一些新矛盾、新问题是正常的。改革的过程,就是不断解决矛盾问题的过程。对此,要高度重视,在思想观念上有清晰的理解和认识。

这几年的商事制度改革,节奏快、频率高,从"三证合一""五证合一"再到"多证合一",每年都有新部署,每年都有新突破。正是这种不停顿的深化改革,不断形成新的改革热点,从而形成持续推进改革的良好氛围,推动改革不断向纵深拓展。这客观上给我们的工作,特别是基层同志带来较大压力。对此,同志们一定要提振精神、保持热情,避免出现改革厌倦症、改革疲劳症。

在放开市场准入的同时,出现一些空壳公司、制假售假、非法集资等问题,侵害消费者权益,扰乱市场秩序。特别是通过互联网,进一步放大了这些问题和影响。事实上,这些问题不是改革的结果,不是降低门槛、放开放活的结果,而是事中事后监管没跟上,"谁审批谁监管、谁主管谁监管"没有很好落实的结果。我们一直强调,放管结合、放管并重,在激发市场活力的同时,加强事中事后监管。就是要在促进营商自由的同时,保障交易安全,形成良好的市场秩序、健康的市场环境。

总结这些年改革经验,之所以改革推进快、成效好,一个重要原因是我们积极主动改革、勇于自我革命。目前,商事制度改革,已经从工商自身的改革,拓展为部门之间的联动改革。改革的任务不断深化,改革的范围不断拓展,改革的难度不断加大。无论是推动证照整合、削减前置后置审批,还是跨部门联查,都会面临更多的统筹协调工作。对此,我们要客观认识,积极作为,努力担当,克服畏难情绪。同时,在推进改革过程中,要坚持问题导向和目标导向相结合,积极总结实践经验,加强改革总体方案和制度设计,提高各项工作的前瞻性,以更好地指导改革实践。

(3)强化责任、真抓实干,推动工作落实

下半年工作的目标任务都已经明确,关键要抓好贯彻落实,抓好统筹部

署,抓好重点任务和关键环节,明确时间表和路线图,明确责任分工,发挥广大干部群众的积极性和创造性。

首先,领导干部要发挥表率带头作用。习近平总书记在中央全面深化改革领导小组第三十二次会议上强调,党政主要负责同志是抓改革的关键,要把改革放在更加突出位置来抓,不仅亲自抓、带头干,还要勇于挑最重的担子、啃最硬的骨头,做到重要改革亲自部署、重大方案亲自把关、关键环节亲自协调、落实情况亲自督察,扑下身子,狠抓落实。要认真贯彻习近平总书记讲话精神,敢于碰硬、敢于拍板、敢于担当,加强统筹领导,营造良好工作氛围。其次,细化工作方案。要按照全年工作部署进行对标对表,按照时间节点,倒排工期,细化各项任务工作方案,一件一件抓落实。对关键问题和重要任务,要建立任务清单、问题清单、责任清单,明确责任和措施,把工作做细做实。再次,突出重点难点。今年的几项改革工作,在政府工作报告和国务院改革部署中,都有明确要求。这既体现了商事制度改革在全局中的地位和作用,也对我们工作提出了更高的要求。大家要高度重视,抓关键问题,抓实质内容,抓管用举措,切实解决好工作中的困难和问题,推动改革不断取得新突破。最后,定期总结评估。对照全年工作任务定期开展"回头看",总结成绩和经验,找出薄弱环节,做好"补短板"工作。加强督促检查,层层传导压力,确保各项工作任务按时完成。

(4)建设高素质干部队伍,提高市场监管能力和水平

以全面从严治党统领市场监管各项工作,加强队伍建设,为全面完成今年的各项任务提供保障。一是认真学习习近平总书记重要讲话精神和治国理政新理念新思想新战略,作为工作实践指南。旗帜鲜明讲政治,牢固树立"四个意识",始终与以习近平同志为核心的党中央保持高度一致;坚定把对党忠诚作为工商和市场监管工作的生命线,进一步严明政治纪律和政治规矩,不折不扣落实党中央的决策部署;进一步严肃党内政治生活,强化党内监督,扎实推进"两学一做"学习教育在全系统常态化制度化,坚定道路自信、理论自信、制度自信和文化自信;坚持不懈、持之以恒落实中央八项规定精神,持续推进作风建设。二是建设高素质干部队伍。按照适应市场监管的需要,狠抓党员干部理论学习和业务学习,加强干部教育培训工作,提高基层干部履职能力。三是提高综合研究能力。围绕《"十三五"市场监管规划》提出的目标任务,建立规划实施机制,细化年度工作方案,明确重点任务和时序部署,做好年度总结评估,强化监督考核。加大改革政策宣传力度,提高舆情分析研判能力。四是加强市场监管信息化建设。加快推进全国统一的工商信息化体系建设,进一步建设和完善国家企业信用信息公示系统、法人库等国家战略信息化工程,构建统一开放的市场监管联动平台。持续推进全国

12315互联网平台、竞争执法、网络监管、商标广告等信息化建设,不断提升监管综合效能。五是加强法治建设。加快完善法律法规,积极推动《反不正当竞争法》《消费者权益保护法实施条例》等法律法规的制定、修改工作,强化执法监督,持续开展法治建设评价工作,不断提升行政复议质量和行政应诉水平。六是推进市场监管国际交流合作。围绕"一带一路"建设,全方位推进商标、竞争执法、消费维权方面的国际合作,用国际视野审视市场监管规则和市场执法效应,不断提升市场监管国际化水平。七是争取地方党委、政府加强统筹领导。商事制度改革作为"放管服"改革的先手棋和突破口,已经成为政府转变职能、改革行政审批、激发市场活力的重要举措。工商和市场监管部门要发挥好参谋助手作用,积极汇报,主动谋划,为地方党委、政府抓好这项中心工作创造条件。

同志们,今年的时间已经过半,下半年的任务十分繁重。我们要在以习近平同志为核心的党中央坚强领导下,继续深化改革,不断加强监管,以良好的精神状态狠抓落实,高质量完成今年的各项任务,为经济社会发展作出新贡献,以优异成绩迎接党的十九大胜利召开!

(原市场监管总局局长 张茅)

三、提高市场监管能力 切实保护消费者合法权益 ①

习近平总书记在"不忘初心、牢记使命"主题教育工作会议上指出,党的一切工作都是为了实现好、维护好、发展好最广大人民根本利益,人民是历史的创造者、人民是真正的英雄。民生是最大的政治,坚持以人民为中心的发展思想是做好民生工作的根本遵循,也是维护每一位消费者合法权益的根本遵循。人民对美好生活的向往,离不开安全放心的日常生活消费。消费环境如何,直接关系人民群众的获得感、幸福感、安全感。保护消费者是市场监管部门实现好、维护好、发展好最广大人民根本利益的重要任务。我国市场监管事业已走过70年,无论体制和职能如何发展变化,维护最广大消费者的利益始终是市场监管的出发点和落脚点。保护消费者也是各国制约市场失灵、维护公平正义的产物,是社会文明程度的重要标志和国家的重要软实力。加强消费者保护,就是顺应历史前进的逻辑、时代发展的潮流。

我国消费环境不断持续改善

近年来,在各方共同努力下,我国在保护消费者权益、创造良好消费环境

---

① 参见人民网,载 https://baijiahao.baidu.com/s?id=1655308226993606515&wfr=spider&for=pc,2020年10月11日访问。

上取得了长足可喜的进步。一是消费市场监管执法不断加强。加强乳制品和肉制品等重点产品、儿童和老人等重点人群、校园及周边等重点地区食品安全监管。增强药品医疗器械化妆品、重要工业产品、特种设备监管,加大缺陷产品召回力度。加强反垄断、反不正当竞争和民生领域价格执法,开展部门联合整治市场乱象百日行动。推进网络、广告领域执法,开展打击假冒伪劣三年行动。及时处置重大消费事件,增强消费者安全感。二是消费环境建设不断推进。各地提高站位,推动放心消费创建上升为政府重点工作,部门联动、多元参与,拓展创建广度和深度,促进消费升级。积极探索线下无理由退货、经营者首问和赔偿先付、绿色通道等制度,改善消费体验。在全国开展消费投诉公示试点,创新信用监管机制。开展全国大中城市消费者满意度测评,调动各地找短板补差距的积极性。三是消费维权效能不断提升。建设全国 12315 平台,以"互联网 消费维权"便利消费者随时随地在线投诉举报,推动消费纠纷在线和解。积极探索消费纠纷多元化解、联合调解等机制,健全基层消费维权网络、努力打通消费维权"最后一公里",提升解决率和满意率。

同时也要看到,我国消费环境还存在薄弱环节,距离人民群众期待尚有明显差距。消费环境仍存在安全隐患,威胁消费者人身财产安全;消费市场仍不够规范,新业态为消费市场带来新挑战;消费者保护体制机制仍不完善,消费者权益保护部门统筹协调不够,消费者参与不足,企业自律作用不充分,消费者保护事业还任重道远。

构筑消费者保护社会共治新格局

保护消费者是全社会的共同责任,需要各方齐心协力,构建消费者保护共治体系,协同改善消费环境。

政府是共治体系的主导,要切实履行市场监管与消费维权职责。正确处理监管与发展的关系,把消费环境和营商环境协同起来抓,通过抓监管、抓维权来优环境、促发展,建设强大国内市场,推动消费增长升级,促进高质量发展。着力完善法律、政策、标准、投诉举报等体系,依法查处各类侵害消费者权益的违法行为。健全部门协作机制,发挥综合监管和行业监管分工协作、优势互补的作用,齐抓共管,共同攻克消费者关心的老大难问题。建立政企良性互动、亲商清商的关系,加强事先指导和教育宣传,预防违法行为,降低监管成本,构建各方协同共治的健康生态。

企业是保护消费者的第一责任人,要切实担负起消费维权的主体责任。消费侵权问题是典型的市场失灵和负外部性,谁污染、谁治理,企业必须对自己的行为负责,不得放任、漠视侵害消费者权益的后果,不得拖延、拒绝消费者的合理要求。产品和服务质量是监管出来的,更是企业生产经营出来的;

品牌和商誉是企业投入得来的,更是消费者选择得来的。企业只有真正以消费者为中心,自觉诚信守法,才能从源头保障产品和服务质量,减少市场风险和消费纠纷,从长远赢得市场竞争。行业协会商会要真正对企业负责,发挥好自律作用,督促企业积极提升消费品质、化解消费纠纷。

社会监督是保护消费者的坚强屏障,要真正发挥社会各界监督的作用。新闻媒体要积极开展舆论监督,揭露、批评一切侵害消费者权益的行为。我们鼓励公众可依法举报侵害消费者权益的违法行为,通过各类电商企业、平台企业的消费者评价制度进行投票。要更好发挥消费者协会在公益诉讼、比较试验、体验式调查等方面更好发挥监督作用。消费者自身也需增强法律意识,树立科学、理性、健康、绿色的消费理念,提升自我预防风险、依法维权的能力,积极捍卫自身合法权益。

坚持以人民为中心,持续加强消费者保护工作

保护消费者,使命光荣、责无旁贷,要以问题为导向,突出重点,加大消费者保护工作力度。

坚持以人民为中心,把让消费者放心作为消费者保护的着力点。牢固树立群众观念和消费者至上理念,把保护消费者放到民生工程、民心工程的高度来抓。深入基层,扑下身子,问需于民,看一看柴米油盐酱醋茶的消费安全有没有抓好,每一天衣食住行的消费体验有没有改善,每一起投诉举报有没有落实,维权难的局面有没有缓解。逐一梳理消费者最关心、最直接、最现实的问题,分清主次轻重、剖析症状根源、明确责任分工,以钉钉子精神一个接一个解决堵点、痛点、难点,让消费者有明显的获得感。

坚持深化改革,把释放机构改革红利作为消费者保护的突破点。坚决破除制约更好保护消费者的各方面体制机制弊端。树立"大市场、大监管、大消保"格局,加快职能化学融合,建立综合消费维权机制,充分运用市场监管"工具箱""组合拳",打造全链条闭环的监管和维权模式。尽快完成投诉举报"五线合一",强化12315行政执法体系。探索建立科学的消费环境评价体系,形成政府和社会各方共同保护消费者的合力。创新互联网、大数据、人工智能等新技术应用,提升工作的针对性、前瞻性。

坚持顶层设计,把市场化法治化国际化作为消费者保护的支撑点。加快建设统一开放、竞争有序的全国大市场,用公平竞争促使企业优胜劣汰,提升质量,从源头改善消费环境。全面梳理完善消费者保护的法律、政策、标准体系,查漏补缺、协调一致;加快健全食品、药品、消费品等安全质量标准以及新业态、服务业标准。充分吸收各国保护消费者的经验做法,积极参与国际规则制定,加强跨境消费维权合作,助益国内工作。

市场监管部门要在消费者保护领域有新作为

严守消费安全底线,防范化解重大风险。安全是消费环境的底线,虽没有"零风险",但是监管必须"零容忍"。要按照"最严谨的标准、最严格的监管、最严厉的处罚、最严肃的问责"等"四个最严"要求,狠抓食品药品安全监管,守护群众"舌尖上的安全"。强化对特种设备、工业产品质量安全的风险评估、隐患排查、监督抽查等,避免发生重大安全事故。加强12315投诉举报数据的深度挖掘运用,开展动态的风险监测预警和常态的趋势研判,对苗头性问题防微杜渐,预防群体性消费维权事件和系统性区域性风险。

严厉打击假冒伪劣,强化消费领域执法。假冒伪劣是扰乱消费市场的突出问题,群众反映强烈、社会高度关切。要发挥全国一盘棋和综合执法优势,把打假作为执法的当头炮,打出声势,树立权威,既要办好大案要案,也要坚决清除群众身边的"苍蝇"。同时,大力整治价格欺诈、违法广告、虚假宣传、虚假认证、侵害个人信息、不公平格式条款等各类侵害消费者权益的违法乱象。加大《消费者权益保护法》的执法力度,打造一支捍卫民生的市场监管铁军。

推进质量强国战略,提升产品和服务质量。把质量强国战略放在更加突出的位置,多措并举,促进供给侧结构性改革、消费潜力释放和产业结构升级。围绕重点行业、区域和产品,加强产品质量监督抽查,加大汽车、儿童用品、电子电器等缺陷产品召回力度。加强标准实施监管、民生领域计量监管,更好发挥认证检验检测作用,支撑质量提升。发挥综合监管和行业监管相结合的优势,着力破解服务领域长期存在的潜规则,依法查处各类消费侵权行为。

完善消费纠纷化解机制,改善群众维权体验。畅通消费者诉求渠道,拓展12315"五进"、绿色通道等基层维权网络,便利群众维权。优化行政调解制度,健全与人民法院、仲裁机构、人民调解组织、专业组织之间的消费争议多元化解机制,推动建立小额消费争议速裁制度,支持消费领域的公益诉讼。完善消费争议检验检测鉴定机制,解决"鉴定难、鉴定贵、机构少"等问题,努力降低群众维权门槛。

抓好放心消费创建,推进消费环境建设。消费环境建设头绪繁多、量大面广、燃点低、热点多,需要重点突破和整体推进并重。要积极争取地方党委政府支持,统筹协调,把消费环境作为一个整体来抓,放在和营商环境同等重要的位置来抓。把放心消费创建活动做实、做细、做硬,探索客观评价指标,充分调动各行业、各地区积极性。倡导线下无理由退货、经营者首问和赔偿先付等制度。全面开展消费投诉信息公示,用公开换公正,化压力为动力。

(原国家市场监督管理总局党组书记、局长 肖亚庆)

四、国家市场监管总局党组书记、局长张工在中国消费者协会第五届理事会六次会议上的致辞①

尊敬的张平会长、张茅副会长,各位理事,同志们:

今天,中国消费者协会召开第五届理事会第六次会议。我代表市场监管总局对会议召开表示热烈祝贺!向参会的各位理事和代表表示欢迎和感谢!向受到表彰的全国消协组织先进集体和先进个人表示祝贺和敬意!向辛勤工作在消费维权一线的全国消协组织干部职工致以诚挚的问候!

消费者协会是消费者权益保护的社会中坚力量,一年来,中消协和各地消协组织立足职责使命,坚定依法履职,认真落实2019年"信用让消费更放心"和2020年"凝聚你我力量"消费维权年主题工作,大力开展消费教育,创新开展消费监督,强化消费投诉调解,主动参与相关立法,消费维权工作取得丰硕成果,为改善我国消费环境、助力经济社会发展发挥重要作用。新冠肺炎疫情发生以来,发起"凝聚你我力量 让消费更温暖"大型社会公益活动和"崇尚节约为荣,向餐饮浪费说'不'"倡议活动,积极引导消费,为疫情防控和复工复产复商复市发挥积极作用,协会的社会公信力、影响力进一步提升,工作成效值得充分肯定。

习近平总书记始终强调以人民为中心,人民至上、生命至上。必须始终做到发展为了人民、发展依靠人民、发展成果由人民共享,不断实现人民对美好生活的向往。面对当今世界百年未有之大变局,中央确定了"加快形成以国内大循环为主体、国内国际双循环相互促进的新发展格局",明确提出"牢牢把握扩大内需这个战略基点"。消费者是市场活动的重要参与者,是实现扩大内需战略的重要支撑力量。保护消费者的合法权益是全社会的共同责任。我们要深入学习、深刻理解、准确把握,并落实到各项决策部署和实际工作中去。

按照会议安排,张平会长将代表常务理事会做工作报告,对下步工作重点提出明确要求。各地市场监管部门和消协组织要认真组织学习领会,切实抓好落实,共同推动我国消费保护工作实现新作为、取得新突破。在这里,我就强化消费者权益保护、做好消协工作谈几点建议和希望。

一是进一步提高政治站位,着力服务经济社会发展大局。习近平总书记指出,我国已进入高质量发展阶段,社会主要矛盾已经转化为人民日益增长的美好生活需要和不平衡不充分的发展之间的矛盾。要坚持稳中求进工作

---

① 参见《中国消费者协会第五届理事会第六次会议资料》。

总基调,坚持新发展理念,更好统筹疫情防控和经济社会发展工作。要牢牢把握扩大内需这个战略基点,克服疫情影响,扩大最终消费,为居民消费升级创造条件。保护人民生命安全和身体健康可以不惜一切代价,必须把为民造福作为最重要的政绩。近年来,消费在我国经济发展中的基础性作用日益凸显,已连续6年成为拉动经济增长的第一动力。中国消费者协会和各地消协组织要深入学习领会习近平总书记"以人民为中心"的重要思想,认真贯彻落实党中央、国务院决策部署,增强"四个意识"、坚定"四个自信"、做到"两个维护",进一步增强做好消费维权工作的使命感、责任感、紧迫感,围绕扎实做好"六稳"工作、全面落实"六保"任务,把消费维权工作放到经济社会发展大局中来考量、谋划、实践,努力营造好安全放心便利的消费环境,切实维护好消费者合法权益。

二是进一步创新履职方式,着力破解消费热点难点问题。"民之所呼,我之所应"。中国消费者协会和各地消协组织要更多地倾听民声、遵从民意,从人民最关心最直接最现实的利益问题入手,围绕消费领域发展不平衡不充分问题,紧扣消费者集中关切,重点关注民生、食品、质量安全,关注农村消费、网络消费、服务消费中存在的传统短板,重点解决预付式消费、直播电商等新消费业态、新消费模式快速发展与规范不足的新生矛盾,聚焦假冒伪劣、虚假宣传、合同欺诈、个人信息非法收集使用等消费侵权的突出行为,转变维权理念,创新履职举措,促进加快消费领域信用体系建设,不断提升消费维权工作效能,不断提高消费者满意度。

三是进一步发挥协同优势,着力推动消费维权共治格局。各级消协组织是党和政府联系消费者的桥梁与纽带,肩负着动员、组织、协调社会各方面力量,共同做好消费者权益保护工作的重要任务。要按照推进社会治理现代化总体要求,发挥理事会架构优势,与有关职能部门、行业组织、专业机构加强沟通、密切协作,协同开展消费维权工作;要发挥协会专家委员会、新闻专业委员会、律师团优势,为解决消费维权难题提供智力支持;要发挥影响力大、公信力强的优势,督促广大生产者经营者落实第一主体责任,动员广大消费者积极行使监督权利,共同参与消费环境治理。

四是进一步夯实工作基础,着力加强消协组织自身建设。消费者协会作为政府批准、依法设立的公益性社会组织,维护全体消费者合法权益和社会公共利益,不同于一般行业协会商会,也不同于政府部门内设机构,在消费者权益保护体系中有着独特职责优势。要进一步加强政治建设、业务建设和队伍建设,提高履职能力和工作水平,在现代化社会治理中更加充分发挥作用。各级市场监管部门要对消费者协会开展工作加强指导、提供支持,保障基层消费者协会组织机构网络完整,有条件履行职责。

同志们,做好新形势下消费者权益保护工作使命光荣、责任重大,让我们以习近平新时代中国特色社会主义思想为指导,围绕中心,服务大局,锐意进取,迎难而上,为全面建成小康社会,为全面建设社会主义现代化国家开好局、起好步,做出新的更大贡献。

最后,预祝会议取得圆满成功!

五、发挥消协组织作用 提高消费维权水平①

消费者协会是我国法定的保护消费者权益的公益性社会组织。多年来,中国消费者协会和各地消协组织积极履行职责,为保护消费者合法权益、营造放心消费环境、促进社会和谐做了大量富有成效的工作。贯彻落实十八届五中全会关于促进消费的一系列部署,需要更加重视发挥消费者协会的作用,围绕保护消费者合法权益这个中心,把握好消费者协会的新定位、新职责,不断提高消费维权工作的公信力、影响力和凝聚力,提高我国消费维权工作水平。

做好消费维权工作对我国经济可持续发展具有重要意义

中央经济工作会议提出,要在适度扩大总需求的同时,着力加强供给侧结构性改革。当前,一些行业、企业提供的商品和服务同质化严重,在质量、种类、价格等方面存在结构性矛盾。着眼于买方市场,着力于细分化的消费需求,着手于提高商品和服务质量,必须深入推进供给侧改革和消费结构优化,使二者在良性互动中不断发展,推动经济可持续发展。

做好消费维权工作有利于实现创新、协调、绿色、开放、共享发展。消费环境的优化、消费方式的转变,有利于推动企业以消费者需求为导向,释放新需求,创造新供给,加快实现发展动力转换。统筹国内国外两个消费环境,加强国内外消费者权益保护与合作,有利于开放发展。加强消费纠纷调解,打击各种侵害消费者权益行为,保护广大消费者合法权益,为消费者挽回经济损失,有利于共享发展。

做好消费维权工作有利于释放消费潜力,转变经济发展方式。当前,我国消费环境与广大人民群众的期望还存在差距,侵害消费者合法权益的行为时有发生。做好消费维权工作,有利于增强消费者信心,使消费者能消费、愿消费、敢消费,提高消费对经济增长的贡献率。

做好消费维权工作有利于社会和谐稳定。每年全国都有上百万件的消

---

① 参见中国消费者协会网,载 http://www.cca.org.cn/zxsd/detail/26601.html,2020 年 10 月 15 日访问。

费纠纷,一些消费纠纷如果不能妥善处理,就会酿成群体性上访、社会治安事件等社会问题,影响社会和谐。解决好消费纠纷,化解大量矛盾,把问题解决在未然状态,对于加强和创新社会治理、保障"十三五"规划顺利实施,具有重要意义。

消费者协会组织是保护消费者权益的重要社会力量

保护消费者合法权益包括立法保护、司法保护、行政保护、消费者组织保护,其中消费者协会保护是社会共治的重要体现,这也是世界各国共性的做法。

消协组织是消费者利益的代言人。消协组织作为消费者利益的保护者,能够从消费者的立场,反映消费者的意见,依靠消费者的力量,维护消费者的权益,是党和政府联系消费者的重要桥梁和纽带,是消费者利益的忠实代言人,发挥着有别于其他方面的重要作用。

消协组织是商品与服务的监督者。消协组织与消费者联系最紧密,能够及时发现损害消费者权益行为和有利于消费者保护的好做法、好经验,通过向有关行政部门反映、查询、建议,协助政府加强对市场的监管;通过揭露批评、敦促、劝谕,使企业改进商品和服务质量,提高消费者满意度。

消协组织是先进消费观念的倡导者。消协组织负有引导文明、健康、节约、环保消费方式的重要职责,是消费信息和维权知识的传播者。遍布全国城乡的消费者协会组织,围绕一个主题,采取同样的步调,深入开展普法宣传,引导消费者依法维权,教育经营者诚信经营,大大提高了宣传的覆盖面。

依法充分发挥各级消费者协会组织的重要作用

关注新消费,做好推动者。注重反映消费者意见,助推供给侧改革,鼓励经营者为消费者创新,促进形成以新消费为牵引、富于内生动力的经济发展模式。倡导节约、理性、绿色、健康的消费方式,引导消费朝着智能、绿色、健康、安全方向转变。

关注新焦点,做好保护者。通过参与立法立标、价格听证等工作,推动从制度层面加强保护。围绕新消费涉及的焦点领域,通过消费体察、服务评议、调查、点评等活动,有效发挥社会监督作用。围绕侵害消费者合法权益行为,通过约谈、曝光、诉讼等方式,形成有力度的制约机制,切实加强对消费者的保护。

关注新问题,做好研究者。加强对投诉、调查、比较试验等相关信息的挖掘利用,为政府制定消费政策、加强事中事后监管以及消费者知情选择提供有力的数据支持。加强对互联网时代、新消费模式下消费维权新问题的研究,探索有效解决途径。加强与海外、港澳台有关机构的交流与合作,研究破解跨境、跨区域消费纠纷解决难点。

关注新机制,做好协调者。结合本地特点,创新工作方式,加强制度建设,广泛建立与消费者的联系机制,与政府部门的配合机制,与司法部门的互动机制,与检测机构、专业维权力量的合作机制,与大众传播媒介的沟通机制,与专家律师的支持机制,形成对消费热点有回声、对消费难点有实招、对不法行为有举措、对政府决策有建议的生机勃勃的社会共治局面。

(原市场监管总局副局长 马正其)

六、国家市场监督管理总局副局长唐军在2017中国消费·维权高峰论坛上讲话:努力促进共享经济健康发展[①]

2017年12月6日,由国家工商总局消费者权益保护局、中国消费者协会指导,中国消费者报社与中国消费网联合主办,主题为"共享·共治·共赢"的2017中国消费·维权高峰论坛在京举办。国家工商总局党组成员、副局长唐军出席论坛并发表讲话。

唐军在讲话中对本次论坛予以肯定。他认为,本次论坛围绕共享经济和消费维权进行交流研讨,对于在消费维权领域贯彻落实党的十九大精神,进一步营造安全放心的消费环境,具有重要意义。

唐军强调,共享经济是全球新一轮科技革命和产业变革下涌现的新业态新模式。近年来我国共享经济迅速发展,成为新常态下中国经济转型升级的突出亮点,不仅发展势头迅猛,而且已成为最活跃的创新领域,促进了发展、扩大了就业。与此同时,促进共享经济发展的政策体系也在不断完善,市场环境更加宽松。

唐军指出,发展共享经济既需要政策支持,也需要环境支撑。要以推动创新创业为核心,坚持审慎监管的理念,促进共享经济在创新中发展、在发展中规范。具体来说,一是降低门槛,支持共享经济宽松便捷进入市场;二是树立消费者至上理念,把共享经济消费维权放到更突出的位置;三是创新监管机制,引导共享经济公平竞争;四是强化平台主体责任,推动共享经济社会共治;五是加强跟踪研判,完善共享经济法律制度。

唐军还指出,共享经济是最具活力、最具创新的新经济模式。要认真贯彻落实党的十九大精神,加强重大问题研究和分析研判,为共享经济发展提供支撑。面对迅猛发展、生机勃勃的共享经济,要在习近平新时代中

---

① 参见中华人民共和国中央人民政府网,载http://www.gov.cn/xinwen/2017-12/07/content_5245074.htm,2020年10月16日访问。

国特色社会主义思想指引下,坚持新发展理念,坚持深化"放管服"改革,坚持规范与发展并重,努力促进共享经济健康发展,为助力供给侧结构性改革,建设现代化经济体系,不断满足人民日益增长的美好生活需要作出新贡献。

(国家市场监督管理总局副局长 唐军)

七、质量提升、消费维权,满足人民对美好生活的向往(节选)[①]

秦宜智指出,由中国消费者报社、中国消费网主办的本次论坛以"引领质量提升 改善消费环境"为主题,旨在深入学习贯彻习近平总书记提出的以人民为中心的发展思想,集思广益、群策群力,共同研讨落实党中央、国务院关于实施质量强国战略、开展质量提升行动和完善促进消费体制机制、进一步激发居民消费潜力的新部署新要求。

秦宜智表示,引领质量提升,改善消费环境,是促进供给侧结构性改革、满足人民对美好生活向往的必然要求。中国特色社会主义进入了新时代,我国经济发展也进入了新时代,基本特征就是我国经济已由高速增长阶段转向高质量发展阶段。引领质量提升,改善消费环境,体现了以人民为中心的发展思想,是我们现阶段消费升级与供给侧结构性改革的现实需要,也是跨越"中等收入陷阱"、建设现代化强国的路径选择。

秦宜智指出,引领质量提升,改善消费环境,各级市场监管部门必须忠诚履职、勇于担责、奋发作为:一是加强消费者权益保护和质量安全监管,倒逼高质量发展;二是着力维护公平竞争,创造优胜劣汰的市场环境;三是进一步深化商事制度改革,优化营商环境;四是不断创新和强化质量基础设施,为建设质量强国提供强有力的技术保障。

秦宜智强调,引领质量提升,改善消费环境,需要集聚社会共治力量,特别是要压实企业的主体责任,发挥新闻舆论的监督作用。企业作为社会经济的细胞,产品和服务质量的每一点提升,消费环境的每一点改善,都离不开企业主体的担当和努力。行业组织作为政府和企业的桥梁和纽带,要维护会员权益,规范行业准则,促进行业自律,积极致力于促进全社会质量意识和质量水平的跃升,促进消费环境的改善。

秦宜智表示,新闻媒体是现代社会治理的重要力量,在培育质量文化、塑造消费环境中发挥着不可替代的作用。希望中消报和广大媒体同行积极倡

---

① 参见《质量提升、消费维权,满足人民对美好生活的向往》,载《中国消费者报》2018年12月11日。

导健康理性的消费理念,大力宣传倡导丰俭有度、雅俗兼容的消费文化,客观真实向消费者推介商品和旅游、文化等服务,提高消费者的主体意识和依法维权能力,坚决维护消费者合法权益,努力在引领质量提升、营造消费环境中发挥更大的作用。

(国家市场监督管理总局副局长 秦宜智)

八、国家市场监督管理总局副局长秦宜智在中国消费者协会第五届理事会六次会议上的总结讲话①

各位理事、同志们:

经过大家的共同努力,中国消费者协会第五届理事会六次会议圆满完成了各项议程,即将结束。这次会议是在全国上下统筹推进疫情防控和经济社会发展工作的背景下召开的,是组织动员全国消协组织深入学习贯彻习近平新时代中国特色社会主义思想,推动疫情防控常态化下消费维权工作深化改革、创新发展的一次重要会议。张平同志代表理事会作了工作报告,全面总结了2019年和今年以来全国消协组织消费维权工作,深刻阐述了新时代消费维权工作面临的新形势新使命,安排部署了进一步做好消协工作的总体思路和重点任务。市场监管总局党组书记、局长张工同志到会指导,代表总局党组作了致辞讲话,进一步阐明了新时代消费维权工作的重要性,对今后的消协组织工作提出了明确要求,体现了总局党组对消协组织的重视和关心。在这次会议上,我们对2018—2019年度全国消协组织"双先"进行了表彰,国家邮政局、湖北省消委会、江苏省消保委三家单位做了经验交流。大家在讨论中提出了许多很好的意见和建议,请中消协秘书处一条一条梳理,认真研究、充分采纳,切实用以改进今后的工作。

刚才,我参加了第一小组分组讨论,听了大家的意见和建议,感受和大家是一样的。大家普遍讲到,通过这次会议,对消协工作认识更清了,目标更明了,干劲更大了。许多同志在发言中谈到事业单位改革、消协组织换届工作,总局和中消协将尽力帮助大家创造良好的环境和条件,也希望大家结合基层实践,勇于探索创新,积极想办法,积极做工作。天道酬勤,人道酬诚。有大家对消协工作的这份真诚热爱和无私付出,相信一定会开拓消协工作新的局面。

根据会议安排,结合大家的讨论情况,就贯彻落实这次会议精神、做好下一步消协组织工作,我再强调几点意见。

---

① 参见《中国消费者协会第五届理事会第六次会议资料》。

(一)提高思想认识,深入学习领会习近平新时代中国特色社会主义思想,打牢新时代消费维权工作的思想基础

消费是人类生产的最终目的和动力,直接关乎人民群众对美好生活的向往。以习近平同志为核心的党中央高度重视消费对经济发展的基础性作用,高度重视消费者权益保护工作。习近平总书记强调,把以人民为中心的发展思想体现在经济社会发展各个环节,做到老百姓关心什么、期盼什么,改革就要抓住什么、推进什么,通过改革给人民群众带来更多获得感。党的十八届三中全会提出,必须加快形成企业自主经营、公平竞争,消费者自由选择、自主消费,商品和要素自由流动、平等交换的现代市场体系。党的十九届四中全会提出,要强化消费者权益保护,探索建立集体诉讼制度。这些为各级市场监管部门、消费者协会履行保护消费者权益保护职责提出了新的要求。做好新时代消费维权工作,必须把思想和行动统一到习近平总书记关于市场监管和消费者权益保护工作的重要指示精神上来,统一到党中央、国务院的决策部署上来,提高政治站位,统一思想认识,激发奋进士气。

一要强化大局意识。各级消协组织必须自觉坚持党的领导,把消协工作放到党和国家工作大局中进行谋划和部署,把牢消费者权益保护工作的正确方向。要提高政治站位,强化政治担当,积极配合立法、行政、司法等其他部门工作,在消费维权共治中扮演好社会组织角色,发挥消协组织的优势和作用。要自觉接受市场监管部门的领导和指导,认真落实市场监管部门对消费者权益保护工作的工作部署和要求。

二要强化改革创新意识。消协组织要主动适应我国社会主要矛盾以及进入高质量发展阶段、构建以国内循环为主的双循环新发展格局等新特征、新要求,站在党和国家事业发展全局高度,认清消费维权工作的时代方位和发展方向,推动消费维权工作深化改革、创新发展。要主动适应消费需求升级的新趋势、新变化,及时把握消费者消费观念、消费结构、消费方式的转变,深入研究互联网时代的各种新型消费模式,采取有效措施提升消费维权效能,不断提高消费者满意度和获得感。要主动适应消费者权益保护工作的新机制、新制度,巩固和拓展这一轮市场监管和消费维权职责整合、机构改革的成果,强化消协组织能力建设,增创消协组织的新优势。

三要强化法治意识。消协组织是依法成立的保护消费者合法权益的社会组织,肩负着《消费者权益保护法》赋予的8项公益性职责,必须在法治的轨道上履好职、尽好责。要积极参与法律、标准和政策制定,广泛开展消费教育,主动加强消费监督,营造安全放心的消费环境。要密切关注消费者的集中诉求,对消费维权热点、难点问题及早发现,及早研究,综合运用调解、监督、检查、警示、约谈、公益诉讼等多项纠纷调处手段,依法维护消费者正当权益,不断提高维权工作实效。

四要强化服务意识。消协组织以消费者为中心,必须树牢服务意识,提高服务效能。投诉咨询受理是消协组织的看家本领,也是服务消费者的基础性工作和提升服务质量的重点。要着力提高消费者投诉咨询的便捷度,优化受理流程,扩宽受理渠道,促进投诉便利化。要让消费者感受到,消协组织是消费者自己的组织,是主动为消费者服务的。要充分发挥消费教育引导、消费监督等职能作用,广泛开展全方位、多形式、多层次的放心消费创建活动,力争把消费纠纷和解在企业、化解在基层、解决在源头,使消费者的获得感、满意度不断提升。

五要强化共治意识。维护消费者权益,需要依靠多元治理主体的共同介入,积极推进消费维权社会共治。消协组织是党和政府决策部署的落实者,是消费者权益的维护者,是商品和服务的监督者。要积极发挥桥梁作用、平台作用,把立法、行政、司法部门和行业组织、经营者、消费者各方力量有机联系起来,搭建教育平台、宣传平台、投诉平台、服务平台,完善社会各方共建共享的消费维权新机制。要用好用足市场监管体制改革的新优势、新成果,加强消协组织同市场监管各业务部门、直属单位的互动,整合资源,密切协作。要深入开展"凝聚你我力量"年主题宣传推广活动,调动社会各方参与消费环境共治的积极性主动性,引导消费者加强消费监督、经营者担当主体责任,凝聚创建消费环境的社会合力。

(二)主动担当作为,紧紧围绕以畅通国民经济循环为主构建新发展格局,改进消费维权工作,发挥消协组织作用

今年以来,面对受全球疫情冲击,世界经济严重衰退,国内消费、投资、出口下滑,就业压力加大的新形势,根据我国发展阶段、环境、条件变化,习近平总书记多次强调,加快形成以国内大循环为主体、国内国际双循环相互促进的新发展格局,强调要使生产、分配、流通、消费更多依托国内市场,提升供给体系对国内需求的适配性,强调扩大消费是对冲疫情影响的重要着力点之一。这个新发展格局是在我国社会主要矛盾发生变化、进入高质量发展阶段,应对疫情这只"黑天鹅"冲击,重塑我国国际合作和竞争新优势的战略抉择。各级消协组织做好今年的工作,要牢牢把握扩大内需这个战略基点,充分认识消费在畅通国内大循环中的作用,主动融入和服务新发展格局,创造性开展消费维权各项工作,为扎实做好"六稳"工作,全面落实"六保"任务,作出积极贡献。

一是加强政策理论研究。时代课题,是政策理论研究的驱动力。现在,在建立疫情防控和经济社会发展工作中长期协调机制中,在应对互联网深刻改变的消费模式、消费行为中,在应对消费领域层出不穷的新现象、新热点中,消协组织如何迎难而上,创造性开展工作,是对我们的重大考验。希望各级消协组织强化问题意识,坚持问题导向,抓住消费领域的难点、热点问题,深入一线、扎实调查,透过现象看本质,加强对消费理论、消费政策的前瞻性、战略性研究,储备理论观点、政策工具,积极建言献策,推动完善消费维权体制制度。

二是加强工作实践创新。中央政治局7月30日召开会议,要求持续扩大国内需求,克服疫情影响,扩大最终消费,为居民消费升级创造条件。消协组织要多措并举,创新工作,为居民消费保驾护航。要积极组织开展比较试验,促进消费信息跨地区、跨部门共享,为消费者提供更加丰富准确的消费信息,保障消费者的知情权、选择权,使消费者"愿消费"。要以受理投诉更便捷、处理投诉更用心、解决投诉更有效为目标,进一步创新投诉模式,畅通投诉渠道,综合运用满意度测评、体验式调查等手段,加强社会监督,使消费者"敢消费"。

三是加强宣传教育引导。消费文化是社会文明的重要组成部分。前不久,习近平总书记专门就节约粮食、坚决制止餐饮浪费行为作出重要指示,中消协迅速发出倡议书,呼吁消费者和餐饮经营者践行绿色消费文化。各级消协组织要扭住消费文化建设这个着力点,以这次疫情应对为契机,全面加强消费教育,引导消费者拒绝滥食野味,拒绝铺张浪费,培养健康生活习惯和绿色消费理念。要围绕倡议节约粮食、制止餐饮浪费这件事动脑筋、下功夫,加强市场体验调查,积极参与立法、立标,密切关注餐饮质量、价格等,把工作做深做实。要健全消协系统新闻宣传联动机制,充分运用互联网、新媒体,共同加强消费维权法律法规、政策、标准的解读传播,加强对维护消费者权益先进事迹、先进个人的正面宣传,加强对侵害消费者权益典型案例的监督曝光,进一步拓展和提升消费维权工作的社会影响和宣传效果,改善消费预期,提振消费信心,有效激发居民消费潜力,保护居民消费意愿。

(三)坚持党建引领,全面加强消协组织自身建设

一要切实加强政治建设。保护消费者权益,就是践行以人民为中心的发展思想,维护人民群众的切身利益。各级消协组织要提高政治站位,强化政治担当,以政治建设为统领,深入学习贯彻习近平新时代中国特色社会主义思想,不断强化"四个意识",坚定"四个自信",做到"两个维护"。要在消协组织中扩大党的组织和工作有效覆盖,在消费维权工作中充分发挥党组织的战斗堡垒和党员先锋模范作用。

二要切实加强业务建设。群众事,无小事。消费维权工作政策性、专业性强,必须把加强业务能力建设,作为一项基础性、全局性、长远性的工作,持久抓好,久久为功。要尊重基层的首创精神,及时总结、提炼、推广基层消协组织在一线创造的新做法、新经验,鼓励和支持各地消协加强经验交流,取长补短,共同进步。要紧贴消费维权工作实际,拓宽业务培训的覆盖面,推动培训工作制度化、常态化,教育引导消协干部站稳群众立场,加深群众感情,学习掌握为消费者解决实际纠纷的专业能力,完善消协干部担当作为的激励和保护机制,全面加强各级消协领导班子和干部队伍建设。

三要切实加强组织建设。在深化党和国家机构改革中,党和国家高度重视消协组织建设。2019年5月,中央编办批复同意成立中国消费者协会秘书处,确定为公益一类事业单位,核定编制70名。今年,市场监管总局继续配合司法部做好《消费者权益保护法实施条例》(以下简称"《条例》")制定工作,力争在《条例》中进一步明确和加强消协组织工作。有作为,才会有地位。希望各级消协组织在坚持把自身工作做扎实的基础上,积极汇报并争取当地党委政府的支持,推动消协组织机构健全、编制到位、人员落实、经费保障,不断提高履职能力。

同志们,今年我们即将夺取全面脱贫攻坚、全面建成小康社会的伟大胜利,踏上为实现"第二个百年"目标而奋斗的历史新征程。让我们以习近平新时代中国特色社会主义思想为指导,进一步增强做好新时代消费维权工作的使命感责任感,改革创新,奋发作为,贯彻落实好这次理事会精神,不断提高消协组织履职能力,共同创建造安全放心的消费环境,为我国经济社会持续健康发展,更好满足人民对美好生活的向往,作出新的更大贡献!

九、国家市场监督管理总局副局长甘霖在全国政协十三届三次会议第二场"委员通道"采访活动答记者问(节选)[①]

新华社记者:我的问题提给甘霖委员。我们知道,提振消费、扩大内需对于保持经济平稳运行至关重要。那么如何进一步营造良好的消费环境,让老百姓消费得更放心、更舒心?我们想听听您有哪些看法。谢谢。

甘霖:谢谢新华社记者的提问。提振消费确实离不开放心消费。刚才杨安娣委员描述的冰雪美景和白雪变白银,也离不开放心消费。放心消费的难点是消费维权,大家都知道,疫情期间哄抬价格、假冒伪劣这些违法行为受到关注,消费者遇到这些烦心事就进行投诉,目前主要靠政府的"三板斧"来解决投诉,那就是监管、执法加调解。说来说去,主要还是政府监管和企业自律的"二人转"。而真正有监督权的消费者,没有真正地参与进来。要补齐社会共治不足的这个短板,需要创新维权机制,要走监管的群众路线,政府建立

---

① 参见国家市场监督管理总局执法稽查局网,载 https://baijiahao.baidu.com/s.id=1667551918200048708&wfr=spider&for=pc,2020年10月19日访问。

消费投诉公示制度，把分散的投诉信息集中晒出来，充分发挥14亿消费者的知情权和选择权，让全社会来共同监督。

我想以两个案例来说明消费投诉公示的作用和效果。2017年，北京市东城区一座写字楼入住了32家教育培训机构，一时虚假宣传、预付卡跑路等投诉高发不下，成为顽疾。当地监管部门就用了一招，在大厦里面设置电子显示屏，动态公示所有商家的投诉信息，投诉量谁多谁少，解决投诉谁快谁慢，一目了然。消费者一进大门，就能够货比三家，仅仅公示半年之后，这个投诉就基本清零，可以说是标本兼治。事实证明，商家不怕投诉，怕公示。

同样举一个反面的例子，也在2017年，某共享单车企业突然投诉异常飙升，居当年全国第一。小小的一辆单车，投诉量居然超过了大型电商平台和大型商超。由于是新业态，缺乏公示制度，后续的更多消费者不能及时了解投诉信息，最终出现了系统性的押金风险，共享单车变成了共享风险。

两个案例都说明，消费投诉公示很有效，也很重要，关键是要解决信息不对称，因为消费者也是监督者。进入大数据时代，人们都习惯于在花钱的时候先看看商家的好差评。消费投诉公示既是"黑榜"也是"红榜"，既是监督也是鼓励。政府打造消费投诉公示，就好比是打造一个政务版的"电商平台"，不同商家就是上面的"网店"，平台上及时晒出各商家的"投诉率"，再千变万化的市场违法行为，也终究逃不过消费者的火眼金睛。消费者投票，良币驱逐劣币，最终能够提振消费信心，解决烦心事，提升获得感。

下一步，消费投诉公示制度还需要加大力度，全面推行。要拓展线上线下公示渠道，聚焦投诉集中企业以及多发易发的问题，部门联动形成合力，让信息更公开，市场更透明，消费更放心。谢谢。

十、中国消费者协会秘书长朱剑桥谈新业态下我国消费者保护（节选）[①]

网购、共享单车、APP、P2P……近年来，人们的消费生活不断迎来新事物，在享受便捷的同时，也常面临新的消费风险。中国消费者协会秘书长朱剑桥认为，新业态不能在缺乏约束的环境中野蛮生长，投资者逐利试错的代价，不应由消费者来买单。消协应代表消费者与经营者博弈，在法律的模糊地带不断划出新界线，但也需要地方政府扭转观念，更加重视消费环境对于经济发展的推动作用。

---

① 参见《新京报》2019年5月23日，载https://baijiahao.baidu.com/s.id=1634258135131866964&wfr=spider&for=pc，2020年10月20日。

谈新业态——投资者试错代价不应转移给消费者

新京报：这些年经济社会发展迅速，消费环境变化很大，你个人最深的感受是什么？

朱剑桥：总体来说消费环境是在好转。大家意见虽然有，也是在不断满足需求之后有更好的追求。我个人来讲，最有感触的是消费越来越便捷了。我是上世纪90年代到北京，那时连超市都没有，全是柜台销售。1995年前后引入超市的业态，拎着篮子就能买东西，大家觉得特别新奇。现在出现了电商，出现了线上线下融合，有了手机消费可以足不出户，这是巨大的社会进步。

但是，在享受高度的便利性的同时，消费者也越来越觉得无助。举个例子，短信应该是私人性的，前段时间我还和一个互联网企业的负责人聊，我作为一名消费者，写在短信里的关键词，一上搜索引擎就自动弹出来，这是怎么一回事？微信群聊甚至私聊动不动就被截屏发布，你刚关注过的内容，类似的推广信息会被频繁推到你面前。现在用着智能手机，心里始终担心信息泄露的问题，你其实很难知道到底是谁、以什么方式、什么目的侵犯了你的隐私，总之很缺乏安全感。

新京报：很多新业态都有不同程度的问题。有的是个人隐私泄露这类潜在风险，有的是企业跑路了、消费者经济直接受损，比如共享经济。

朱剑桥：没错。这些年共享经济也很热，但模式本身不够完整成熟，持续下去会出现很多问题的。比如共享单车，它是一个不错的概念，市场的确有需求，但目前为止也没有特别明确的盈利模式。共享单车的押金难退问题，到现在还无合适的解决办法，企业就这么不清不白地瘫痪了，成千上万消费者权益受到侵害，是巨大的损失。

消协也提请了公益诉讼，但是无法解决消费者的问题。消协的确代表消费者和企业博弈，前提是这个对手是有能力承担责任的。如果人去楼空、钱都没了，消协调解或者公益诉讼还有什么现实意义？即便法院判决胜诉，责任履行时企业依然没有能力。

我个人觉得，共享单车等互联网创新业态以这样的面貌闯入我们的生活，它的持续性是可疑的。就像网约车一样，经过野蛮的低价倾销、相对垄断、悄然提价，完成这样的轮回才能盈利，这个过程有多么惨烈，有多少消费者在其中成为了炮灰，这是需要考量的。那么，是不是所有新兴业态都要这么走一遭？发展过程中，到底把消费者的权益放在什么位置上？

新京报：这些新事物不太成熟，有的造成很大的负面影响，但还是有旺盛的生命力。

朱剑桥：准入政策相对宽松，同时投资者起到很大的助推作用，它对创新是有兴趣的,风投讲概率,允许在大量的投资中出现失败。这个逻辑没有问题,这是投资者的权利,但试错的代价不应该转移到消费者身上。

谈应对——消协要在法律模糊地带不断划界线

新京报:你刚从国外交流回来,他们的情况是怎样的?

朱剑桥:中国和西方相对发达的国家,在对待这些问题上的态度有区别。我们鼓励新兴业态和技术创新,不会一上来就管死,除非企业踩到了底线,比如质量有问题、安全有问题、造成严重损害等。我们对新业态是比较包容的。

欧美国家比较慎重,没有明确的分析、判断和把握的时候,对商业应用很谨慎。特别是欧洲,去年他们出台的一般数据通用准则非常严苛,对各类互联网商业应用提出了很多门槛与限制,所以 Google 等企业在那里会面临责任追究。一些我们看来过于严苛、阻碍商业发展的规则,他们觉得是有必要的。

他们的消协组织和我们也不同。我们花大量精力进行消费维权、打假、宣教等基础工作,他们则更多关注形而上的东西。比如个人隐私问题,面对迅速发展的高科技,消费者可能在毫无办法、甚至毫无觉察的情况下,遭遇私人信息被收集、转让或使用;比如特殊群体的平等权益问题,怎样不让他们被时代发展遗弃?比如盲人、失能者如何使用智能手机,老人如何接触比较复杂的互联网应用?他们的消协组织会和企业进行交涉,呼吁在产品研发时去考虑更多受众。

新京报:你怎么看待这种差异?哪一方的做法比较妥当?

朱剑桥:双方所处的经济社会发展阶段不同,应该说各有特点,也带来了不一样的效果。

中国进入门槛相对宽松,技术创新的氛围比国外好,所以新业态发展很快,比如移动支付、人工智能等等,很快能推广应用。应用和研发也是相辅相成的,有了长时间、大范围的应用积累,会催生技术研发的突破。西方在这些方面的发展要落后于中国。

相应的,我们有新问题不断出现,西方就比较少。中国目前还处于发展关键时期,相比而言可能会更关注效率和速度。

新京报:作为消费者,可能更多担心其中隐藏的风险。

朱剑桥:国际上的消费者组织也有这样的疑问,他们感受到了生活中无法避免的中国元素,也会质疑我们对企业的约束和对消费者权益的保护。

其实这些年我们国家做了很多工作。政策层面,去年出台了电子商务法,这是世界范围内第一部这么全面规范电商的法律;近年来政府部门的监管理念转变和监管力度加大也有目共睹。在企业层面,也在不断自我修正,尤其企业做大以后,很珍惜自己来之不易的成果,希望往规范性、可持续性的方面发展。

当然,还有很多问题亟待解决。

企业面临的问题在于,决策层对企业的走向和价值观可能是清晰的,但这种理念和意识很难在庞大的体系内贯通。其中层和二级机构各有分工和立场,譬如公关和法务希望所有经营活动合规、惹事儿越少越好;市场和技术研发希望扩大份额、做更多新的东西,他们也许不会明确触碰法律红线,但会在法律的模糊地带进行试探以扩张业绩。

立法层面也面临一些欠缺。现在的老大难问题,一个是预付费,一个是押金监管,天天呼吁,始终得不到有效遏制。

新京报:消协怎么去助推这些问题的解决?

朱剑桥:消协恰好能在这些方面发挥自己的作用。法律有明晰规定的,一旦被触及红线,马上可以立案查处,这是行政监管执法的职责优势所在;模糊、暧昧,特别是新生的事物和现象,现行法律覆盖不上,大家认识也不一致,消协要代表消费者与经营者博弈,不断去划出新的界线,让是否合法的边界尽量明晰。

我们也向很多部门提出建议,对新兴业态的包容没错,但也要有一定论证和控制机制,不能任由其野蛮生长,特别是涉及有针对消费者大量融资行为的,危险性很大。应该在效率和安全中间,去寻找一个比较合适的分寸,这需要行业内的专家去研究,包括消协在内的各方力量想办法推动。

当然消协现在也面临一些困难。

谈挑战——基层消协弱化严重 地方政府观念需要扭转

新京报:消协面临的问题在哪里?

朱剑桥:基层消协的力量弱化比较严重。

奔驰车主维权事件就是一个值得总结的案例。4月11日这条消息就在微博引爆,12日开始主流媒体和相关部门介入,整个事态发展过程中,消协并没有第一时间表态,一是因为近年来类似的维权事件比较多,没有预料到这次案例会在舆论引发这么大震动,二是因为事情的真相水落石出之前,我们也不能贸然给出结论性意见。

如果基层消协组织健全,也许我们了解情况和作出反应会很不一样。但很遗憾,我们当地消协机构力量比较弱,没几个正式人员,经费也不够,事发地高新区更是没有独立的消协组织。这么大的城市都是这样的状况,其他地区可想而知。

新京报:现在全国消协组织情况如何?

朱剑桥:很不乐观。省一级消协基本有独立的机构和专门的人员,但人比较少,一些省消协不到10个编制,最少的只有两三个人;到地市一级,很多只是挂个牌子,有独立机构和专职人员的不到一半吧;到县一级独立机构和专职人员幸存的就屈指可数了。

新京报：为什么会这样？

朱剑桥：我们国家在通过消法对于消费维权顶层设计的时候，设立了消协这类独特的社会组织，但对于消协的性质、定位、运营保障，始终不太明确，造成各地对消协的看法差别巨大。另一方面，到底是消费者优先还是招商引资优先？一些地方政府的观念也要理顺。

这个问题中央层面是很清楚的。去年9月份，党中央、国务院发了32号文件，提出了消费者优先原则，用消费环境的改善带动消费提升、促进经济发展；提出要充分发挥消费者协会职责作用。消协的监督可能会触动有关方利益，如果地方政府认识不到消协和消费的关系及意义，恐怕问题解决是很难的。

这次借助机构改革的契机，我们请求相关部门在履职保障上对消协进行明确和强化，希望推动各级地方政府能重视这个问题。面临这样一个新时代背景，我认为是时候重视和解决这些问题了。

新京报：你最终希望看到一个怎样的消费环境？

朱剑桥：消费者心中的不安全感能够消除。如果把便捷和安全这个分寸能够处理好，中国的消费环境还是挺好的。

今年我们的重点工作就是打造放心的消费环境，在信用上下一些功夫。信用体系的建立是解决消费者信任危机的核心，希望集中社会关注度推一把。对于企业，倡导、鼓励他们把消费评价机制建立完善起来，提供产品后要让消费者方便做评价。同时也希望消费者行使监督权，每个人都要敢于发声，消费者的监督是最大的力量。

十一、中国消费者协会秘书长朱剑桥谈《"618"消费维权舆情分析报告》（节选）①

一年一度的"618"已经落幕，毫不意外的是各电商平台再次刷新交易纪录：根据天猫和京东各自发布的销售数据显示，大促期间两家电商平台累计下单金额分别达到6982亿元和2692亿元，双双创下新纪录。

然而，狂欢背后依旧是槽点满满。在异常火爆的直播带货中，产品质量货不对板，平台主播向网民兜售"三无"产品、假冒伪劣商品等备受诟病；部分店铺以优惠券为诱饵，引导消费者加入其店铺会员，收集用户手机号精准推送节日噱头广告短信的做法成为过街"老鼠"……中国消费者协会日前发

---

① 参见新华网，载 https://baijiahao.baidu.com/s?id=1671786634357115668&wfr=spider&for=pc，2020年10月21日访问。

布的《"618"消费维权舆情分析报告》(以下简称《报告》)认为,火爆的直播带货营销场景中,平台责任意识、品质意识缺失的现象值得警惕。

中消协秘书长朱剑桥指出,与消费者对直播带货这一新业态新模式的积极响应和包容忍让相比,部分直播带货平台却因新零售、新业态的身份"恃宠而骄",利用规则与标准的暂时缺席,大肆转嫁行业集体试错的成本。

为此,朱剑桥建议通过落实法律责任令相关各方"各司其职",助推直播带货行为提速步入法治轨道。同时,发挥社会治理、行业自律的积极作用,推动统一直播带货的程序和操作,完善直播带货评价体系,切实划清规则边界,有效保障消费者合法权益。

对此,朱剑桥建议,通过释法赋权、依法监管以及制定行业规范等途径推动和约束直播带货行为进入法治轨道。通过明确权利义务主体和监管维权路径依据,让执法主体"长牙齿";同时发挥社会治理、行业自律的积极作用,推动统一直播带货的程序和操作,完善直播带货评价体系,切实划清规则边界。

"以前是'双11'才有短信轰炸,现在每个月搞个活动轰炸一次。"而让更多人十分烦恼的是,尤其在大促前一个月就会被各种垃圾短信轰炸式骚扰。《报告》显示,6月1日至20日,广告、短信骚扰类负面信息呈小幅波动增长趋势。

朱剑桥认为,短信促销的频繁精准轰炸中,消费者"防范意识疲劳""选择默认侵权"的现象值得注意。"加快推进消费者个人信息保护立法进程与开展形式多样的宣传、教育、引导活动并重,从而实现对消费者保护个人信息意识的'高唤醒'。"

"通过完善立法明确个人消费数据信息属性及合法使用的边界,切实加大对消费者个人信息的保护力度。"朱剑桥建议,既要有个人消费信息保护的相关机制和具体举措,又要通过开展形式多样的宣传、教育、引导活动,营造依法保护个人信息的浓厚氛围,引导每一位消费者当好个人信息的第一"守门人"。

第四章　当前消费维权的热点、难点

第一节　疫情期间突出问题

一、口罩问题

（一）现状

2020年年初，新冠肺炎疫情的突发加之恰逢春节，导致口罩缺货。一方面，一些商家借此将口罩涨价，甚至上浮数倍以上的价格。另一方面，部分无良商家趁此机会生产、销售质量不合格或者过期的口罩以牟利，严重危及了消费者的生命安全。

口罩等物资紧缺和涨价，究其原因有三：第一，临近春节，绝大多数企业生产停工、物流停运，导致无法生产、无法运输；第二，大多数药店年底备货，消杀类、防护类产品备货不足，因为口罩平时销售占比较低，不可能备货多；第三，疫情初期对于口罩价格的监管力度不足，疫情的爆发让部分商家乘机从中牟取暴利。

（二）存在的问题

1. 制售假口罩

首先，制售假口罩侵犯了消费者的合法权益。

（1）侵犯了消费者的安全权。假口罩作为不符合国家安全标准的医疗产品，将给消费者的健康安全带来巨大隐患，疫情严重时可能危及消费者的生命，侵害消费者的人身安全权。

（2）侵犯了消费者的知情权。消费者有知悉其购买的口罩真实情况的权利，经营者应提供口罩的价格、产地、生产者、用途、性能、有效期等真实信息。

（3）侵犯了消费者的选择权。消费者在无法辨别口罩真假的情况下，就无法作出正确的消费选择。

（4）侵犯了消费者的公平交易权。商家制售假口罩违背社会公德，属于不诚信经营,未尽到诚信义务。

其次,制售假口罩损害了其他合法生产者和经营者的公平竞争权、知识产权。商家制售假口罩情节严重的,涉嫌生产、销售伪劣商品,或将面临刑事处罚。

2. 销售高价口罩

商家销售高价口罩可能面临以下法律风险。

(1)根据《价格法》第14条规定,禁止商家出现"相互串通操纵市场价格""捏造、散布涨价信息,哄抬价格,推动商品价格过高上涨的""牟取暴利"等违法违规行为。如果商家违反相关规定,可能会受到没收违法所得、罚款、责令停业整顿或者吊销营业执照等处罚。

(2)根据最高人民法院、最高人民检察院《关于办理妨害预防、控制突发传染病疫情等灾害的刑事案件具体应用法律若干问题的解释》第6条规定,违反国家在预防、控制突发传染病疫情等灾害期间有关市场经营、价格管理等规定,哄抬物价、牟取暴利,严重扰乱市场秩序,违法所得数额较大或者有其他严重情节的,依照《刑法》第225条第4项的规定,以非法经营罪定罪,依法从重处罚。

3. "砍单"行为

疫情期间,一些商家以口罩为主的防疫用品为诱饵获客。2020年2月14日中消协发布公告称,"海豚家"等电商商家在口罩、消毒液、温度计等商品需求量大、供应紧俏的情况下,借机实施诱购、在消费者下单并且支付成功后采取单方"砍单"行为等不良营商手法牟取不正当利益,以此侵害消费者合法权益。①

(三)案例

案例1:北京市丰台区济民康泰大药房五十五分店被处以300万元罚款事件②

据丰台区市场监管局相关负责人介绍,自新型冠状肺炎疫情发生以来,丰台区市场监管局采取了加强防疫用品价格检查、开展对经营者提醒告诫、加强舆情监测和快速处置等措施,着力维护防疫用品市场价格秩序的总体平稳。但仍有少数经营者借防疫用品需求激增之机,哄抬相关商品价格。

---

① 载 https://baijiahao.baidu.com/s? id = 1658487950225673384&wfr = spider&for = pc,2020年11月21日访问。

② 载 https://baijiahao.baidu.com/s? id = 1656667799325748660&wfr = spider&for = pc,2020年11月22日访问。

2020年1月23日,丰台区市场监管局在进行新型冠状病毒相关舆情监测时,发现抖音上有"丰台区一药店N95口罩850元一盒"的舆情。执法人员立即赶赴现场,立案调查。

经查,2020年1月22日,北京济民康泰大药房有限责任公司丰台区第五十五分店,由上级公司北京济民康泰大药房有限责任公司统一配货型号为8511CN的3M防霾N95口罩6盒(每盒10只),进货价格为每盒200元。在疫情期间,该店以每盒850元的超高价格对外销售。截至1月23日,上述口罩尚未售出,尚未获得违法所得。

1月23日,丰台区市场监管局对位于丰台区的这家药店大幅度抬高N95口罩价格行为立案调查。执法人员介绍,该药店的上述行为属于《价格违法行为行政处罚规定》第6条第1款第3项规定的利用其他手段哄抬价格,推动商品价格过快、过高上涨的行为。丰台市场监管局已于1月26日,向该药店制发了《行政处罚听证告知书》,拟作出罚款300万元的行政处罚。

案例2:天津市旭润惠民大药房连锁有限公司柳盛道分公司被处以300万元罚款事件①

2020年1月26日,天津市市场监管委发布《天津市市场监管委关于维护防疫用品市场价格秩序严厉打击价格违法行为的公告》(以下简称《公告》)。当天,有消费者反映位于天津市津南区的天津市旭润惠民大药房连锁有限公司柳盛道分公司销售口罩价格过高,天津市市场监管委高度重视,价监处负责人第一时间带队赶赴现场指导检查人员办案。在检查人员前一天已责令停止高价销售"KN95口罩"的情况下,该店仍以128元/袋的价格继续销售。经查明,该商品进价仅为12元/袋,明显超出正常利润范围销售商品。

检查人员现场要求该企业停止营业、配合调查。鉴于本案事实清楚、相关证据充分,津南区市场监管局迅速启动立案程序和案件审理程序,落实《公告》明确的从严从快从重要求,高效开展工作。截至发稿,根据违法事实和相关法律法规,已经向该单位送达《行政处罚听证告知书》,拟给予该单位罚款300万元的行政处罚。

案例3:北京某大药房有限公司及郑某某销售假冒注册商标的商品案②

被告人郑某某系被告单位北京某大药房有限公司的法定代表人、总经

---

① 载https://www.sohu.com/a/370366368_436021,2020年11月24日访问。
② 载https://www.chinacourt.org/article/detail/2020/04/id/4880006.shtml,2020年11月27日访问。

理。2020年1月底至2月初,郑某某明知其采购的1万个"3M"牌9001型口罩及其下属采购的5万个"飘安"牌一次性使用医用口罩均无资质证明、检验合格证明及出库票据等材料,且公司员工及消费者反映口罩质量有问题,仍指示被告单位在位于北京市的多个门店对外销售,销售金额达16万元,销售所得均归北京某大药房有限公司所有。经鉴定,上述口罩均为假冒注册商标的商品。

北京市海淀区人民法院经审理认为,被告单位北京某大药房有限公司和被告人郑某某为牟取非法利益,销售假冒注册商标的疫情防护用品,销售金额较大,其行为均构成销售假冒注册商标的商品罪。被告单位、郑某某认罪认罚,但考虑到本案发生于全国疫情防控形势严峻的关键时期,应依法从严惩处。据此,于2020年3月26日以销售假冒注册商标的商品罪分别判处被告单位北京某大药房有限公司罚金15万元;判处被告人郑某某有期徒刑2年,并处罚金10万元。

案例4:刘某某、王某销售伪劣产品案①

被告人刘某某系河南某药业有限公司销售员,被告人王某系河南某房地产经纪有限公司总经理。2020年1月20日,江苏省宿迁市某区人民政府(以下简称区政府)因新冠肺炎疫情防控工作的需要,向宿迁市某医药连锁有限公司股东年某某采购一次性使用医用口罩。1月24日,年某某联系刘某某寻找货源。刘某某从王某处获悉河南省滑县一家庭小作坊(涉案嫌疑人另案处理,尚在侦查中)生产假冒"飘安"牌一次性使用医用口罩,两人商议由王某负责提供货源,销售口罩所得利润双方分成。1月25日,刘某某将王某购买的假冒"飘安"牌口罩30箱、30万只、假冒"华康"牌口罩24箱计21.6万只,合计54箱计51.6万只一次性使用医用口罩以24.9万元销售给年某某。年某某将上述"飘安"牌一次性使用医用口罩30箱运送到区政府指定的某物流园仓库。1月26日,区政府工作人员发现口罩合格证生产日期为2020年2月6日且口罩质量较差,遂予以封存。同日,某连锁医药有限公司法定代表人袁某将上述24箱"华康"牌一次性使用医用口罩销售给宿迁市某镇人民政府、宿迁市某产业园管理委员会等单位。后袁某得知上述"飘安"牌口罩质量存在问题,便联系相关单位,收回尚未使用的口罩,并全额退还了收取的口罩款。2月1日,年某某向公安机关报案。经鉴定,涉案"飘安"牌、"华康"牌口罩均为假冒注册商标的商品。涉案"飘安"牌口罩的细菌过滤效率为40.1%—44.15%,涉案"华康"牌

---

① 载https://www.chinacourt.org/index.php/article/detail/2020/04/id/4879980.shtml,2020年11月27日访问。

口罩的细菌过滤效率为 50.3%—53.3%,均不符合产品标注的一次性使用医用口罩的细菌过滤效率要求(≥95%),且两种口罩的口罩带断裂张力亦不符合质量标准,均为不合格产品。

江苏省宿迁市宿豫区人民法院经审理认为,被告人刘某某、王某在新冠肺炎疫情防控期间销售假冒注册商标的伪劣口罩,销售金额达 24.9 万元,其行为均构成销售伪劣产品罪。刘某某、王某在共同犯罪中均系主犯,刘某某作用大于王某。刘某某、王某如实供述自己的犯罪事实,认罪认罚,且全部退赔被害人经济损失。据此,于 2020 年 2 月 28 日以销售伪劣产品罪分别判处被告人刘某某有期徒刑 2 年 9 个月,并处罚金 16 万元;判处被告人王某有期徒刑 2 年 6 个月,并处罚金 14 万元。

(四)完善建议

第一,强化事前监管。加强防疫用品领域日常监督检查和监督抽查。要求生产企业通过相关平台在网上自我公开标准,在原材料进货验收、生产过程控制、成品出厂检验等环节对产品质量严格控制。同时,依据企业公开的产品标准检查产品出厂检验能力及检验记录、产品标识标注等情况,依法查处产品质量不合格行为。监管人员在加强防疫用品质量监管工作的同时,积极调查摸底企业产品走向,了解企业开展认证情况。

第二,落实企业法律责任,加强线上线下管理。确因不可抗力或者情势变更而无法正常履约的经营者,应当通过有效手段及时告知消费者,取得消费者的同意和谅解,并及时、足额退还消费者支付的费用。通过第三方电商平台开展相关交易行为的,有关平台应当使用大数据进行分析判断,对商家加强管理监督,维护消费者合法权益。

第三,强化事后监督。定期对销售经营企业的产品中文标识、厂名厂址、生产日期(保质期或限期使用日期)等信息进行核实,以销售经营主体的进货台账、索票索证记录、在售产品标识标注等为检查重点。

第四,严厉查处违法行为。加大监管力度,重点关注企业是否存在伪造冒用买卖认证证书、产品标识认证信息虚假宣传、未经批准擅自从事认证活动、认证活动不规范、认证价格违法以及"砍单"等行为。

第五,强化服务指导。组织相关活动或工作群,及时向企业推送国家有关防疫用品的信息,并组织企业参加培训,普及防疫用品认证知识。

附：疫情期间口罩相关违法案例（节选）

表 4-1-1 疫情期间口罩相关违法案例（节选）

日期	案例	处罚结果	地区	处罚依据
2020年1月	北京市丰台区济民康泰大药房五十五分店大幅度抬高N95口罩价格，网络售价143元涨至850元/盒	300万元	北京市	《价格法》《价格违法行为行政处罚规定》
2020年1月	湖州市德清县武康仁德保健食品商行销售一次性使用口罩时，未标明价格，随意定价	5000元	浙江省	《价格法》
2020年1月	昆明市官渡区昆明嘉和祥药业有限公司，以10元/个的价格分别购进三种口罩，并以25元/包、68元/盒、98元/个的价格对外销售，进销差价率巨大，经执法人员责令改正后依然继续销售	100万元	云南省	《价格法》《价格违法行为行政处罚规定》
2020年1月	南宁市广西一心医药集团有限公司民安堂药店，在2天内将医用口罩价格从5元/包提高至18元/包，涨幅达260%	40万元	广西壮族自治区	《价格法》《价格违法行为行政处罚规定》
2020年1月	宁德市康好医药有限公司宁德天安经典店在销售口罩过程中，强行搭售维生素C咀嚼片，获利657.8元	2642.2元	福建省	《价格法》
2020年1月	鹤岗市平康大药房，销售超过有效期11个月的过期口罩	3万元	黑龙江省	《医疗器械监督管理条例》
2020年1月	武威市凉州区益生堂大药房，将进价为15元只的KN95折叠式防颗粒呼吸器以30元只的价格销售，将进货价为10元/包的一次性口罩以20元/只的价格销售	56,750元	甘肃省	《价格法》《价格违法行为行政处罚规定》
2020年1月	天水市秦州区山水嘉园惠药店，将原售价12元/盒的医用口罩提价到25元/盒进行销售，且均为明码标价	5305元	甘肃省	《价格法》《价格违法行为行政处罚规定》

（续表）

日期	案例	处罚结果	地区	处罚依据
2020年1月	北京市昌平区好得快医药有限公司第十大药房销售口罩时未按规定明码标价	1000元	北京市	《价格法》
2020年1月	阿克苏地区乐康维大药房售卖口罩存在高价销售和质量问题，执法人员执法时发现该药房正以40元/袋的价格进行销售，且该药店提供不出进货查验记录	3万元	新疆维吾尔自治区	《医疗器械监督管理条例》《医疗器械经营监督管理办法》
2020年1月	唐山市滦南县永丰劳保门市部销售卖过期口罩，经查，当事人在未取得《第二类医疗器械经营备案凭证》的情况下销售口罩，且口罩已过期失效	41,000元	河北省	《医疗器械监督管理条例》
2020年1月	荆门市老百姓大药堂连锁有限公司，以进价9元购进一次性口罩8000袋，分别以28、29、49元售出	62.31万元	湖北省	《价格法》《价格违法行为行政处罚规定》
2020年1月	邵东市部东廉桥百分之药店，以每个16.5元的价格进购800个"CM朝美新2002型防N-亚硝基化合物防尘口罩"，并以25元/个的价格销售200个，以20元/个的价格销售600个	10万元	湖南省	《价格法》《价格违法行为行政处罚规定》
2020年1月	隆回县特佳大药房高价销售口罩6000余个，且店内飘安一次性使用口罩、长春宝口服液、蛹虫草北冬虫夏草等商品均未明码标价	50万元	湖南省	《价格法》《价格违法行为行政处罚规定》
2020年1月	济南市平阴县鲁平医疗器械有限公司，将进价2.7元/只的口罩以12元/只进行销售；将进价4.5元/只口罩以38元/只销售	40.5万元	山东省	《价格法》

(续表)

日期	案例	处罚结果	地区	处罚依据
2020年1月	科左中旗舍伯吐镇万客隆超市以低标高结的形式销售一次性消毒口罩,标签标明2元/包,实际结算时6元/包	5万元	内蒙古自治区	《禁止价格欺诈行为的规定》《价格法》《价格违法行为行政处罚规定》
2020年1月	扬州市红太阳医药连锁有限公司销售一次性口罩时,单价17元/包以32元/包的价格销售,加价率88%;销售医用隔离面罩时,进货单价9元/只,实际销售价格22元/只,加价率144%,销售额共计620,000元	1,387,200元	江苏省	《价格法》
2020年1月	天津市津南区旭润惠民大药房,以12元/只购进KN95口罩并抬高至128元/只销售;以进价15.2元/盒购进片仔癀防雾霾口罩并抬高至58—78元/盒销售	300万元	天津市	《价格法》《价格违法行政处罚规定》
2020年1月	鄂州市吴都医药有限公司旗下康福源药店,被群众举报店内所售的口罩、消毒液等防疫用品存在价格翻倍的情况	35万元	湖北省	《省市场监管局关于新型冠状病毒感染的肺炎防控期间有关价格违法行为认定与处理的指导意见》
2020年1月	北京市朝阳区百好堂医药经营有限公司第七分店哄抬口罩价格,将进价为15元/个的进口N95口罩大幅提价到48元对外销售,进销差价率超过200%	50万元	北京市	《价格法》
2020年1月	北京市东城区京海康佰馨医药有限责任公司将进价10元/袋的纳米防护口罩以26元/袋的价格对外销售,进销差价率达160%	10万元	北京市	《价格法》

(续表)

日期	案例	处罚结果	地区	处罚依据
2020年1月	张家口怀来县润佳药房医药连锁有限公司怀来登隆店,该店口罩进价为16元/个,对外销售价为25元/个,且未明码标价	6万元	河北省	《价格法》
2020年1月	晋中市晋中长城药店多家连锁店,以24.5元/只购进若干KN90口罩,并以39.8元/只价格销售	80.6万元	山西省	《价格法》
2020年1月	天水市秦州区诚信大药房安店销售"三无"口罩,即无中文标识和厂名、厂址、生产日期	5万元	甘肃省	《国务院关于加强食品等产品安全监督管理的特别规定》
2020年1月	牡丹江市爱民区浙湘百货超市,销售无产品合格证明和过期口罩,接报后执法人员查获1615个口罩	5.265万元	黑龙江省	《产品质量法》《医疗器械监督管理条例》
2020年1月	西安市华润万家未央路店,平时大白菜售1.58元/斤,1月26日起上涨至5.98元/斤,1月27日再涨至11.96元/斤	10万元	陕西省	《价格法》《价格违法行为行政处罚规定》
2020年1月	遵义市余庆县敖溪镇远康药房哄抬口罩价格,将60个进价为0.35元/个的海氏海诺牌一次性医用口罩,提价到2元/个对外销售,该款口罩平时销售1元/个	28.8万元	贵州省	《价格法》《产品质量法》
2020年1月	兰陵五家药店(国药控股国大药房、临沂新天地医药零售连锁有限公司、同益堂药店、同仁药店、康宁药店)高价销售口罩	120万元	山东省	《价格法》《价格违法行为行政处罚规定》
2020年1月	哈尔滨市黑龙江启康百姓医药连锁有限公司安定店销售N95口罩时,票据上显示3包,实际仅给付消费者3只	52,000元	黑龙江省	《消费者权益保护法》

（续表）

日期	案例	处罚结果	地区	处罚依据
2020年1月	南昌市进贤县民堂大药房存在囤积居奇，哄抬物价，不按规定明码标价的违法行为，在成本无明显变化的前提下，在之前售价的基础上加价0.5倍到13倍不等	300万元	江西省	《价格违法行为行政处罚规定》
2020年1月	绥宁县川石绿森林大药房以22元/包和28元/包价格购进"一次性医用口罩"，而后，分别按照40元/包和70元/包的价格进行销售，进销差价分别达到了81.8%和150%	99,156元	湖南省	《价格法》《突发事件应对法》《关于规范市场监督管理行政处罚裁量权的指导意见》
2020年1月	邵阳市大祥区湖南九福大药房连锁有限公司临津门店于2020年1月28日从邵东批发市场以11.6元/个购进霾克斯牌口罩4盒共100个。当事人以20元/个的价格售出，获利840元，购销差价率达70%	4200元	湖南省	《价格法》《价格违法行为行政处罚规定》
2020年1月	北京市门头沟区北京利民堂大药房有限公司，将原销售价26元/个的口罩，提高至35元、42.5元、85元对外销售	10万元	北京市	《价格法》
2020年1月	天水市麦积区桥南盛达都医药超市，销售的标识生产厂家为"河南飘安集团有限公司"的一次性口罩，属于未依法注册的假冒二类医疗器械	5万元	甘肃省	《医疗器械监督管理条例》
2020年2月	天水市甘谷县益君堂大药房将进价为30元/包的口罩，对外以45元/包销售，共售出69包	5175元	甘肃省	《价格法》《价格违法行为行政处罚规定》
2020年2月	邵阳县邵阳景园大药房连锁有限公司宝兴大药房，将进货价4元/个的口罩，以15元/个销售给消费者	50万元	湖南省	《价格法》《价格违法行为行政处罚规定》

（续表）

日期	案例	处罚结果	地区	处罚依据
2020年2月	衡水颖诺医疗器械商贸有限公司，在其天猫店铺网页发布"医用三层一次性无纺布口罩""外科口罩N95"等虚假宣传内容，且存在哄抬价格违法行为	180万元	河北省	《广告法》
2020年2月	南通市港闸区开庭审理一起防疫物资网络诈骗案，被告张某在既无货源又未实际组织货源的情况下，利用被害人急购口罩的心理，在微信、QQ群内散发虚假信息，骗得9520元	有期徒刑1年6个月，罚金1万元	江苏省	《刑法》
2020年2月	北京市房山区徐某在未办理营业执照和相关审批手续的情况下，擅自销售一次性口罩和一次性手套	19,400元	北京市	《无证无照经营查处办法》
2020年2月	贵阳市洞润堂药业连锁有限公司第十分公司哄抬口罩价格，从12.8元/个涨至49元/个	180万元	贵州省	《价格法》

二、旅游纠纷问题

(一) 现状

2020年春节期间,由于新冠肺炎疫情的突发,消费者在调整出行安排时,在机票、车票、门票、餐饮、酒店以及旅游行程退改方面遇到处理不及时、扣取费用偏高等难题。2020年1月24日,文化和旅游部(以下简称文旅部)办公厅下发《关于全力做好新型冠状病毒感染的肺炎疫情防控工作暂停旅游企业经营活动的紧急通知》(文旅发电〔2020〕29号),明确要求即日起全国旅行社及在线旅游企业暂停经营团队旅游及"机票+酒店"产品。在涉旅企业、客人之间,若各方达成一致,同意变更合同,即延期出行的,争议往往就得到了解决,对各方也是损失最小的一个结果。

2020年2月5日,为进一步做好文化和旅游系统疫情防控工作,支持旅行社积极应对当前经营困难,履行社会责任,文旅部决定向旅行社暂退部分旅游服务质量保证金,暂退标准为现有交纳数额的80%。

事实上旅行社与消费者之间更多的是存在解除合同的问题,大批跟团游等旅游订单被退订,接退订投诉也随之暴增,大量投诉集中在"不可抗力致旅游合同解除,旅游者是否该承担损失"、"旅行社核损金额该如何验证"、"提前退订后是否可追回损失"等方面。

(二) 存在的问题

《民法典》第180条规定,不可抗力是不能预见、不能避免且不能克服的客观情况。至于哪些事件属于影响合同履行的不可抗力,我国法律没有具体规定。尽管对本次新冠肺炎疫情是否构成不可抗力存在一定争议,但是大部分学者和法律实践者都持肯定态度。中国贸促会明确表示就此次疫情可以为企业出具不可抗力证明。[①] 为此,无论是本次疫情的发展和影响,还是文化和旅游部下发29号文件要求旅游企业暂停经营团队旅游,都是旅行社无法预见的,更是不能避免和克服的。由此导致旅游合同无法履行的,构成不可抗力。但需要注意的是1月24日这个时间节点,在文旅部下发29号文件之后此次疫情被认定为不可抗力。

针对消费者的退团申请,旅行社可依据《旅游法》第67条的规定与消费者协商采取延期出行、更改行程等变更合同的方式或与消费者解除合同。解

---

① 参见《中国国际商会在新型冠状病毒疫情期间致广大会员企业的函》,http://www.ccpit.org/Contents/Channel_4135/2020/0205/1239779/content_1239779.htm,2020年12月1日访问。

除合同后,旅行社应当及时停止订购或取消机票和酒店房间、及时通知地接社取消委托事项,尽量降低消费者损失,扣除已向地接社或者履行辅助人支付且不可退还的费用后,将余款退还消费者。①

然而,实践中存在的大量问题是消费者对旅行社扣除的费用难以接受,而旅行社又难以提供实际损失的相关证据。没有实际支付凭证或者扣款凭证,仅凭地接社或者旅游辅助者的说明不能证明已经产生了不可退的费用。此外,因不可抗力导致旅行社与消费者解除旅游合同的,旅行社应当将剩余费用全部退还给游客,但是部分旅行社退给客人的却是"旅游券"或者"代金券"。如果依据法律规定本来就是要退还的费用,旅行社单方规定不退现金而只提供代金券,就侵犯了旅游者的权益,与法律的原则不符,由此导致纠纷不断。

(三)案例

案例1:途牛跟团游因疫情取消"退费变退券",回应:部分损失用券返

受疫情影响,黑龙江张女士在途牛旅游 APP 平台上购买的总价19,506元泰国跟团游被取消,按照途牛推出的保障措施,宣称可"无损退订"。随后,张女士却被告知只能退还机票费用8088元,剩余11外地418元费用不能退还;投诉后,该平台又取消了8088元现金补偿,变更为先补偿张女士4318元等值途牛旅游券,其余金额需继续等待核损结果。对此,途牛工作人员回应称,保障方案提及的单品费用将以现金形式退还用户,但途牛为用户承担的部分损失以旅游券形式返还。需要注意的是,用旅游券抵扣退还款项属于无效"霸王条款",需得到用户的同意,否则用户可以不接受旅游券,继续要求退款。②

国外公司也存在类似情况。自2020年3月以来,包括马来西亚的亚航、泰国狮子航、新加坡酷航、菲律宾宿务太平洋航空等多家廉价航空公司(也称低成本航空)先后宣布,大量机票从直接退款,改为退代金券(EMD)的模式,代金券大多有时效性,最短仅为3个月。对此,消费者、机票代理、在线旅游平台均难"买账"。

---

① 《旅游法》第67条规定,因不可抗力或者旅行社、履行辅助人已尽合理注意义务仍不能避免的事件,影响旅游行程的,按照下列情形处理:(1)合同不能继续履行的,旅行社和旅游者均可以解除合同。合同不能完全履行的,旅行社经向旅游者作出说明,可以在合理范围内变更合同;旅游者不同意变更的,可以解除合同。(2)合同解除的,组团社应当在扣除已向地接社或者履行辅助人支付且不可退还的费用后,将余款退还旅游者;合同变更的,因此增加的费用由旅游者承担,减少的费用退还旅游者。(3)危及旅游者人身、财产安全的,旅行社应当采取相应的安全措施,因此支出的费用,由旅行社与旅游者分担。(4)造成旅游者滞留的,旅行社应当采取相应的安置措施。因此增加的食宿费用,由旅游者承担;增加的返程费用,由旅行社与旅游者分担。

② 载 https://new.qq.com/omn/20200205/20200205A0EZHC00.html,2020年12月1日访问。

案例 2：航班管家机票退票存在猫腻，实收退票费是航空公司规定 2.5 倍

2020 年 2 月 16 日，航班管家用户何先生在航班管家 APP 购买了 3 张 2 月 21 日出发的泰国航空公司机票，共计 8292 元。购票之后，何先生因行程改变，计划退票另行购买。何先生退票时发现，航班管家 APP 单张票收取高额的退票费 2284 元。2 月 19 日，泰国航空反馈，何先生的机票退票费约合人民币 900 元一张。航班管家隐瞒了真实情况，涉嫌欺诈，侵犯消费者知情权；并且私自修改了航空公司的退票规则，涉嫌侵犯消费者公平交易权。经协调，航班管家已承诺将全额退票退款。①

案例 3：1150 元机票只退 380 元！楼内有人确诊，被隔离者不能全额退票

航班起飞前一天，所住居民楼确诊一例新冠肺炎患者，消费者张女士被要求隔离。出现这样的情况后，无法按原定计划乘坐 2 月 19 日的航班，张女士第一时间与厦门航空联系，说明了临时被隔离的情况，希望可以退 1150 元的机票。厦门航空称，不能全款退票，只能退 380 元。张女士想要退全款，厦门航空要求出具医院证明，社区隔离证明无效。但按照当地隔离政策，张女士并不在医院隔离范围内。根据有关规定，张女士被隔离属"不可抗力"，消费者有权要求全额退票。②

案例 4："反映个把月才退了个零头"——消费者投诉旅游平台退款难

因受到新冠肺炎疫情影响，不少消费者取消了出游行程。但不少消费者反映，他们在途牛、去哪儿、飞猪等旅游平台取消疫情期间出行订单后，遭遇退款难等问题。据中消协的统计显示，疫情期间，旅游退订扣费高、退款不及时问题突出，而民航部门客票退改政策落地执行难位居出行投诉类首位。

此外，一些消费者反映，因平台方未能及时向航司等资源方提出退款申请，导致追损不及时，造成消费者直接损失。文旅部的意见还明确指出，旅游企业应按照相关部门要求及时安排退费；因追款导致不能及时退费的旅游企业，应及时向游客作出说明和正式退费承诺。③

（四）完善建议

首先，疫情期间变更或解除旅游合同要依法依规。因疫情无法履行旅游合同，消费者要求变更或解除的，若消费者与经营者均无过错的，建议适当依

---

① 载 https://baijiahao.baidu.com/s.id=1659009247176853705&wfr=spider&for=pc，2020 年 12 月 2 日访问。

② 载 https://baijiahao.baidu.com/s.id=1659572411296832781&wfr=spider&for=pc，2020 年 12 月 5 日访问。

③ 载 https://baijiahao.baidu.com/s.id=1661396772484283014&wfr=spider&for=pc，2020 年 12 月 5 日访问。

据公平原则,双方酌情分担损失,以互谅包容方式解决纠纷。需要注意的是,如保险费用、机票、手续费用、签证费用等确实无法从第三方处退还的,可以明确依法扣除。

其次,针对"退费变退券"的情况,因为疫情属于不可抗力,航企更改原有的退票政策虽属于"权宜之计",但也应该考虑到消费者的利益,因此在代金券的使用期限和转让等方面,应当增加更多弹性条款。同时,呼吁相关各方研究代金券抵押"变现"的新路径。

最后,根据现行法律规定,因疫情导致的旅行取消,消费者是无法获得全额退费的。但在本次疫情中,我国各地政府、旅行社、旅行平台以及各行各业都在出台相关政策或者以自己承担损失的方式减少消费者的损失。有的线上平台发起"安心取消保障"计划[1],有的线上平台多次发布退改保障政策[2]。但是众多的线下旅行社不具备某些线上大型平台的抗风险能力,且外国航空公司和酒店不受我国政策约束。因此,仍有众多的消费者在退团时面临不小的经济损失。

另外,我国很多保险公司的境外旅行险都提供旅游取消或者变更险,作为消费者旅游出行的一种保障。旅游取消险不是一个单独的险种,通常是旅游意外险的附加险或者综合旅游险的一部分,也有的保险公司称之为"旅游变更险",保障的范围是消费者取消预定旅行造成的预付款损失,但不同产品的保障范围及保额有所不同。因此,建议消费者在选择产品时注意保险条款,特别是保障范围以及免责条款部分的内容。

第二节 风口问题

一、炒作经济

(一)现状

炒作经济快速发展是 2019 年消费市场的重要表现之一。从"炒鞋""炒盲盒",到"炒手办""炒汉服",炒作经济的发展从小众爱好"出圈",成为了新的消费市场。然而,隐藏在这轮消费热潮背后的消费侵权问题也逐步显现。

---

[1] 参见《肺炎疫情 携程全面服务保障》,https://contents.ctrip.com/activitysetupapp/mkt/index/whyq,2020 年 12 月 5 日访问。

[2] 例如飞猪平台。

限量版名牌球鞋的暴利在市场掀起了一股"炒鞋""买鞋"热潮。"炒鞋"是指购鞋者买到限量款球鞋后,并不是自己穿,而是转卖赚差价的行为。"炒鞋"会使原本一双消费者能够接受得起价格的鞋,价格飙升,变成他们难以触碰到的奢侈品。比如原本几百元钱一双的鞋,因为炒作而变成几千元甚至上万元,再加上营销者恶意的竞拍手段,消费者就算有钱也很难买到。同时假货等问题也随之突显出来,而二手潮鞋鉴定交易平台更是乱象丛生。

另外,一种放在盲盒里的玩偶开始流行起来,在受到人们追捧的同时也备受争议。盲盒里面通常装的是动漫、影视作品的周边产品,或者设计师单独设计出来的玩偶。之所以叫盲盒,是因为盒子上没有标注,只有打开才会知道自己抽到了什么。据了解,盲盒与其里面装着的玩偶看起来无公害,几十元钱就能轻松拿下,有人却在初玩阶段1个月就花费1万元,甚至有人1年花出十多万元。

(二)存在的问题

"鞋子一面墙,堪比一套房",这是当下人们对"炒鞋"一族的调侃,近几年来从鞋用来穿到"鞋炒不穿","炒鞋"市场已经为人所熟知,"炒鞋"也成为了一些年轻人发家致富的新途径,甚至已经成为一种资本游戏。鞋市的火热也催生许多人动歪脑筋,抽签作弊软件、球鞋门店内幕交易、假鞋泛滥等问题成为球鞋市场的困扰。目前市面上假鞋按品质从低到高大概分为:通货、超A、真标、公司级、纯原等五种,不同种类之间价格差异非常大,从一百多元到五六百元不等,仿冒鞋的价格主要还是根据原版鞋的火热程度和制作成本来制定。据电子商务消费纠纷调解平台"电诉宝"用户投诉数据显示,有关二手潮鞋鉴定交易投诉的热点问题主要聚焦在:商品质量、网络售假、久未发货、恶意扣款、退换货难、商家"砍单"等六个方面,涉及毒APP、Get、Nice、有货、切克、识货等多家二手潮鞋鉴定交易平台。

盲盒的价格存在极强的投机性,该类型交易的性质可能被认定为带有赌博性,违反了公序良俗,交易的效力被法律所否定。此外,盲盒行业还存在以下负面声音:其一,品控不过关,质量参差不齐,有的盲盒玩偶被曝甲醛超标。其二,品行操守低劣,恶意透支市场,有知名盲盒企业因涉嫌抄袭和虚假宣传,引发消费者集体维权的讨伐浪潮。其三,对未成年人的消费观产生不良影响。

随着盲盒热潮在众多领域延展,盲盒自身存在的诸多问题也越来越引人关注。这其中既有投机"炒卖者",也有变相"赌博交换"的嫌疑。在盲盒经济持续升温的过程中,鱼龙混杂的状况越来越严重,泡沫化乃至"灰色化"的属性越来越明显。

持续火爆的市场催生交易平台,但由于交易平台之间不可能存在完全的市场竞争,因此,玩家和平台之间、小玩家和大玩家之间易造成信息不对称。在缺少公开、公平、透明的市场规则的情形下,一些交易平台内的价格可能会在短期内被人为操纵。自以为能够找到下一个接盘侠的玩家,可能会产生经济风险,成为新一茬"韭菜"。这样的消费风险也是隐藏在炒作经济下的巨大隐患。

除此之外,炒作经济也使一大批不合规的假货流入市场,混淆消费者的认知,引发消费纠纷。

(三)案例

案例1:90后"炒鞋"欠1000多万元 揭开鞋圈内幕

22岁的"炒鞋"人刘某,在鞋圈里还有一个更响亮的名号——"刘饼干"。2019年,他被曝出因"炒鞋"欠款1000多万。

刘饼干从小到大一直喜欢球鞋。2017年,还在上大学的他抱着试试看的心态,进入鞋圈做起了"炒鞋"生意,第一年就挣了10万元。2018年,他选择休学,并成立了自己的炒鞋工作室,动辄单笔交易就达到二三十万元甚至三四十万元。

"炒鞋"交易,通常都是买家先打款给卖家,卖家再发鞋给买家。但刘饼干却发现,自己在多次收到款项的同时,因为鞋子疯狂涨价,想按事先约定好的价格将鞋发给客户完全不可能。

由于亏空越来越大,刘饼干开始不断借钱拿货,希望自己能够在市场中成为赢家。但是短短几个月,他最终亏空达到了一个天文数字:1076万元。

2019年7月,刘饼干因涉嫌诈骗被成都市公安局拘留。

从公安局取保候审后,刘饼干第一时间通过自己的公众号和其他媒体在网上发布了自己的道歉视频,在说明了一些鞋圈内幕的同时,也决定要尽自己所能将每一位受害人的欠款还上。[①]

案例2:关停涨跌幅榜、封禁账号,多家球鞋交易平台整顿炒卖行为

2019年9月27日晚,知名球鞋交易平台Nice发布公告称将全面整顿炒卖行为。同时针对本次事件,Nice表示将从即日起下线并关停成交曲线、涨幅榜、销量榜,清理社区中引导、煽动"炒鞋"的内容和评论,陆续排查成交记录,打击恶意炒卖行为。[②]

(四)完善建议

首先,针对"炒鞋"问题。

---

① 载https://www.sohu.com/a/352790603_160905,2020年12月8日访问。
② 载https://baijiahao.baidu.com/s.id=1645831728815381283&wfr=spider&for=pc,2020年12月10日访问。

（1）建议博主在电商平台当中不应该扮演专家角色，不发布买入与抛售时机的信息，不对消费者买卖球鞋发布没有法律依据或参考价值的参考指标。

（2）有些买家恶意锁单导致交易流产的现象应引起相关部门的关注。尤其是为球鞋做担保的电商平台应充分地认识到"炒鞋"泡沫的风险，依据我国银保监会的规定，依法依规出台相应措施杜绝短期牟利行为。

（3）由于部分限量鞋因稀缺性、实用性，存在溢价符合市场规律，建议消费者应仔细辨别球鞋真假，面对溢价动辄数十倍的产品，应理性消费。

其次，针对盲盒问题。

（1）参考限制高利贷的做法，出台细则，为"盲盒产品抽中获得隐藏IP或限量版产品乃至中奖的概率"以及溢价率设定合理上限。

（2）借鉴文旅部针对采取随机抽取方式提供虚拟道具和增值服务的网络营销行业的规定，即要求在盲盒产品的外包装上显著位置公示随机抽取的相关信息，尤其是标注获得隐藏IP或限量版产品乃至中奖的概率，并且要求商家保证该信息真实有效，以此来维护消费者的知情权和监督权。

最后，针对炒作经济，政府应加大对市场的监督管理力度，通过明确管理制度，对交易不透明的经营行为、虚假广告和产品质量问题及时查处。针对二手售卖平台，应通过技术手段对未成年人或经济未独立人群购买行为进行限制，规定须短信提示其监护人或父母并经他们同意后方可购买，否则不予成交，平台若违反这一规定，市场监管部门应对其违规行为作出相应处罚。

二、直播带货

（一）现状

在新经济快速发展的背景下，"直播带货"尤其是"网红带货"成为了电商新风口。所谓"直播带货"，是指通过一些互联网平台，使用直播技术进行近距离商品展示、咨询答复、导购的新型服务方式，或由店铺自己开设直播间，或由职业主播集合进行推荐。网红主播直播带货已成为各大网络平台的重点营销渠道。然而，不少主播在直播推荐时却遭遇翻车，有的被网友质疑货品质量，也有的被指涉嫌虚假宣传。主播直播带货，在给消费者带来丰富消费体验、促进商家产品销售的同时，也逐渐暴露出许多危害消费者购物安全的问题，如"虚假宣传""兜售三无产品""维权无门"等。

（二）存在的问题

从直播目的来看，首先直播带货是通过互联网直播发布带有商品信息的视频、音频、图文等，并通过主播的语言、展示、试用等向消费者进行推广，这些都属于广告行为,应遵守《广告法》等相关规定。

但商家和主播对商品的推广营销最终目的都是吸引消费者购买产品,产生销售行为,完成销售活动,如果消费者通过直播渠道下单购买相关商品,即直播中发生了销售行为,应遵守《电子商务法》《消费者权益保护法》等相关规定。

2020年3月31日,中消协基于来自12个直播电商平台的5333份消费者样本,发布《直播电商购物消费者满意度在线调查报告》(以下简称《调查报告》),就当前直播电商购物及消费维权领域中的诸多特点进行解读。《调查报告》提及,受访消费者对于主播是否就是经营者的问题认知较为模糊,对主播夸大和虚假宣传、有不能说明商品特性的链接在直播间售卖等两点问题反馈较多。此外,调查也发现,直播电商消费中,消费者冲动消费较严重,风险意识相对薄弱。直播带货主要存在以下两个问题。

(1)商品的质量及售后问题。"爆款"变"劣品";"代购名品"变"山寨高仿"等现象屡见不鲜,甚至还存在"三无产品",同时商品质量问题又连带无人售后或售后不力等问题。

(2)数据造假问题。随着直播带货愈发火爆,带货主播的直播观看量、粉丝数、评论数以及销售额等数据成为行业竞争的基本要素,虚假的数据容易误导消费者。

直播带货存在的问题不仅影响了公众的消费体验,也损害了商户的利益。

(三)案例

案例1:未按约定直播,仁怀法院这样判

2020年1月14日,为冲刺年底业绩,原告某酒业销售公司通过案外人与被告某传媒公司签订直播营销推广合同,由原告支付推广费53万元。随后,双方通过微信联系,约定于1月15日晚上首播,结果时间到了未直播。双方再次联系,确定1月16日晚上直播,同时原告方提出,若仍未按时直播则要求退款,被告方承诺一定能播。1月16日晚,约定时间到了,直播仍未进行。

经联系,被告称是主播的原因,正在与主播沟通,原告表示春节前是白酒的销售旺季,签订合同的目的就是在春节前大卖一场,而春节前不能直播,就达不到原告方签订合同的初衷了,难以接受再继续推迟直播的约定,要求被告退款。协商未果,原告遂向人民法院起诉请求解除合同,并要求被告退回服务费等费用。

庭审中,被告称原告没有证据证明双方约定的首播时间是1月15日,且原告在合同履行期间提出解除合同属于违约。原告在明知被告为履行合同义务向第三方支付了 50 万元推广费的情况下强行违约,导致 50 万元无法追回,仅同意退还原告 3 万元。

法院认为,首先,尽管双方签订的书面合同中并没有约定首播时间,但是从双方的通信记录来看,双方在签订合同之初以及在履行过程中,通过微信交流等方式对首播的具体时间进行补充约定,该约定应对双方当事人具有约束力。被告未按照约定时间直播,根据双方关于违约责任的约定,原告有权解除合同。其次,不管被告违约是否与第三人行为有关,都不能免除被告的违约责任承担。因此,法院一审判决解除双方签订的合同,被告退回推广费并赔偿相关损失。①

案例 2:罗永浩直播翻车被中消协点名

中消协 2020 年 6 月 29 日发布"6·18"消费维权舆情分析报告称,直播带货火爆,各方关注问题多。报告在这方面提到两个典型案例,其中还点名了罗永浩。

根据报告,2020 年 6 月 14 日,有网友发布微博称,最近罗永浩的直播又一次翻车了。有客户反馈,他带货的鲜花收到之后并不新鲜,花瓣都枯萎了。对此罗永浩给出补偿措施,即所有单子通通免单,并且还双倍赔偿。另外,此前多位网友称,罗永浩直播间相同产品价格比天猫、京东等电商平台贵出不少,不符合直播间宣传的"全网最低价"。经过比价发现,罗永浩团队在直播中售价 2448 元的录音笔,在其他电商平台只要 2398 元。在直播中,老罗刚喊完"上链接",多个平台立刻给出了"低过老罗"的价格。"低过老罗"一时成为网络热词。

(四)完善建议

首先,加强法律法规对于直播带货的规范。

2020 年 7 月 1 日,中国广告协会发布的《网络直播营销行为规范》正式实施。同日,由中国商业联合会媒体购物专业委员会牵头起草制定的直播带货行业内首部全国性社团标准《视频直播购物运营和服务基本规范》正式实行。

但上述两个文件为自律性文件,主要是倡导引导自律自治,不具有强制性。为了更加充分促进直播购物行业的发展,更好地为消费者服务,应及时出台直播行业管理部门规章、制度及规范,从直播行业监管规范出发,保障消费者在直播购物环节的权益,同时做到有法可依,营造健康有序的法治环境。

其次,落实直播平台主体责任。

---

① 载 https://kuaibao.qq.com/s/20200501A07VID00.refer=spider,2020 年 12 月 12 日访问。

平台应当加强对入驻商家、主播的主体资质和交易行为规范,督促商家亮照亮证经营,培养主播的法律意识和诚信意识,提升主播的职业素养,保证直播信息真实合法,不得进行虚假宣传,禁止欺骗、误导消费者,禁止诱导用户进行平台外交易。同时应积极配合监管部门,对虚假宣传、消费欺诈等行为严厉惩处,完善平台的运作机制,确保消费者的合法权益不受损害。

最后,建立直播行业的诚信评价机制。

建议相关部门开设专项违法举报、维权平台及直播带货黑名单等多维度的监管措施,将不规范、虚假的直播带货行为纳入社会诚信考核体系,并对相关主体采取经济处罚、禁止准入等规范化措施,促使行业融入整体规范化监管之中。

三、AI 换脸问题

(一)现状

2019年8月,"ZAO"AI换脸软件受到热捧。用户只需上传自拍照片,即可生成"换脸视频",将自己变成影视片段的主角。但该软件在走红的同时,被质疑涉嫌侵犯用户隐私,受到了舆论高度关注。使用软件的 AI 换脸功能,需要同意授予这款软件及其关联公司全球范围内完全免费、不可撤销、永久、可转授权和可再许可的权利,包括但不限于人脸照片、图片、视频资料等肖像资料中所含的肖像权利人的肖像权,以及利用技术对肖像权利人的肖像进行形式改动。由此引发了网民对个人隐私安全的担忧。

除此之外,2019年9月据调查,有商家公开兜售"人脸数据",数量约17万条。在商家发布的商品信息中可以看到,这些"人脸数据"涵盖2000人的肖像,每个人约有50—100张照片。此外,每张照片搭配有一份数据文件,除了人脸位置的信息外,还有人脸的106处关键点,如眼睛、耳朵、鼻子、嘴、眉毛等的轮廓信息等,严重侵犯了消费者的安全权。

(二)存在的问题

AI 换脸虽然新潮有趣,却有很多潜在的法律风险,AI 换脸可能侵犯消费者以下权利。

1. 肖像权

所谓肖像,系指自然人通过影像、雕塑、绘画等方式呈现的可供他人识别的外部形象。"换脸"通过"表情包"、任意"P图"、有偿填充等信息技术手段必然会篡改、歪曲、污损、丑化他人形象。"葛优躺"曾经爆红网络,后来引发了葛优的侵权诉讼,2018年,北京市第一中级人民法院终审认定某网络公司构成侵权。

2. 个人隐私权

刷脸是一种有效的身份认证技术,如果被商家滥用,那么当事人的年龄、学历、居住地、婚姻关系、社会关系乃至于性取向、政治倾向等隐私都会面临被泄露、篡改的风险。

3. 名誉权

名誉是社会公众对特定民事主体的品德、声望、才能、信用的综合评价。前述隐私与个人信息一旦被误用、盗用、恶搞,甚至用于诈骗、色情合成等犯罪场景,必然严重毁损当事人名誉。

4. 身份权

"换脸"还可能危及身份权,依照《民法典》第1034条,人脸信息属于个人生物信息,与特定的身份权利息息相关,环环相扣。网络世界很容易伪造身份,虚构社会关系,一旦被"套脸"或"盗脸",通过网络申请特定的公共服务,将会直接危及身份安全,增大社会治理成本。

5. 财产权

人脸经数字化处理后即转换为动态数据,因为其唯一性、真实性,可直接用于门禁系统、车辆启动、银行授权、交易验证、物流取件各大领域,为人类生活带来极大便利。一旦这种生物密码被人盗取并非法利用,个人身份认证的密码就会不攻自破且难以恢复。门禁等同虚设,车辆不翼而飞,存款瞬间归零,还可能被贷款,更可能成为诈骗嫌疑人。如此以往,"我"将不是"我",社会秩序也会遭遇重创甚至瘫痪。

6. 著作权

AI换脸虽然不存在恶意,只是纯粹用于娱乐、搞笑,例如用自己的脸替代了别人的脸,在游戏情景中完成"孙悟空""张无忌"的角色扮演,但此类行为也属于歪曲、篡改他人作品,必然侵害相关著作权人作品的完整权[1]。

(三)案例

案例1:"ZAO"换脸APP

2019年一款名为"ZAO"的换脸APP备受关注,只要输入一张面部照片,该APP就能生成有"换脸"效果的短视频。但在其火爆网络的同时,也伴随着巨大的争议。

这些争议的视频主要是由一些明星的MV和影视剧作品制作而来的。

---

[1] 参见刘云生:《AI"换脸"诱发侵权风险》,载《深圳特区报》2019年11月26日,C03版。

起初只是有人将新旧版的某古装剧的女主角进行换脸然后进行对比,引发了网友广泛讨论,因为其效果几乎达到了以假乱真的地步。

很多人质疑该做法侵犯了公民的肖像权,但视频制作者称该视频仅供交流,其并没有从中获利。同时如果被换脸的明星没有实际证据也无法诉其侵犯肖像权。但即便如此,根据法律规定,制片者对作品还享有保护作品完整权,因此这些视频从客观事实上侵犯了这些影视剧制片人的保护作品完整权。

"ZAO"APP 涉及的个人信息安全等问题同样受人关注。生物识别信息难为一般人所更改,所以被广泛用于身份认证、交易和支付环节,一旦泄露,势必给用户带来持久和难以消除的影响。

除此之外,"ZAO"APP 的用户协议中疑似存在"霸王条款",涉及侵犯用户肖像权、著作权、用户隐私和数据安全等。

2019 年 9 月 3 日,针对"ZAO"APP 用户隐私协议不规范,存在数据泄露风险等网络数据安全问题,工业和信息化部网络安全管理局对北京陌陌科技有限公司相关负责人进行了问询约谈,要求其严格按照国家法律法规以及相关主管部门要求组织开展自查整改,依法依规收集使用用户个人信息,规范协议条款,强化网络数据和用户个人信息安全保护。9 月 18 日,中国国家互联网信息办公室副主任刘烈宏在国务院新闻办表示,已会同有关部门制定相关法规标准,指导监督互联网企业对新应用开展安全评估。国家网信办支持新技术发展,也将采取措施防范风险。

案例 2:30 亿人脸数据 AI 公司遭遇重大数据泄露,完整客户名单被盗

2020 年 2 月 27 日,Clearview AI 公司证实,有人获取了其所有客户的列表、客户使用的账户数量以及客户进行的搜索数量。Clearview AI 表示,该漏洞已得到修补,公司将继续加强安全程序。据外媒此前报道,Clearview AI 向至少 600 家美国执法机构提供了最新面部识别系统,其中涵盖了从各大主流网站上抓取的 30 亿张图片数据。使用该系统时,只需上传某个人的面部照片,就可以查看他在网上的公开照片,包括照片的地址链接。目前,社交平台推特已致信 Clearview AI,要求其停止从社交媒体获取照片和其他任何数据,并删除此前收集的所有数据。

(四)完善建议

第一,落实企业法律责任。企业不能通过用户协议把可能发生的责任全部转嫁给用户,而应当加强自己的监管。换脸软件方在经营活动中使用格式条款的,应根据《消费者权益保护法》第 26 条的规定,以显著方式提请消费者注意与消费者有重大利害关系的内容,并按照消费者的要求予以说明。用户协议中涉及肖像权、著作权、用户隐私和数据安全等条款不得以格式条款排除或者限制消费者权利、减轻或者免除经营者责任、加重消费者责任,软件方不得利用格式条款并借助技术手段强制交易,否则该免责条款无效。

第二,依法保护用户个人信息。对于许多条款规定并不符合《消费者权益保护法》《网络安全法》中关于信息收集、使用正当性原则的要求,存在过度收集、非法使用用户个人信息的问题,应予以修改。

第三,平台首先应避免侵犯肖像权和名誉权,对此应尽审查、核实的义务。其次应避免侵犯著作权。在对一些影视剧经典镜头进行换脸操作时,要注意该行为是否侵犯了知识产权。

四、智能快递柜收费问题

(一)现状

随着网络购物、跨境电商的快速发展,传统的快递投递方式显然已经满足不了人们日益增长的快递服务需求。为了解决投递成本高、快递件安全无法保证、快递用户取货不方便以及派送时间不合适等问题,智能快递柜作为快递行业的新兴事物,开始走入人们的生活,成为解决快递件投递"最后一公里"问题的有效途径。智能快递柜是一种可以 24 小时提供快递件投递与收取的多功能自助服务设备,为快递员、快递用户提供了便利。然而,智能快递柜的弊端也随着快递用户的投诉量的增长而日益突显。

(二)存在的问题

1. 快递员未经收件人同意,擅自将快递件投递至智能快递柜

智能快递柜的诞生,其初衷是解决大多数快递收件人不便立即取件的问题。但在发展中快递行业形成了一种所谓的"行业习惯",即快递员往往未经收件人同意,擅自将快递件投递至智能快递柜,进而要求收件人自行到固定智能快递柜所在地点自提。

(1)《快递暂行条例》第 25 条①规定,经营快递业务的企业应当将快件投递到约定的收件地址;《智能快件箱寄递服务管理办法》第 22 条②规定,智能快件箱使用企业使用智能快件箱投递快件,应当征得收件人同意。快递员擅

---

① 《快递暂行条例》第 25 条规定,经营快递业务的企业应当将快件投递到约定的收件地址、收件人或者收件人指定的代收人,并告知收件人或者代收人当面验收。收件人或者代收人有权当面验收。

② 《智能快件箱寄递服务管理办法》第 22 条规定,智能快件箱使用企业使用智能快件箱投递快件,应当征得收件人同意;收件人不同意使用智能快件箱投递快件的,智能快件箱使用企业应当按照快递服务合同约定的名址提供投递服务。寄件人交寄物品时指定智能快件箱作为投递地址的除外。

自投递的行为显然违反上述两个规定。

(2)从合同的角度来看,快递员擅自投递的行为,显然是在免除或者减轻其应承担的合同义务,违反了双方之间的合同约定,构成违约。

(3)侵犯消费者自主选择权。消费者在支付快递费后,其有权选择快递到达时是自己收取包裹,还是寄存在某个地方。快递员擅自投递的行为损害了消费者自主选择服务的权利。

(4)侵犯消费者公平交易权。消费者公平交易权包括两个方面:一是消费者有权获得质量保障、价格合理、计量正确的交易;二是消费者有权拒绝经营者的强制交易行为。快递员在未经同意的情况下,强制将快递件投递至智能快递柜的行为严重侵犯了消费者的公平交易权。

2. 企业收取滞留保管费

《智能快件箱寄递服务管理办法》第25条明确规定,智能快件箱运营企业应当合理设置快件保管期限,保管期限内不得向收件人收费。根据该规定,设置合理免费保管期限是必须的,而且只有在超过这一保管期限的前提下,才能收取保管费。

然而许多快递企业或智能快递柜企业往往忽略了这一条适用的前提,即快递员在投递至智能快递柜前须征得收件人的同意。只有收件人同意,双方之间达成了存储服务关系后,快递企业或智能快递柜企业才有权向收件人收取滞留保管费。

收取滞留保管费的最大争议在于快递企业或智能快递柜企业在制定具体的保管期限、收费标准时是否充分尊重消费者的自主选择权。

(三)案例

案例1:消费者投诉称自己的快件在被投入智能柜时没有收到任何收费提示,在当天凌晨4点17分即将超时的时候,消费者收到即将收费的短信,消费者当时无法去取快递,认为快递柜公司涉嫌恶意诱导消费以及欺骗消费者。经深圳市消费者委员会调解,快递柜公司提出了和解方案,消费者表示同意。

案例2:2020年4月30日,丰巢快递柜开始对滞留快件的非会员用户收费,超时12小时后收费0.5元/12小时,3元封顶,法定节假日不计费。此外,丰巢推出"会员服务",会员用户将以5元/月的价格享受滞留包裹保管7天,并获得5元的丰巢寄件优惠券以及视频网站7折购买折扣券。丰巢方面表示,消费者可在线上进行选择是否需要会员服务,未经消费者同意,将不产生任何费用。针对多次滞留包裹在柜占用资源的用户,丰巢将在两次免费取件过程中询问消费者是否要选择延期保管服务,如仍不同意使用的用户可选择不再允许其快件投递入柜。

2020年5月15日,在国家邮政局、浙江省邮政管理局相继约谈丰巢负责人要求整改后,丰巢发布公告致歉并将免费保管时长由12个小时延长至18小时。经调查,大多数用户反馈,包括顺丰在内的快递企业的快递员在投递快递件前会致电收件人,询问是否同意投递至丰巢快递柜。

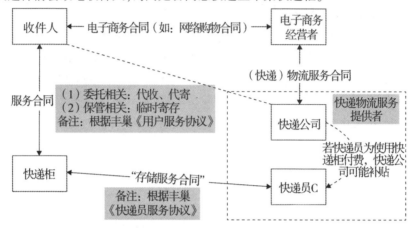

图 4-2-1 丰巢争议的法律关系①

(四)完善建议

首先,明确行业收费标准。不同的服务产品背后的成本不一样,如果一家企业一个价,那么这个市场一定是混乱的,也不符合公众消费利益。收费标准要既能够维护业主利益,也兼顾到市场的可持续发展,同时照顾到消费者例利使用公共服务设施的诉求。

其次,培育智能快件箱第三方运营企业,用专业的服务和成本控制力参与市场竞争,优化资源配置。

五、大数据杀熟

(一)现状

2018年3月,"大数据杀熟"一词开始进入大众视野。事件起因于一名网友晒出自己的亲身经历,表示其长期在某网站预订的酒店房门价格在380—400元之间,可使用朋友账号查询时就会发现,同一房间的价格显示为300元左右。事件在网上发酵之后,许多人都纷纷晒出类似经历的证

---

① 图片来源于北京大学电子商务法研究中心,张宇诗制图。

据。网民反映,一些知名互联网平台提供的打车、在线票务、酒店预订等服务,均存在"大数据杀熟"问题。据《中国青年报》社会调查中心联合问卷网对2008名受访者进行的相关调查显示,51.3%的受访者表示遇到过互联网企业利用"大数据杀熟"的情况,63.4%的受访者认为互联网企业利用大数据杀熟的情况普遍。

(二)存在的问题

消费者的消费信息,包括购买记录、搜索记录、搜索频率、商品加入购物车的时长、优惠券使用数量、收货地址,等等。这些信息集合起来可以让商家对消费者完成一个"画像",让他们知道你的购买需求、价位需求、质量需求,从而在主页为消费者推荐价格最优的合适商品,并适时发放优惠券引起消费者购买欲望。

所谓"大数据杀熟",是一种比较形象的说法。简单地说,是指商家利用大数据技术,对自身积累或来自于第三方的用户信息加以分类和处理,并对其中使用次数较多、对价格不敏感的客户实施加价,以达到利益最大化的差别化价格策略。例如,某件产品卖给新客户的价格是100元,卖给老客户的价格却可能高于100元。也许,最高级的"大数据杀熟",就是让消费者不仅完全意识不到自己被"杀",还拥有很"贴心"的购物体验。

根据《消费者权益保护法》的规定,经营者与消费者进行交易时应当遵循公平、诚实信用原则,消费者拥有的九项权利中也明确规定了消费者拥有公平交易权和知情权,有权获得价格公平合理的商品。从这点上看,部分电商经营者的"大数据杀熟"行为对不同消费者区别定价并无正当理由,无疑是非法的。这种行为严重地侵犯了消费者的公平交易权、对商品真实价格的知情权以及隐私权。2020年11月10日,国家市场监督管理总局起草的《关于平台经济领域的反垄断指南》向社会公开征求意见,其中将"大数据杀熟"定义为滥用市场支配地位,实施差别待遇。

(三)案例

案例1:滴滴打车"大数据杀熟"引发信任危机

2018年3月,微博上有网友爆料,与同事试着用不同账号,在同样出发点、同样目的地的情况下,打车费用不一样。用得最多的消费7000元以上、用得最少的消费1000元不到、用得适中的消费3000元以上。3个账号显示3种价格,因此质疑这是滴滴打车的"大数据杀熟"把戏。

一石激起千层浪,不少网友纷纷开始叫苦,表示自己也经历过类似情况,每天去同一个地方打车,但是价格都不一样。《人民日报》也发表评论员观察文章《数据权力如何尊重用户权利》,痛批互联网"大数据杀熟"案例。①

案例2:客户投诉两次搜索价格相差1500元 携程回应称是系统出现故障

2019年3月10日晚,用户陈利人在微博表示,自己当日10点47分在携程APP购票,首次搜索时,总价格为17,548元,"准备去支付时,仔细检查了下,发现没有选报销凭证,然后就退回去修正一下。再去支付却被告知没有票了,让回去重新选择"。

他重新搜索、选择,价格就变成了18,987元,比之前高出近1500元。想到以前看到的网站杀熟,于是,他退出、再登录、再查,看到的还是同样的价格。在把应用卸载再重新安装后,再搜索,价格还是18,987元。

随后,他在海航官方APP上进行查询,"同样的行程,不但有票,而且,价格比它便宜不少! 时间是12点24分,价格是16,890元"。

对此,携程回应表示,"二次支付显示无票"确认为程序bug(故障)。②

(四)完善建议

首先,将"大数据杀熟"认定为违法的价格歧视行为。对价格歧视的判定标准应该突破《反垄断法》关于实施主体的禁锢,建议将价格歧视概念引入《反不正当竞争法》之中,同时考虑放宽《反垄断法》中关于价格歧视实施主体限定为具有市场支配地位经营者的有关规定。

其次,完善电子商务信息披露制度。"大数据杀熟"得以实施的根本原因在于电子商务经营者与消费者之间存在信息不对称,而强化经营者履行相关信息披露的义务,是解决经营者与消费者之间信息不对称问题的根本之道。现行《消费者权益保护法》《价格法》虽暂未明确规定经营者关于商品价格制定规则的特定告知义务,但基于线上消费模式的特殊性、线上消费价格信息的封闭性及诚实信用原则的要求,有关部门应进一步完善电子商务信息披露制度,要求经营者对其差别定价行为予以必要告知,使消费者了解相同商品的平均交易价格,从而有效保护线上消费者的合法利益。③

最后,针对"大数据杀熟"应依据《电子商务法》第77条之规定,将其作为违反精准营销规则情节严重的情况加重处罚。《电子商务法》第18条规定了电子商务经营者根据消费者的兴趣爱好、消费习惯等特征向其提供商品或

---

① 载https://baijiahao.baidu.com/s? id=1595718798916808396&wfr=spider&for=pc,2020年12月13日访问。

② 载http://finance.china.com.cn/industry/company/20190312/4920345.shtml,2020年12月15日访问。

③ 参见朱程程:《大数据杀熟的违法性分析与法律规制探究——基于消费者权益保护视角的分析》,载《南方金融》第524期。

者服务的搜索结果的,应当同时向消费者提供不针对其个人特征的选项。第77条规定了违反精准营销的处罚情况。这是保护消费者知情权和选择权的要求,"大数据杀熟"与精准营销虽然都是利用大数据技术对用户进行分析,但"大数据杀熟"是利用大数据判断用户是否具有议价和比价能力,进行价格歧视,从而追求超额利润。这是典型的差别待遇,应该对其采取更为严厉的惩戒措施。①

六、预付式消费

(一)现状

近年来,随着信用消费的出现和电子消费方式的便捷化,预付式消费逐渐增多,在美容美发、洗浴、洗车、洗衣、健身等多个服务行业得到广泛使用,逐渐兴起成为服务领域的新兴主流消费业态。

2019年3月15日,中消协发布了由人民网舆情数据中心协助整理的《预付式消费舆情报告》。根据舆情报告显示,预付式消费领域存在的主要问题包括经营者不与消费者签订书面合同,虚假承诺随意降低商品或服务质量,设置不公平格式条款,关店失联、频现"跑路",消费者个人信息遭泄露,预付费与金融信贷捆绑,等等。

2020年年初的疫情,让消费者的日常生活和经营者的经营活动都受到了严重影响。由于出行和场地等诸多条件受到限制,不少预付式消费合同在疫情防控期间无法实现,由此引发的预付式消费纠纷明显增多。疫期防控期间预付式消费纠纷问题主要集中在暂停营业退费纠纷、服务方式变更、使用期限受限以及商家关门或倒闭四个方面。由于预付式消费纠纷的群体性,如不及时和妥善处理其纠纷,可能会对社会稳定带来极大风险对消费者的合法权益造成极大损害对营商环境造成极大破坏不利于疫情结束后的消费市场恢复,因此预付式消费的市场乱象必须得到及时有效的治理,才能促进消费升级和经济高质量发展。

(二)存在的问题

预付式消费方式可以为经营者和消费者双方带来利益,但从近年来消协组织接到这类消费维权投诉增多的情况看,该消费方式带来的社会问题也日益突显。

---

① 参见傅楚楚:《"大数据杀熟"行为的消费者权益保护困境》,载《南方论刊》2020年第10期。

1. 预付费消费者面对的风险

(1) 公平交易权受到损害。预付式消费是采取消费者预先支付费用来获取将来的商品或服务的模式，这种时间差即意味着另一方履约的不确定性，这种不确定性即构成了消费者作为先履行义务一方所要承担的风险。

(2) 知情权受到限制。在预付式消费中，由于信息不对称，消费者无法真实、全面、准确、及时地获取经营者以及商品或者服务的信息，导致消费者知情权被侵害的事件时有发生。部分经营者在销售宣传过程中，往往利用自身优势以及良好的销售团队，对预付凭证的使用范围、商品或者服务的情况进行虚假性、片面性、诱导性且隐瞒性的宣传。

(3) 隐私权难以保证。由于消费者信息对市场上的各类经营者具有一定的价值，所以这种信息的提供也将引发潜在的侵权风险，经营者完全可能将消费者提供的信息挪作他用，给消费者造成不良后果。

2. 经营者存在的问题

(1) 主体经营不合法。经营主体的合法性往往最易被消费者忽视。在缺乏监管的情况下，许多经营者不展示相关经营证件，尤其是美容美发行业和教育培训机构。其中超范围经营的问题也比较突出。

(2) 诱骗消费。在预付式消费模式中，大幅度折扣和免费体验是诱骗消费的两大杀手锏。不少商家利用口头夸大或虚假宣传，诱导消费者预付大额费用。

(3) 霸王条款。在预付式消费实践中，经营者一般不会与消费者就商品或者服务的内容进行协商，消费者只能就经营者提供的内容选择全部接受或不接受，经营者往往不提供书面合同，或者利用单方拟定并且重复使用的格式条款，限制消费者的权利从而减轻经营者的责任与义务。

(4) 终止消费退费难。由于主客观情况的变化，消费者不想或不能再使用预付凭证，希望取出预付费用余额时，经营者往往会以消费者单方面违约为理由，拒不退还预付费用余额。

(5) 停业关店追偿难。部分经营者不讲诚信，在不发布任何清偿通知的情况下，关店走人，严重侵害持卡消费者的合法权益。不少美发店、服装店、美容店、洗车店等个体商户关店倒闭时，即使消费者投诉到有关部门，维权也往往难以成功。

（三）案例

2020年11月10日，广州市中级人民法院召开预付式服务合同纠纷暨十大典型案例新闻发布会。据统计，2020年1月至9月，广州市的法院受理预付式消费纠纷共3047件，同比增长171.8%。在这些案件中，消费者通常面临维权举证难的问题。在发布会上,广州市中级人民法院发布了预付式消费纠纷十大典型案例,现节选如下。①

案例1:预付卡消费有风险,办理需谨慎

李某到某公司先后办理两张养生堂VIP卡,共支付16,100元。其先后接受了7次服务,扣除相应款项后,两张卡内余额共13,540元。由于在服务过程中被仪器烫伤背部,李某不愿意继续接受公司的服务,并要求退还卡内余款,但该公司以两张卡均已开卡使用为由拒绝退款。李某遂向法院提起诉讼,要求公司返还未消费余额13,540元。

法院经审理认为,李某预先支付全部服务费用,某公司分批次向李某提供服务,双方之间的消费模式属于预付式消费。双方办卡时未签订书面协议,也没有证据证实任何一方单方提出解除合同时应承担何种责任。现李某已明确表示不愿再继续接受公司提供的服务,应允许其作出解除服务合同的选择。故判决公司返还李某剩余未消费的金额13,540元。

案例2:不得以"擅自解约,概不退款"为由限制消费者选择权

吴某与某公司签订《早教中心会员须知及合同》,约定若因吴某自身原因终止服务,公司概不退款。总课时6个月,吴某共支付18,900元。上了3个月课程后,吴某以公司未按规定配备安保人员和保健人员、在服务期间因频繁更换老师导致照顾幼儿不周和招收自闭症儿童为由解除合同,请求公司退还剩余学费并赔偿损失。公司辩称,吴某违反约定擅自解除合同,故不同意退还学费并赔偿损失。

法院经审理认为,双方签订的格式合同关于概不退款的约定,加重了吴某的责任,属于无效条款。涉案合同具有较强的人身属性,不适宜强制吴某履行,吴某可要求解除合同。但吴某无充分证据证明其所主张的解除原因,其解除合同的行为构成违约,应承担违约责任。法院酌情认定吴某承担违约金5670元,结合吴某已上3个月课程的情况,判决公司向吴某退还3780元。

案例3:"课程开课,不予退款"的约定无效

刘某替女儿刘某苑(未满18周岁)与公司签订《EAP课程客户协议书》,课程800学时,共支付68,000元。协议约定"该课程一旦开始上课,甲方有权不予退款"。上了318学时后,刘某苑因个人原因向公司提出长期请假。请假期间,刘某、刘某苑认为与公司签订的是半工半读留学合同,但公司从未办理出国留学事宜,是以留学为诱饵进行诈骗,故向法院起诉要求公司退还68,000元。公司辩称,双方之间签订的是学术英语培训合同,刘某、刘

---

① 载http://www.gzcourt.gov.cn/xwzx/xwxc/2020/11/11153037758.html,2020年12月16日访问。

某苑在请假期间单方面要求解除合同的行为有失诚信。

法院经审理认为,协议中关于费用不予退还的条款,明显加重了刘某、刘某苑的责任,应属无效条款。协议书上是刘某本人签名,其应当知道签名确认的后果,现有证据不足以证实公司实施了欺诈,刘某、刘某苑以自身原因要求解除协议,属于违约,应当承担违约费用。因此,法院酌情认定刘某、刘某苑承担违约费6800元,结合剩余482学时的情况,判决公司返还34,170元。

(四)完善建议

首先,通过立法的形式,制定预付式消费管理的有关法规,明确各监管部门和监管职责,加强预付式消费的监管力度,同时也明确消费者的申诉途径。

其次,加大失信主体的执法力度,实行惩罚性赔偿制度,明确赔偿责任,对于失信企业应列入"黑名单",增加失信成本。

最后,建立第三方资金监管制度,商家不得直接收款,应将预付费由第三方支付、银行等机构保管,在消费者每一次消费、获得相应的服务后,经过消费者认可,第三方机构将该笔消费金额支付给商家。这样即可防范商家提前收到全款,迫使商家认真履行承诺,努力提高服务质量,走精细化管理道路,促进预付式消费行业步入良性循环。

第三节　消费维权难点问题

一、职业索赔、职业举报

近年来,无论是国有大型企业、外商知名品牌企业、电商平台企业,还是小微企业都反映被职业打假人反复纠缠、甚至被要挟勒索,营商环境受到影响,且该现象近几年呈现爆发式增长,部分"重灾区"甚至成倍地增长。相关人员标榜自己为"职业打假人",目的是占据道德制高点,但实际上是以打假为名、行牟利之实,一切向"钱"看,私益性特点非常突出,呈现规模化、专业化、程式化、团伙化的特征。

职业索赔、职业举报有以下六种行为模式。

(1)假借"消费者"的身份,明知商品或者服务存在问题仍然购买并主张惩罚性赔偿。

(2)以举报人的身份,要求查处违法行为并申请举报奖励。国家发改委颁布的《价格违法行为举报奖励办法》以及《上海市食品安全举报奖励办法》等对此有明确规定。

(3)以不举报、撤回举报为条件,要挟经营者支付钱款。相关人员夸大商家企业违法行为的后果,威胁商家企业如果不给予钱款就将予以举报。

(4)瞄准行政执法瑕疵或者过失,施压索要赔偿或者钱款。反复利用信息公开、行政复议、行政诉讼、监察等程序,向行政部门施压,并最终将压力传导给企业,企业在基层执法部门的压力下,通常会满足职业索赔、职业举报人经济方面的要求。

(5)收取"咨询费""顾问费"等保护费。部分职业索赔、职业举报人要求企业按期提供一定费用或者主动要求担任企业"顾问",以免于被其职业索赔、职业举报团队"骚扰",或者承诺可以协助摆平其他团伙的所谓"打假"行为。

(6)故意"造假"后再索赔或者举报。目前,商品条形码承载信息量有限,难以精准定位到产品批次或者日期,给部分人员采取携带过期食品进场或者将临近过期的食品转移至其他货架等方式故意制造销售过期食品的假象提供了便利。

职业索赔、职业举报行为在倒逼经营者改进不良商业行为、督促市场监管部门规范行政行为、推动社会监督方面具有一定积极作用,但负面影响日益明显。该种行为既使得法律的权威和实施受到影响、冲击社会诚信、影响营商环境,也挤占了有限的行政和司法资源,影响了普通消费者享受服务的质量。

2020年1月1日起实施的《市场监督管理投诉举报处理暂行办法》(以下简称《办法》)明确规定,"不是为生活消费需要购买、使用商品或者接受服务,或者不能证明与被投诉人之间存在消费者权益争议的"而发起的投诉,市场监督管理部门不予受理。从打假和维护市场秩序的长效性来说,《办法》的出台是为了更好地构建长效机制,让法律和监管回归其应有的轨道。毕竟打假应该要依靠法治力量,依靠消费者强而有力的维权意识。只有这样,才能真正保障消费者的合法权益,才能从根本上改善和净化市场环境。

二、惩罚性赔偿问题

商品经济是建立在商品交易基础上的,经营者和消费者作为商品经济的两大主体,在消费行为中明显处于不对等的地位。市场经济体制下,经营者为了满足经济回报需求、提高市场经营利润,会采取压缩成本、降低质量等不正当手段,并通过一定手段蒙蔽欺骗消费者,导致消费者在维权过程中往往需要支付比商品(服务)消费更高的经济成本,无法体现消费者权益的完整性。鉴于消费者在商品经济中的弱势地位,为了使受害消费者所遭受的实际损失得到补偿,让经营者对其欺诈经营行为承担更大的责任,付出更大的代价,促进惩罚性赔偿制度的完善是十分必要的。

惩罚性赔偿是指消费者要求经营者在承担正常的赔偿责任外还,要求其承担超过消费数额数倍的赔偿责任。该制度通过对违法经营者产生惩罚作用,并威慑、警告其他经营者,防止类似或更为严重的商业欺诈行为的发生,从而净化市场环境,维护消费者的合法权益。

目前在消费者权益保护领域,涉及惩罚性赔偿规定的,主要是《消费者权益保护法》第55条①中的"退一赔三"以及《食品安全法》第148条②中的"退一赔十"规定。

《民法典》第1207条③也规定了产品责任的惩罚性赔偿。但是未明确规定惩罚性赔偿金额的计算标准,仅规定"被侵权人有权请求相应的惩罚性赔偿"。在没有具体规定赔偿数额确定方法时法院享有自由裁量权,因此允许法官在个案中依据具体案情之不同而确定相应的赔偿数额,但是赔偿数额应与侵权人的主观恶意、损害后果、对侵权人的威慑等大致相当,从而才能更好地发挥惩罚性赔偿规则的制裁与遏制功能。④

目前实践中,惩罚性赔偿制度的适用存在以下难点。

(1)经营者欺诈行为认定难。

《消费者权益保护法》第55条第1款规定的三倍惩罚性赔偿前提为经营者存在"欺诈行为",但未对欺诈作出特别规定。对此应遵从民法上关于欺诈的定义,即欺诈行为应当符合四要件:一是经营者主观上存在欺诈的故意;二是经营者客观上存在告知消费者虚假情况或隐瞒真实情况的行为;三是经营者的欺诈行为导致消费者陷入错误认识;四是消费者基于错误认识而作出错误的意思表示。由于实践中经营者主观故意的认定较为困难,一般应结合消费者的举证能力及案件的客观事实,从经营者销售商品时提示说明义务的

---

① 《消费者权益保护法》第55条规定:"经营者提供商品或者服务有欺诈行为的,应当按照消费者的要求增加赔偿其受到的损失,增加赔偿的金额为消费者购买商品的价款或者接受服务的费用的三倍;增加赔偿的金额不足五百元的,为五百元。法律另有规定的,依照其规定。经营者明知商品或者服务存在缺陷,仍然向消费者提供,造成消费者或者其他受害人死亡或者健康严重损害的,受害人有权要求经营者依照本法第四十九条、第五十一条等法律规定赔偿损失,并有权要求所受损失二倍以下的惩罚性赔偿。"

② 《食品安全法》第148条规定:"生产不符合食品安全标准的食品或者经营明知是不符合食品安全标准的食品,消费者除要求赔偿损失外,还可以向生产者或者经营者要求支付价款十倍或者损失三倍的赔偿金;增加赔偿的金额不足一千元的,为一千元。但是,食品的标签、说明书存在不影响食品安全且不会对消费者造成误导的瑕疵的除外。"

③ 《民法典》第1207条规定:"明知产品存在缺陷仍然生产、销售,或者没有依据前条规定采取有效补救措施,造成他人死亡或者健康严重损害的,被侵权人有权请求相应的惩罚性赔偿。"

④ 参见朱晓峰:《论〈民法典〉对惩罚性赔偿的适用控制》,载《暨南学报(哲学社会科学版)》2020年11月。

履行、具体销售行为造成的影响以及经营者是否明知商品或服务存在瑕疵而放任等方面进行考察。

(2) 对经营者"明知"的情形审查难。

《消费者权益保护法》第55条第2款、《食品安全法》第148条第2款和《民法典》第1207条均规定经营者"明知"情形下的惩罚性赔偿。然而在对经营者"明知"的审查中,"明知"具体包括哪些情形、经营者履行哪些义务方可排除明知、"明知"的归责原则和举证责任分配等问题,一直是法院在审理此类案件的难点。

(3) "职业索赔人""知假买假行为"的定性和处理难。

"职业索赔人"本身并非法律概念,而是民间对于一些利用生产者或经营者在生产或销售商品过程中侵害消费者权益行为进行诉讼的职业群体的泛称。实践中对于"职业索赔人"是否属于消费者、知假买假行为能否适用惩罚性赔偿的认识并不统一,因此导致该类案件的裁判结果存在差异。

根据2021年1月1日实施的最高人民法院《关于审理食品药品纠纷案件适用法律若干问题的规定(2020修正)》第3条的规定,"因食品、药品质量问题发生纠纷,购买者向生产者、销售者主张权利,生产者、销售者以购买者明知食品、药品存在质量问题而仍然购买为由进行抗辩的,人民法院不予支持"。由此可见,消费者知假买假的,原则上不适用《消费者权益保护法》第55条第1款,但若出售的是食品、药品,经营者实施欺诈行为,消费者知假买假的,即便不符合欺诈的构成要件,也可以主张惩罚性损害赔偿。

需要注意的是,对职业索赔人能否适用惩罚性赔偿,法院应坚持严格的事实认定标准,发挥职业索赔人的积极作用,抑制其可能带来的各种消极影响。

第五章 区域消费维权建设状况

第一节 京津冀地区

一、投诉概况和相关数据

1. 北京

2019年北京市市场监督管理局12315综合信息采集服务平台共接收各类诉求信息92.74万件,挽回消费者损失3.06亿元。全市消费者协会组织共接到消费者来诉来访14.38万件、次,受理消费者投诉7.17万件,为消费者挽回经济损失0.47亿元。全市市场监督管理部门查办侵害消费者权益的案件2.58万件,罚没款2.95亿元。

根据北京市消费者协会统计,2019年北京市各级消协组织受理消费者投诉90,558件(包含96315登记投诉23,731件),接待来访咨询86,765人次,为消费者挽回经济损失5459.29万元。

在所有投诉中,商品类投诉为22,793件,占投诉总量的25.17%;服务类投诉为67,765件,占投诉总量的74.83%。服务类投诉数量连续多年超过商品类投诉,2019年服务类投诉数量几乎是商品类投诉数量的3倍。

2. 天津

根据"全国消费者协会投诉与咨询信息系统"统计,2019年天津消协组织共受理消费者投诉2685件,结案2446件,结案率为91%,为消费者挽回经济损失337万余元,接待消费者咨询7839人次。

其中,交通工具类投诉数量大幅增加,同比2018年增加1倍多。家用电器、家装服务"增项",培训服务退费难,预付费商家倒闭等情况成为投诉热点。

3. 河北

根据河北省消保委统计,在2019年度,河北省各级消费者权益保护委员会组织共受理消费者投诉16,274件,解决13,286件,解决率为81.64%,为消费者挽回经济损失1458万元。其中,因经营者有欺诈行为得到加倍赔偿的共99件,加倍赔偿总计10万余元。

在2019年度受理的投诉案件中,商品类投诉10,197件,服务类投诉3134件。商品类投诉中,投诉数量居前五位的依次是服装鞋帽类、日用商品类、家用电子电器类、交通工具类、食品类商品。服务类投诉中居前五位的分别是包含餐饮、住宿、美容美发、家政等生活、社会服务类以及文化娱乐体育服务类、销售服务类、电信服务类、房屋装修及物业服务类。

二、京津冀消费维权联盟概况

京津冀人口总数已过亿、地缘相接、交往半径相宜,具有相互融合、协同发展的优势。为此,国家将"京津冀协同发展"作为三大国家战略之一提出。在这种政策背景和现实状况下,京津冀三地的消协组织自2014年6月起,围绕三地协同发展战略部署,商讨确定了协作维权、资源共享、信息互通的合作机制,签订了协作合作协议。5年来,三地消协联手开展商品和服务比较试验,联合开展消费体察、消费调查,共同发布结果,形成社会监督合力,取得了一系列工作成果。

1. 首届京津冀消费维权高端论坛

为了对以往经验加以总结,对将来工作加以规划,使京津冀消协系统工作程序更加顺畅、工作方法更有成效,更好地服务京津冀三地消费者,2019年10月29日,由中国消费者报社主办、京津冀三地消协联办的主题为"护航消费升级、服务协同发展"的首届京津冀消费维权高端论坛在河北省唐山市召开。来自国家市场监管总局网络交易监管司、中国消费者协会、全国部分省市市场监管局、消协组织的相关负责人、专家学者,及贝壳找房等经营者代表,围绕会议主题,就京津冀协作维护消费者合法权益的工作经验和工作方向进行了交流和研讨,同时发布了《京津冀消协组织协作发展第二个五年纲要》。

论坛上,中国消费者报社与京津冀三地消协签署协议,并在新闻首发、数据分析利用、消费投诉受理直通车、加强舆论监督力度、加强消费教育培训工作的联动、建立常态化联系机制等工作开展深度合作。同时,为使京津冀消协协作工作更加顺畅,中国消费者报社牵头成立京津冀消费维权联盟联络办公室,负责协调三地消协系统各方力量,快速化解消费投诉纠纷;协调联合开展消费引导,针对共同关注的消费维权热点、难点问题共同开展消费教育;促进三地各级消协组织相互借鉴,取长补短,共同提升。

在10月29日下午,还举行了首届京津冀消费维权联盟座谈会,与会代表共商未来京津冀协作维权主要工作内容及方向。从如何实现协作维权、资源共享、信息互通、规制共建等多个层面对联合开展消费维权、比较试验、消费调查体察、组织宣传、教育培训、对外合作等内容进行探讨。

2. 京津冀消费维权联盟2020年度第一次工作会议

2020年1月7日,京津冀消费维权联盟2020年度第一次工作会议在北京召开,北京、天津、河北三地消协组织及中国消费者报社负责人参加会议。会议研究并讨论了联盟2020年共同开展比较试验、消费体察、消费教育、热点消费问题研讨、消费体验式调查,联合发布消费警示、劝谕等具体内容。

2020年京津冀消费维权联盟将按照京津冀协同发展战略总体部署,深入贯彻落实"创新、协调、绿色、开放、共享"发展理念,坚持以消费者为中心,统筹优化京津冀消费者组织资源配置,补齐短板,积极发展消费维权工作新模式,有效维护消费者合法权益。

会议决定,2020年京津冀消费者组织将共同开展沙发、智能门锁、洗碗机、休闲服装、功能服装、车内空气质量等比较试验项目,共同开展旅游消费市场体验式调查,共同针对热点问题共同发布消费警示、提示,共同对区域内有关侵害消费者权益的行为开展联合约谈、联合劝谕,共同推动企业诚信建设,加强行业自律,强化社会责任,有效发挥消费者组织社会监督作用。

三、京津冀消费维权联盟重要工作成果

1.《房地产经纪服务要求》

京津冀消协联合发布的《房地产经纪服务要求》团体标准,是全国消协组织的第一个服务类团体标准。标准从术语和定义、企业要求、人员要求和作业要求等四个方面作出规范,将为进一步提升消费者居住服务体验发挥更好的作用。

2.《京津冀消协五年比较试验数据分析报告》

《京津冀消协五年比较试验数据分析报告》是为了帮助消费者更好享有知情权、自主选择权、公平交易权等合法权益。从2014年到2019年,北京市消费者协会、天津市消费者协会、河北省消费者权益保护委员会紧跟消费市场趋势,从消费需求出发,围绕消费者需求旺盛的商品开展比较试验,共完成100个左右的比较试验项目,涉及近2000件商品的比较。比较试验亮点频出,社会影响巨大。

3.《京津冀旅游消费体验式调查报告》

伴随着旅游业的快速发展,国家更加重视保障旅游消费者的合法权

益,2013年10月1日施行的《旅游法》,在消费者权益保护方面增加了许多明确、具体、实操性强的内容,突出对旅游消费者的权益保护。但是,在旅游消费迅猛发展的同时,在线旅游平台、旅行社与景区等从业机构服务质量良莠不齐,引发多起旅游消费投诉。根据京津冀三地消费者组织多年来受理的投诉和消费者反映的情况看,旅游消费领域存在景区管理混乱、广告夸大误导、不平等格式合同、强迫购物等问题。这些问题不仅侵害了旅游消费者的合法权益,也影响了京津冀旅游业的形象,制约了旅游业持续健康发展。

在旅游消费市场上,京津冀区域内的旅游线路存在密切关联,共同形成了国内重要旅游目的地;而且京津冀三地游客消费往来也非常频繁,互为彼此间的重要客源地。因此,京津冀三地旅游市场存在的部分问题也带有一定的区域共性,需要三地齐抓共管,统一协调。

在此背景下,京津冀三地消协积极贯彻落实京津冀协同发展战略,发挥社会监督力量的区域合作示范效应,借助三地消协组织维权协调联动机制,以旅游消费作为新消费代表性产业,根据《消费者权益保护法》赋予消协组织的公益性职责,自2016年持续开展的京津冀三地旅游消费市场调查,为旅游业健康发展发挥了社会监督力量,在维护当地旅游市场秩序方面得到了行业相关部门的认可。因此,通过多年连续调查,持续深入挖掘京津冀三地旅游消费市场中存在的问题,进一步加强对旅游消费市场的监督,帮助消费者更好享有知情权、自主选择权与公平交易权等合法权益,京津冀三地消协共同促进区域内旅游消费健康可持续发展,打造良好消费环境。

4. 联手推动取消三地长途话费及漫游费

2014年,在京津冀一体化加速推进的背景下,北京、天津与河北三地消费者协会联合致函国家发改委和工信部,建议逐步降低并直至取消京津冀地区长途及漫游通信资费。频繁穿梭于三地之间的群体,有望不再受到高昂长途费用、漫游费用(以下简称"两费")的困扰。

根据公开数据显示,仅2013年一年,就有2500多万人次搭乘城际列车往来于京津之间。虽然高铁将两地间的到达时间缩短到不足30分钟,但人们却要为这30分钟的距离支付数倍于本地通话费用的"两费"。不仅是京津之间,即使是在北京郊县,许多人也抱怨手机经常变成漫游模式。

三地消协认为,对于经济发展和消费水平基本相当的京津冀地区来说,各项成本差异并不十分明显,因而在三地范围内实现通信一体化不会造成明显不公平。相反,降低并直至取消"两费"势必提高三地间通话量等数据传输,促进电信业务量增加,加速三地通信行业一体化进程。

在此积极推动下,自2015年8月起,在北京、天津、河北取消三地间手机长途、漫游费,京津冀三地的移动和电信用户将默认开通生效,即手机号码为京津冀的用户,在三地内拨打或接听号码为京津冀的电话,均按照号码所属本地通话收费,其他通信资费保持不变。

5. 联合发布全国消协组织第一个团体标准

2017年3月17日,京津冀消协联合在天津发布由天津市消协制定的速干衣团体标准,这是全国消协组织第一个团体标准,也是天津市的第一个团体标准。

天津市消协在2016年开展的比较试验中发现,速干衣没有产品标准。标称"速干衣"的产品多执行的是T恤衫、运动服等产品标准或企业标准,产品款式多但速干效果不佳。

为引领市场、规范生产,提高产品品质保障消费者权益,结合国家对团体标准的相关要求,2016年12月,天津市消费者协会决定委托天纺标检测科技有限公司牵头,探路者控股集团股份有限公司、特步(中国)有限公司、迪卡侬(上海)体育用品有限公司、乔丹体育股份有限公司、艾图爱(北京)体育用品有限公司、唯品会(中国)有限公司、北京京东世纪贸易有限公司、中国检验认证集团天津有限公司、天津市服装商会等单位共同参与制定速干衣团体标准。

在对天纺标多年来相关服装产品速干性能的大数据分析基础上,结合天津市消协速干衣比较试验结果,以及对探路者、特步、迪卡侬、乔丹、艾图爱、唯品会、京东等提供的速干衣产品检测结果分析,拟定了速干衣标准。经过内部讨论、公开征求意见等环节,2017年3月初通过了专家审定会,并确定由京津冀三地消协联名发布的速干衣团体标准正式文件。

四、京津冀消费维权联盟联手发现问题

1. 超八成消费者网购遇夸大宣传

网店产品宣传是消费者网络购物的主要依据,但仅凭网页广告难以真实地反映产品特性,因此消费者仍因夸大宣传而遭受损失。2014年8月,中消协和北京市消协公布了对消费者网络购物情况的调查结果,根据结果显示,逾八成的消费者表示有买到实物与宣传不符的网络购物经历。

网络商品虚假宣传现象突出,过分夸大产品优点、效果,致使消费者落入网购陷阱,蒙受损失。遏制网购虚假宣传势在必行,这就需要相关部门及时完善网络经营法律体系,强化网站责任,共同净化网络购物环境。

2. 保险行业调查:五大问题困扰消费者

2016年3月14日,天津市消协召开保险行业消费评议,通过问卷调查、

合同条款分析、保险专题投诉等方式,收集、分析消费者对天津市涉及个人业务的保险企业问题。同时为了体现满意度调查工作的公平、公正性,天津市消协委托第三方独立调查公司进行调查工作,并根据样本分布情况,最终选取涉及调查样本较多的 10 家寿险机构及 10 家产险公司作为本次调查的评议对象,涉及有效样本问卷 2033 份。根据调查结果显示,被评议的 20 家保险机构问卷调查的总体满意度为 82.54%,消费者反映集中的问题体现在产品定价、广告宣传、销售服务、跟踪服务以及理赔分红五个大方面。

3. 超八成消费者有被"砍单"经历

2017 年 3 月 14 日,北京市消费者协会发布电商"砍单"调查报告。根据调查显示,在 3484 名被调查者中,超八成被调查者曾遭遇电商"砍单"。大多数被调查者认为电商"砍单"是因为商家缺乏诚信,属于故意欺诈;部分被调查者认为"砍单"问题频发的主因是商家违约成本太低。

根据调查显示,有的消费者在商家"砍单"之后,依然收到了该产品的打折促销信息。所以有消费者认为商家砍单是故意利用虚假促销活动收集消费者信息。专家表示,商家的"砍单"是一种违约行为,甚至是欺诈行为。一旦认定,消费者有权要求商家进行赔偿。而对于消费者该要求哪一方进行赔偿,在我国《消费者权益保护法》中也有明确规定。

4. "杀熟榜"公布,超一半人中过招

2019 年 3 月 27 日,北京市消费者协会发布了"大数据杀熟"的最新调查结果。其中,有 56.92% 的被调查者有过被"大数据杀熟"的经历。

其中,有 44.14% 的被调查者经历过购物类 APP 或网站"大数据杀熟";39.5% 的被调查者经历过在线旅游类 APP 或网站的"大数据杀熟";;37.17% 的被调查者经历过打车类 APP 或网站"大数据杀熟"。

该调查指出去哪儿网、飞猪旅行等少数平台涉嫌存在"大数据杀熟"行为。

5. 22 家医院消费者评议结果:等候时间过长问题突出

2014 年 12 月,天津市消协发布了市医疗服务行业消费评议报告,根据结果显示,参加评议的 22 所医疗机构消费者评价综合得分为 75.78 分(满分 100 分)。从得分情况来看,消费者的不满主要集中在等候时间过长、价格收费欠透明、民营医院实际就医效果与医疗广告不符等方面。

6. 超市进行消费体察,发现六类问题

2016 年 2 月,河北省消协近期利用半个月的时间对省会超市进行了消费体察,实地体验各超市的商品、服务和消费环境。本次活动共体察了鹿泉区、新华区、长安区、桥西区、裕华区、开发区共24家超市,现场体察了包括安全环境、卫生状况、广告宣传、商品价格、标识标注、质量保障、销售服务共7大类45个分项指标,发现了6类问题:购物安全环境有欠缺、食品区卫生状况堪忧、商品质量有问题、广告宣传方面有虚假、标签标注方面不规范、商品标价与结账价不符。

针对消费体察中发现的问题,河北省消协建议超市经营者加强相关法律法规学习,认真落实相关规定;严格内部管理、严把商品质量关;加强食品安全把控,构建食品安全管理制度;进一步优化服务结构,提升服务质量。

7. 定量包装商品体验调查结果

2018年9月6日,北京市消费者协会发布了定量包装商品计量体验调查结果。定量包装商品是指以销售为目的,在一定量限范围内具有统一的质量、体积、长度、面积、计数标注等标识内容的预包装商品。为了解市场上的定量包装商品是否存在"缺斤短两"行为,督促企业诚信守法经营,北京市消协组织了此次体验调查。

根据调查结果显示,在本次调查的49种定量包装商品样品中,有39种样品的实际净含量达到或超过标注净含量要求,占比79.59%;有10种样品的实际净含量没有达到标注净含量要求,占比20.41%。也就是说,有两成多样品存在缺斤短两问题,这损害了消费者的知情权、公平交易权,破坏了市场经济的公平交易秩序。

其中,包括包装胶带、垃圾袋、湿巾和保鲜袋在内共计两成多样品存在缺斤短两问题。在众多存在"缺斤短两"的被检测样品中,垃圾袋缺少最为严重,商户称有50只/卷的垃圾袋,最少的实际只有18只。

8. 微商突出问题

2018年3月9日,根据北京市消费者协会发布的《微商行业发展状况调查报告》显示,产品质量是微商经营中最突出的问题,首先是"三无"现象比较严重,其次是暴力刷屏和退款困难。品质无保障、消费者维权缺失和监管困难成为目前微商行业的发展痛点。

北京市消协2017年10月至12月期间组织开展了微商行业调查。其中的体验式调查选择了5个代表性微商行业品类,包括化妆品、养生保健、食品茶饮、农特产品、日用服装。最终合计完成了30个体验式调查样本,其中企业微商18个,个人微商12个。

反映出来的微商问题,首先是"产品质量",其内容占比达到54.57%;微商体验式调查中,产品方面得分也相对偏低,尤其是产品"三无"现象比较严重。农特产品的"三无"程度相对最为严重,得分仅4.76;位于其后的是日用服装和化妆品。在本次农特产品体验式调查的6个样本中,无论是企业微商还是个人微商,产品"三无"现象普遍存在,甚至连生产日期或过期日期都没有标示,给消费者食用带来安全隐患。

其次是微商宣传方面,其中"暴力刷屏"和"虚假宣传"是重点问题,内容占比分别为16.2%和10.14%。其中,化妆品、日用服装暴力刷屏现象最为严重。此次测试样本每天发布产品信息都超过了3次。

在微商服务方面,主要问题表现在"售后退换货"的退款困难、微商可能拉黑消费者等情况,其中养生保健、化妆品、日用服装商品类不同意退换货的占比超过50%。个人微商的售前服务态度得分为61.67,售后服务态度得分为41.67,在服务的前后态度上落差较大。

9. 老年人购买保健品易遭遇消费陷阱

2019年11月1日,北京市消协发布了《北京市老年人保健品消费认知及消费状况调查结果》。本次调查对象是在北京市居住1年及以上,且年龄在60周岁及以上的老年人。

根据调查显示,超过80%的老年人都希望通过购买保健品来提高身体素质、保障生活质量。过去一年中,老年人保健品消费在5000元以下的比例超过50%。从遇到的问题类型来看,广告宣传夸大其词或与实物不符是主要问题类型,占比为78.32%。在遇到保健品问题时,73.76%的老年人愿意通过消协进行维权。但是,在不愿意维权的老年人中,觉得太麻烦、不想浪费时间是首要原因,占比为50%;其次是觉得损失不大、没有必要,占比为41.51%。调查数据显示,超7成老年人不信任保健品,38.04%的老年人会后悔购买某款商品,即表示可能是冲动型消费。

对此,北京市消协建议健全保健品销售方式立法,即针对以免费领取物品、知识讲座、茶话会等保健品销售方式,诱导或欺骗老年人购买保健品的企业,加大惩罚力度,并纳入严重违法失信企业名单。同时,增加老年消费者撤回权利,即针对65岁及以上的老年人,增加消费犹豫期,期限为1个月。在消费犹豫期内购买的商品,老年人享有撤回权利,可以向经营者要求退货。同时创新保健品监管方式方法,加大保健品监管力度。对利用健康讲座、旅游等活动欺骗老年人购买保健品的保健品公司,相关政府部门要及时纳入违法失信企业名单,并以此为基础,构建保健品消费风险企业数据库,进一步加强企业监管。

第二节 长三角区

一、2019年长三角地区市场监管投诉举报情况分析

为更好服务长三角地区市场体系一体化建设,在2019年,长三角地区三省一市携手构建12315信息协同共享机制,实现诉求信息"统一分析、统一研判、统一发布"。分析全年区域内市场监管投诉举报,主要呈现"一平稳、三集中"趋势特征。

1. 长三角地区市场消费活跃,市场监管投诉举报总体平稳

2019年,长三角地区市场监管部门通过12315热线平台共接收投诉举报和咨询336.75万件(投诉举报195.01万件、咨询141.74万件)。其中,上海市接收98.56万件;江苏省接收95.73万件;浙江省接收106.95万件;安徽省接收35.51万件。从反映的问题看,主要涉及经营者售后服务、合同履行、产品质量、广告宣传等方面。

随着长三角一体化国家战略深入推进,长三角区域内人员流动日益频繁,市场主体活跃,消费体量庞大,消费者维权需求迫切。2019年,三省一市市场监管部门共同开展"满意消费长三角"行动,共同深化长三角地区放心消费环境建设,消费维权协同共治力度加大,投诉举报总体呈现平稳态势。

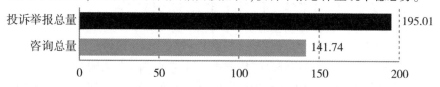

图5-2-1　2019年长三角地区市场监管投诉举报和咨询接收总量
(单位:万件)

2. 长三角地区市场监管诉求热点呈现"三个集中",公众对"保安全、提质量、优供给"关切度高

从投诉举报涉及的商品服务类型看,上海市居前的为一般食品、服装鞋帽、餐饮住宿、家居用品、文娱体育等;江苏省居前的为日杂用品、一般食品、农资用品、五金产品、计算机产品等;浙江省居前的为家居用品、一般食品、服装鞋帽、家用电器、通信产品等;安徽省居前的为一般食品、日用百货、交通工具、家用电器、居民服务等。

综合三省一市市场监管诉求热点:一是安全类诉求相对集中,食品、餐

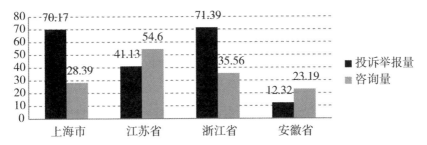

图 5-2-2 2019 年长三角地区三省一市市场监管投诉举报和咨询接收量
(单位:万件)

饮、烟酒饮料等投诉举报量居前,市场监管部门和社会公众对食品安全"防风险、守底线"的聚焦度和关注度较高。二是品质类诉求相对集中,与老百姓生活品质密切相关的服装鞋帽、家居用品、家用电器、通信产品等投诉举报量较多,作为"全国高质量发展新动力源"和"世界级创新平台和增长极",长三角地区广大公众对于"高质量发展、高品质生活"的需求更为迫切。三是文化类诉求相对集中,文化娱乐和体育等服务领域投诉举报有所升温,这反映出长三角地区人民日益增长的精神文化诉求,以及对"对接群众需求实施服务供给侧改革"的注目和关切。

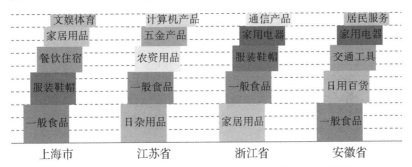

图 5-2-3 2019 年长三角地区三省一市市场监管投诉举报量
居前的部分商品服务

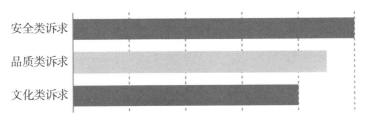

图 5-2-4 2019 年长三角地区市场监管诉求呈现"三个集中"

二、2020年3·15期间长三角地区市场监管投诉举报情况分析

2020年3·15国际消费者权益日期间(3月14—15日),长三角地区市场监管部门通过12315热线平台共接收投诉举报19,947件、解答咨询16,763件,其中上海市接收投诉举报6158件、解答咨询2024件;江苏省接收投诉举报4714件、解答咨询6942件;浙江省接收投诉举报6923件、解答咨询3222件;安徽省接收投诉举报2152件、解答咨询4575件。

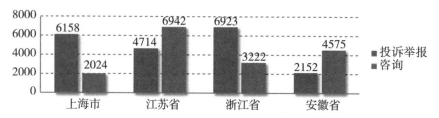

图5-2-5　2020年3·15期间长三角三省一市市场监管投诉举报和咨询总量
（单位:件）

1. 涉疫情投诉举报比重大幅下降,长三角联防联控精准有力

3·15期间,长三角地区市场监管部门共接到涉及新冠肺炎疫情投诉举报2205件(上海308件、江苏1031件、浙江571件、安徽295件),占投诉举报总量比重11%,与疫情初期(春节假期)相比,占比下降63个百分点。投诉主要反映口罩等价格质量问题以及旅游、客运等服务退订纠纷。疫情发生以来,三省一市市场监管部门加强协同、精准衔接、相互赋能,疫情联防联控形势持续向好,企业复工复产精准有序推进,因疫情引发的消费纠纷和矛盾明显减少。

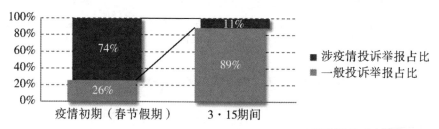

图5-2-6　长三角地区涉疫情投诉举报占比变化趋势

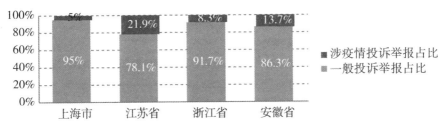

图 5-2-7　2020 年 3·15 期间长三角三省一市涉疫情诉举报占比

2. 线上消费诉求占比上升,长三角市场消费回补态势增强

在上述投诉举报中,涉及线上消费诉求 11,386 件,占 57%;涉及线下消费诉求 8561 件,占 43%。从具体商品服务类别看,互联网服务(网络游戏)、一般食品、服装鞋帽、交通工具、家居用品等诉求量居前。

随着长三角统筹疫情防控和经济社会发展合作机制深化推进,企业复工复产与扩大内需有机结合,长三角市场消费回补态势增强,被抑制、被冻结的消费逐渐释放,在疫情防控中催生的线上购物、线上娱乐、线上服务等诉求升温。需进一步研究和把握疫情出现后的重大变量,因时因势优化完善消费维权服务举措,更好地助力深化长三角一体化发展。

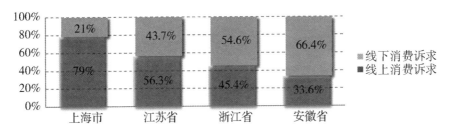

图 5-2-8　2020 年 3·15 期间长三角三省一市线上和线下消费诉求权重

3. 涉"示范区"诉求相对平稳,"生态绿色"等消费诉求升温

3·15 期间,涉及"长三角生态绿色一体化发展示范区"(以下简称"示范区")的投诉举报共 192 件,其中,涉及上海市青浦区 100 件、江苏省苏州市吴江区 58 件、浙江省嘉兴市嘉善县 34 件。

自 2019 年 11 月"示范区"挂牌成立以来,其作为改革开放、生态价值、创新经济、人居品质"四个新高地"的作用逐步显现,公众诉求聚焦互联网服务、农资用品、家居用品、快递物流等领域,诉求总量相对平稳,生态绿色、健康品质等消费诉求逐渐升温。

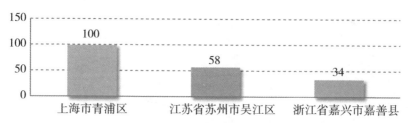

图 5-2-9　2020 年 3·15 期间涉及"长三角生态绿色一体化发展示范区"投诉举报
（单位：件）

三、2020 年上半年市场监管投诉举报情况分析

1. 基本情况

2020 年上半年，长三角地区市场监管局 12315 系统共接收投诉举报和咨询 708,411 件，其中投诉举报 453,377 件（投诉 364,589 件、举报 88,788 件）（同比增 34%），占 64%；咨询 255,034 件，占 36%。

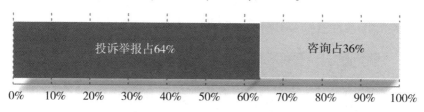

图 5-2-10　2020 年上半年市场监管投诉举报和咨询权重

投诉举报量居前十的商品服务依次为：互联网服务、一般食品、服装鞋帽、教育培训、交通运输、家居用品、计算机、餐饮住宿、口罩、通信产品。

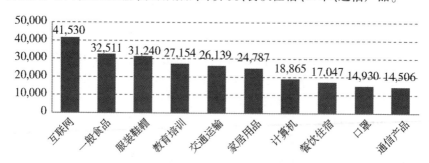

图 5-2-11　2020 年上半年市场监管投诉举报量居前 10 的商品服务示意图
（单位：件）

2. 主要特点

(1)投诉举报总量增幅明显,新冠肺炎疫情对市场消费冲击影响较深。

2020年上半年,系统共接到投诉举报453,377件,同比增长34%,与往年相比回升明显。新冠肺炎疫情对市场消费特别是传统服务行业产生较大冲击,因疫情引发的居家线上娱乐(网络游戏)等消费需求和争议纠纷快速趋增,旅游及交通运输、餐饮住宿、教育培训等服务退改订纠纷,以及防疫用品质量价格等纠纷相对集中,拉高了市场监管投诉举报整体增势。各级市场监管部门和消保委加大调处力度,投诉举报工作有力有序,市场秩序和消费环境总体平稳。

图5-2-12 市场监管投诉举报总量变化趋势
(单位:万件)

(2)线上消费诉求热度不减,"在线新经济"和"五五购物节"等带动消费回补升温。

在上半年投诉举报总量中,涉及线下消费诉求9.52万件,占比21%;涉及线上消费诉求35.82万件,占比79%。线上购物、线上娱乐(网络游戏)、线上服务等诉求持续升温。"网络直播带货"等消费诉求快速兴起。诉求内容聚焦网购食品、服装鞋帽、家居用品、计算机产品、通信产品等领域,主要反映网上经营者售后服务、合同履约、网购产品质量、广告宣传等方面问题。

随着统筹疫情防控和经济社会发展深化推进、"五五购物节"节庆效应持续放大,"在线新经济"等加快培育,市场消费呈现快速回补升温趋势,在疫情防控中催生的新型消费和升级消费有效对冲疫情影响,但相关消费纠纷也有所增多。需进一步提升市场监管和消费维权现代化水平,创新理念、靶向监管、精准施策,更好助力消费升级和经济增长。

(3)涉嫌"关门跑路"类投诉举报趋增,后疫情时期市场风险隐患需着力防范化解。

2020上半年,系统共接到涉嫌企业"关门跑路"投诉举报7571件,同比增72%,其中涉及教育培训行业占5成以上,此外还涉及美容美发、文化娱乐

图 5-2-13　线下消费与线上消费诉求权重变化示意图

体育、餐饮住宿、租赁和摄影等行业。"光语文化""鹤悦文化""趣动旅程""鱼乐贝贝""爱茜茜里""咕噜咕噜""绘享网络""弋果美语""剪酷美发""永琪美发"等企业被投诉举报量相对集中。

当前,国际疫情和世界经济形势严峻复杂,常态化疫情防控和"六稳、六保"任务艰巨,企业破产倒闭等现象增多,群体性维权事件和系统性区域性风险压力增加。需进一步研究把握后疫情时期重大变量,因时因势完善监管举措,促进社会矛盾纠纷大调解机制,更好提高防风险守底线能力。

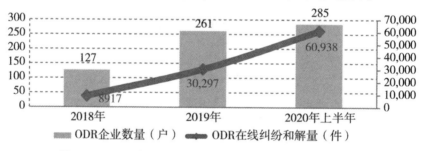

图 5-2-14　上海市 ODR 企业培育发展量和在线纠纷和解量

(4)多元化解,ODR 企业发挥主体作用。

此外,上海市市场监管部门加强与司法等部门协作,推动消费纠纷行政调解和人民调解的对接。积极在区级设立消费纠纷人民调解委员会,在市场监管所等设立消费纠纷联合人民调解工作室,推动矛盾纠纷多元化解。目前,已设置 80 个监管所层面的联合人民调解工作室;企业行业协会类联合人民调解工作室 43 个。自 2018 年开展联动调解工作以来,共移交人民调解处理投诉 7.78 万件,实现人民调解参与投诉处理 2.4 万件,协助挽回经济损失 1.1 亿元。

四、典型案例

1. 青浦区市场监管局快速处置龙岛酒店退订投诉

随着新冠疫情在春节前爆发,青浦辖区发生多起涉及年夜饭退订的消费投诉。青浦区市场监管局园区所及时受理、及时处置、及时反馈,通过反复与企业进行"情与理"的真诚沟通,有效地缓解了疫情期间消费纠纷。

除夕当日,在受理投诉的第一时间,园区所值班同志立即赶到酒店,与龙岛酒店负责人进行紧急沟通。酒店方面表示,年夜饭所需食材已经全部采买完毕,部分已经加工成半成品,如全额退款,将造成损失。在初步沟通遇阻后,辖区负责干部从家中赶到酒店,在充分表达理解酒店难处的基础上,耐心细致地同酒店负责人说形势、谈政策、摆事实、讲道理,力争在思想上达到最大的契合,获得酒店方面最大限度的配合。经过耐心细致地沟通,酒店表示,虽然自身承受了一定的经济损失,但是一定会积极配合,退还定金也从原先的一半变为全额退款。

在成功处置该投诉的基础上,考虑到后续大量退订的可能,区局园区所要求酒店方面在疫情期间持续做好退款工作,并建立了畅通的沟通渠道。从受理、到处置、再到最终解决,涉及的消费者最快仅不到一个小时就拿回了定金。春节期间,龙岛酒店共退订348桌,退回消费者定金3.1万余元。

2. 松江区市场监管局妥善处理"沪遇优选"电商平台投诉

岁末年初的一场新冠肺炎疫情席卷全国,随之而来的防疫物资价格、质量问题以及酒店旅游退订等现象接踵而至,导致疫情类投诉举报数量日益激增。自疫情以来,松江区市场监管局接到多位消费者投诉举报,反映辖区内上海静珈文化传播有限公司设立的"沪遇优选"电商平台,存在销售的口罩、护目镜等防疫物资发货不及时、预定的酒店旅游订单客服无法联系、平台拒绝退款或者收取违约金等。

由于事关消费者、旅游经营者和平台等多方的切身利益,为防止投诉纠纷的扩大和蔓延,松江区市场监管局立足职能,第一时间介入调查和调解。经了解,疫情期间,由于退款诉求较多,而企业因工作人员隔离导致配备不齐,致使退款流程不畅,使得对该企业的投诉举报数量不断增加。

按照上海市市场监督管理局《关于新型冠状病毒肺炎疫情防控期间进一步加强投诉举报处置工作的意见》的规定,执法人员对该企业负责人进行了约谈,向企业负责人介绍了《合同法》中关于不可抗力等相关规定,积极引导企业妥善解决消费纠纷。同时,执法人员与企业建立快速处置投诉小组,坚决做到快接、快查、快结、快反馈,已累计处置消费者投诉举报近200件。

在处置消费者投诉举报的同时,执法人员积极建议企业切实履行社会责任,主动化解矛盾纠纷。目前,企业主动履行退费或延期的服务承诺,累计为2000余名消费者退款,累计退款金额约200万元,事关该平台的旅游类投诉数量也随之显著下降。

3. 徐汇区市场局妥善处理婚庆活动群体性投诉

自新冠疫情爆发以来,各种聚集性活动就处于被严格禁止的状态。而婚庆活动由于涉及大量人员聚集,更是首当其冲受到了较大的冲击,消费投诉也大幅增加。

2020年2月4日,滨江(龙华)所收到第一个关于格乐丽雅婚礼会所的投诉,称预订了2月15日的婚宴,已支付12万元费用,眼看婚宴无法举行,要求全额退款。执法人员敏锐地觉察到这不会是个案,于是立即联系商家,商讨如何应对可能出现的大量投诉。经过商议,商家主动与最近两三个月举办婚礼的250多个客户进行联系,争取客户理解,沟通解决方案,提前化解了群体性投诉的井喷式爆发。

经过沟通,绝大部分消费者同意延期举办婚礼,但还是有小部分消费者沟通失败,最终选择投诉进行维权。自2020年2月1日以来,滨江(龙华)所共接到关于格乐丽雅婚礼会所的消费投诉28起,涉及合同金额近400万元。

接到投诉,执法人员都第一时间联系投诉人,准确了解消费者的真实需求。通过沟通,发现消费者投诉主要有三种情况:一是消费者在延期日期及收费标准上无法与商家达成一致,要求帮助协调;二是由于疫情的不确定性,投诉人无法确定何时举办婚礼,要求商家全额退款;三是由于特殊情况,决定不再举行婚礼,坚决要求商家全额退款。

针对消费者的不同情况,执法人员积极与商家进行沟通,要求商家多为消费者考虑,提供更多的婚期选择。同时,也积极做消费者的工作,让消费者明白淡旺季价格存在差异有其合理性。另外也要求商家做合理让步,避免因此流失客户造成更大的损失。对于确实不能延期举行婚礼的,执法人员耐心做双方的工作,要求商家立足长远发展和消费口碑,尽量减少消费者损失,同时也让消费者理解商家前期提供的咨询设计等服务都需要收取一定的成本。执法人员不厌其烦,在一通通电话、一次次耐心解释下,很多消费者都打消了顾虑,同意与商家继续协商确定新的婚礼日期。目前,所有(28件)投诉均得到解决。

4. 浦东新区市场监管局妥善处置疫情引发涉迪群体性消费投诉

受新型冠状病毒感染的肺炎疫情影响,自2020年1月21日起,浦东新区市场监管局陆续接到上海迪士尼度假区(以下简称"迪士尼")相关投诉件,截至1月24日(除夕)已累积接件225件。

形势空前严峻,应对刻不容缓。疫情就是命令,浦东市场监管局上下联动、众志成城,业务处室全力指导,驻区机构连续作战,通过四项举措,最终妥善处置了此次疫情引发涉迪群体性消费投诉。

举措一:提前研判,全面部署

从1月21日接到首件疫情投诉件伊始,驻区机构凭借高度的敏感性做出研判:受疫情影响,近期迪士尼可能产生大量退单。之后,立即召集专题会议,商讨退票退款投诉处置思路和办法,形成两点意见:一是要将日常的事后调解转为事前疏导。要把预判形势尽快与迪士尼方面沟通,督促指导形成一揽子简便易行的退改措施,从源头上有效减少消费投诉的产生。二是要及时做好汇总分析以便于分类办结。重点就诉求成因和渠道种类进行分类,以提高后期源头疏导和快速处置效能。

举措二:跨前指导,未雨绸缪

1月21日,浦东新区市场监管局第一时间将预判信息分享至迪士尼客服团队,建议其高度关注近期公众诉求动向。同时,与迪士尼客服提前建立常态对接,确保沟通渠道畅通,及时传递相关信息,为快速、有效地维护好每一个消费者的合法权益打好铺垫。

24日中午,迪士尼做出拟于自25日起暂停关闭乐园、小镇、星愿湖公园的决定。这个决定意味着随之而来的将是数十万计的迪士尼乐园门票、酒店、演出退改单。稍有差错就很有可能导致大规模的消费投诉,甚至还有酿成大面积负面舆情的可能。

获悉信息后,浦东新区市场监管局立即建议迪士尼方尽快出台公布一揽子简便易行的退改措施,同时进一步加强客服能力,以充分应对即将到来的巨量访问量。

举措三:数据分析,源头疏导

驻区机构将前4日所有的疫情投诉件做了归纳分析发现,投诉成因主要有两点:一是由于短期访问量太大导致迪士尼客服电话和邮件系统濒临崩溃,消费者无法与迪士尼方取得联系,从而产生忧虑;二是部分第三方平台退改通道不顺畅,坚持不予退款或不予全额退款。

根据驻区机构第一时间的反馈信息,迪士尼客服立即增加了20部客服电话,通话率从最初的10%有效上升到60%。此外,还专门开辟了第二个对外邮箱,以便于及时接受处理游客的邮件。根据数据显示,通过源头疏导,自25日起疫情投诉件明显下降。此外,浦东新区市场监管局要求迪士尼务必履行好对第三方平台退赔的督促责任。

第三节 粤港澳大湾区

一、2019年消费投诉分析

1. 广东

2019年,广东全省各级消委会共接待消费者来访和咨询12万多人次,受理和处理消费者投诉373,576件,同比增长36.48%,占全国消协组织投诉总量(821,377件)45.48%,为消费者挽回经济损失约5.28亿元,占全国消协组织(11.77亿元)44.86%。因经营者有欺诈行为得到加倍赔偿的投诉213件,加倍赔偿金额约42.3万元。全省消委会收到锦旗和表扬信96面/封。综合数据分析,本年度投诉总体有以下特点。

(1)消费投诉持续增长,总量创下历史新高。

2019年,全省消委会受理投诉总量和挽回经济损失数再创新高,继续居于全国首位,其中受理消费者投诉373,576件,刷新了2017年因"小鸣单车"群体性投诉创下的纪录(370,496件)。纵观近年来投诉总量变化情况,整体处于逐步增长态势,总体增幅较大,与2015年相比,增长已经超过3倍(图5-3-1)。

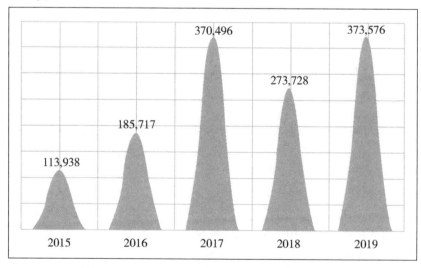

图5-3-1 2015—2019年全省消委会系统投诉总量

分析发现,消费投诉量与地区经济水平和消费活跃度直接相关。广东是消费大省,消费人口、消费总量多年位列全国第一,增势明显。据统计,2019年广东实现社会消费品零售总额42,664.46亿元,同比增长8.0%,已连续36年占据全国榜首。反映在地区分布上,人口基数大、经济消费最为发达活跃的广州、深圳,在2019年两地投诉量共332,584件,占到全省89.03%(图5-3-2),其中深圳211,815件,占全省56.7%;珠三角的东莞和惠州投诉量排名也靠前,与其经济发展状况基本相符。与消费投诉量密切相关的因素还有社会发展水平。广东作为改革开放前沿阵地,法制完善,社会管理规范,个人权益得到普遍较好保障。在消费者权益保护方面,投诉渠道畅通便利,维权共治效果明显,特别是消费者组织作用得到较好发挥,有力地激发了消费者投诉维权的积极性以深圳为例,深圳消委会在力量配备上远超全省甚至全国水平,因工作力度强,社会影响大,受消费者信赖,投诉量较大幅度上升。

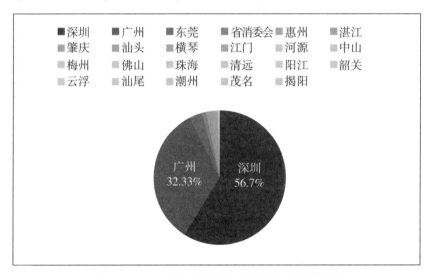

图 5-3-2　2019 年广东省地市消委会系统投诉量

(2)商品投诉继续增加,服务业矛盾更为突出。

2019 年,广东省消委会受理商品类投诉量 142,993 件,同比增长 23.57%,占总投诉量 38.28%;服务类投诉量 219,685 件,高于商品类投诉量 76,692 件,占总投诉量 58.81%。对比近年数据(图 5-3-3),在 2015 年以前,商品类投诉量一直高于服务类投诉,自 2016 年开始,服务类投诉量反超商品类投诉,且两者差距不断拉大,整体呈现出投诉重心逐年向服务类投诉倾斜的趋势,反映出服务业逐渐成为消费纠纷集中的领域。

根据数据分析认为,随着我国百姓生活水平提高,消费需求日益多元化,服务消费在居民消费支出中的占比越来越大。服务业的高速发展,虽为消费注入了强大动力,但其存在的供给体系不相适应的矛盾不容小觑。表现在服务需求不断提升,而高质量、高标准供给相对不足,因此产生矛盾纠纷。此外,在服务消费领域,法律法规滞后、缺位,监管手段措施落后、松散,也是投诉居高不下的原因。

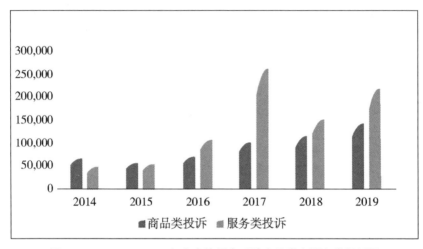

图 5-3-3　2014—2019 年全省消委会系统商品类和服务类投诉量

(3)品质消费需求明显,消费环境有待提升

从投诉性质看,售后服务、质量和合同三类投诉位列 2019 年消费投诉前三位(表 5-3-1)。从增速看,安全类投诉高达 28,356 件,增速 225.86%,排在第一位。此外,价格、计量、人格尊严、虚假宣传、假冒等投诉,均有较大幅度增长,增幅在 75% 以上。其中,计量投诉 10,653 件,增速 91.26%;而关于人格尊严的投诉近年稳步增长,2019 年达 18,022 件,增速 83.08%,创历年新高。

从以上数据可看出,消费者对品质消费需求趋势明显,对消费品质的要求日渐提高,消费者从注重商品质量、价格,向更加注重消费安全、交易公平、精神体验等方面发展。与消费者的要求提高不相适应的是,消费环境依然不够理想,消费领域的一些突出问题尚未得到解决,假冒伪劣、以次充好、虚假宣传、合同欺诈、低价陷阱、诱导交易、不平等格式条款等现象不同程度存在,消费场所杂乱、设施老化、管理无序、警示不明等问题仍然突出,引发消费者的不满和投诉。

表 5-3-1 2019 年消费者投诉性质明细表

序号	投诉性质	2019 年 数量（件）	占比	增长量（件）	增速	2018 年 数量（件）	占比	占比差
1	售后服务	142,521	38.15%	↑11,669	↑8.92%	130,852	47.80%	↓9.65%
2	质量	62,602	16.76%	↑19,595	↑45.56%	43,007	15.71%	↑1.05%
3	合同	35,740	9.57%	↑4244	↑13.47%	31,496	11.51%	↓1.94%
4	虚假宣传	31,033	8.31%	↑13,303	↑75.03%	17,730	6.48%	↑1.83%
5	安全	28,356	7.59%	↑19,654	↑225.86%	8702	3.18%	↑4.41%
6	价格	20,098	5.38%	↑10,573	↑111.00%	9525	3.48%	↑1.90%
7	人格尊严	18,022	4.82%	↑8178	↑83.08%	9844	3.60%	↑1.23%
8	假冒	14,576	3.90%	↑5529	↑61.11%	9047	3.31%	↑0.60%
9	计量	10,653	2.85%	↑5083	↑91.26%	5570	2.03%	↑0.82%
10	其他	9975	2.67%	↑2020	↑25.39%	7955	2.91%	↓0.24%
11	合计	373,576	1	↑99,848	↑36.48%	273,728	1	0

注:"占比"为占全年总投诉量比重。

（4）个别行业拉升投诉,互联网服务问题不小。

纵向分析近年广东投诉量增长,均与一个行业密切相关,那就是互联网服务。如 2017 年投诉量成倍性增长,互联网服务"贡献"了过半的数量（186,549 件）。2019 年广东消费投诉量再创新高,其中互联网服务投诉高达 92,283 件,同比增长 93.29%,占总投诉量 24.7%（表 5-3-2、图 5-3-4）,排在第一位。以广东省某知名互联网企业为例,2019 年相关投诉就达到 103,843 件,占全省总投诉量 27.8%。除数量巨大,互联网服务投诉还呈现出涉及问题多、领域广的特点。如在安全类投诉中,互联网服务 13,407 件,占该类投诉 47.29%;在人格尊严类投诉中,互联网服务 8616 件,占该类投诉量 47.81%;在计量类投诉中,互联网服务 3946 件,占该类投诉量 37.04%（图 5-3-5）。在领域方面,网络游戏、共享消费、线上旅游、互联网金融、网上家政、网上地产、网上汽车、网上医疗等覆盖面不断延展。投诉涉及的问题既有游戏封号、虚假宣传、商家违约等消费问题,也有信息泄露、未成年人保护、校园贷、金融诈骗等社会问题。

根据数据分析认为,互联网服务投诉持续快速增长,与经济社会发展密切相关。广东省是互联网消费大省,互联网产业十分发达,互联网消费领先全国。但发展过于快速带来了行业问题,表现在消费端,则为消费矛盾十分突出。广东省消费者组织每年受理的互联网投诉数量惊人,仅这一项投诉其数量就可能超出多个省全省投诉总额。虽说互联网不是法外之地,但在互联网消费领域确实还存在法律规制不够、监管覆盖不全、消费秩序混乱等不容忽视的问题。

表 5-3-2 2019 年消费者投诉类别明细表

序号	投诉类别	2019 年				2018 年		占比差
		数量(件)	占比	增长量(件)	增速	数量(件)	占比	
1	互联网服务	92,283	24.70%	↑44,539	↑93.29%	47,744	17.44%	↑7.26%
2	家用电子电器类	45,208	12.10%	↑7773	↑20.76%	37,435	13.68%	↓1.57%
3	生活、社会服务类	34,267	9.17%	↑5717	↑20.02%	28,550	10.43%	↓1.26%
4	电信服务	25,210	6.75%	↑1655	↑7.03%	23,555	8.61%	↓1.86%
5	交通工具类	24,075	6.44%	↓713	↓2.88%	24,788	9.06%	↓2.61%
6	日用商品类	23,224	6.22%	↑2122	↑10.05%	21,102	7.71%	↓1.49%
7	教育培训服务	17,611	4.71%	↑7325	↑71.21%	10,286	3.76%	↑0.96%
8	服装鞋帽类	15,787	4.23%	↑7682	↑94.79%	8105	2.96%	↑1.27%
9	其他商品和服务	10,898	2.92%	↑6009	↑122.91%	4889	1.79%	↑1.13%
10	食品类	10,242	2.74%	↑4078	↑66.16%	6164	2.25%	↑0.49%
11	文化、娱乐、体育服务	10,063	2.69%	↑2402	↑31.35%	7661	2.80%	↓0.11%

(续表)

序号	投诉类别	2019年				2018年		占比差
		数量(件)	占比	增长量(件)	增速	数量(件)	占比	
12	房屋及建材类	9415	2.52%	↑1666	↑21.50%	7749	2.83%	↓0.31%
13	销售服务	8213	2.20%	↑719	↑9.59%	7494	2.74%	↓0.54%
14	房屋装修及物业服务类	6364	1.70%	↑28	↑0.44%	6336	2.31%	↓0.61%
15	首饰及文体用品类	5993	1.60%	↑794	↑15.27%	5199	1.90%	↓0.30%
16	旅游服务	5086	1.36%	↑1216	↑31.42%	3870	1.41%	↓0.05%
17	邮政业服务	5031	1.35%	↓628	↓11.10%	5659	2.07%	↓0.72%
18	金融服务	4875	1.30%	↑1772	↑57.11%	3103	1.13%	↑0.17%
19	公共设施服务	4745	1.27%	↑130	↑2.82%	4615	1.69%	↓0.42%
20	医药及医疗用品类	3395	0.91%	↑827	↑32.20%	2568	0.94%	↓0.03%
21	卫生保健服务	3289	0.88%	↑828	↑33.64%	2461	0.90%	↓0.02%
22	烟、酒饮料类	3205	0.86%	↑2288	↑249.52%	917	0.33%	↑0.52%
23	保险服务	2648	0.71%	↑862	↑48.26%	1786	0.65%	↑0.06%
24	农用生产资料类	2449	0.66%	↑757	↑44.74%	1692	0.62%	↑0.04%
25	总计	373,576	1	↑99,848	↑36.48%	273,728	1	

注:"占比"为占全年总投诉量比重。

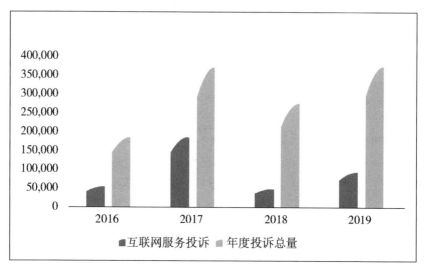

图 5-3-4 2016—2019 年互联网服务投诉量与年度投诉总量对比

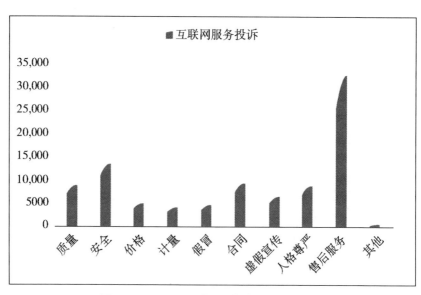

图 5-3-5 2019 互联网服务类投诉性质分布

2. 香港特区

根据香港特区消费者委员会数据,2018—2019 年共接到 76,377 件消费咨询及 25,326 件消费投诉,较之 2017—2018 年分别下降 8% 及 2%。当中

87%的消费咨询是由电话接获,通过消委会网站和邮件作出投诉的由上一年度的55%(14,100件)增加至60%(15,250件)。

3. 澳门特区

澳门特区消费者委员会2019年共接获4485件案件,分别有2529件投诉案件以及1956件咨询案件,涉及金额超过7000万澳门币;2019年的整体个案数量比2018年减少11%,但投诉个案比2018年增加10%。其中,衣履皮革、个人护理产品及服务的投诉个案有明显增加,位于整体投诉个案前列。

二、2019年消费投诉热点难点分析

1. 广东

(1)网游纠纷热度较高,虚拟财产、账号安全成焦点。

网络游戏是近年来互联网服务投诉的新热点。消费者反映的问题主要集中在账号无故被封、虚拟财产突然消失或者价值更改、运营商突然停止运营导致玩家权益受损、协议中部分格式条款侵犯消费者权益、未成年人沉迷网游且进行大额消费等领域。究其原因,随着互联网不断普及,网络游戏消费者数量以几何级数倍增,市场快速发展,但因网络游戏运营商规模和服务质量参差不齐,相关立法滞后,管理体制不顺,责任不明确,加之游戏的专业性和特殊性,运营商和消费者双方信息严重不对称,消费纠纷频频发生。

(2)家用电子电器类投诉高企,售后服务和质量问题是重点。

2019年,全省消委会系统共处理家用电子电器类投诉45,208件,同比增长20.76%,占投诉总量的12.1%(表5-3-2)。从总量上看,该类投诉的实际数量和占比都比较大,但我国家用电子电器使用普及,市场容量大,消费群体广泛,从产品总量来看,投诉比例尚算合理。从具体投诉来看,消费者反映的问题主要有售后服务质量不高、维修站点管理混乱、维修收费不透明、保修判定标准存疑、制售假冒伪劣或三无产品、货不对版、虚假宣传夸大产品功能等。虽然国家重视质量发展、倡导品质消费,但质量、售后服务等诸多问题始终困扰消费者,究其原因主要有以下三点:一是家用电子电器品种繁多,各项功能和指标缺乏国家统一标准,各类产品性能质量参差不齐。二是相关市场准入门槛低,部分商家诚信意识、服务意识淡薄,不惜采取损害消费者权益等不当手段来谋取自身利益。三是售后服务管理混乱,厂家缺乏对下属维修网点的有效监管、售后服务不及时不到位、维修人员技术不过关导致多次维修、虚报零部件价格、夸大产品故障多收费等情况时有发生。

(3)生活社会服务问题突出,婚介服务成投诉热点

2019年,全省消委会系统共处理生活、社会服务类投诉34,267件,同比增长20.02%,占总投诉量的9.17%(表5-3-2)。从投诉数据来看,该类投诉主要集中于售后服务(14,133件)和质量(6520件)两大问题,两者合共20,653件,约占生活、社会服务类投诉的60.27%(图5-3-6)。从具体投诉来看,该类投诉主要集中在餐饮、住宿、健身、美容美发、婚介等行业。其中,婚介服务已逐渐成为近年来的投诉热点之一。随着大龄单身男女越来越多,各类婚介服务机构应运而生,婚介行业发展迅速,但由于缺乏市场准入标准和健全有效的监管约束机制,导致婚介服务市场鱼龙混杂,问题突出,投诉热度逐年增长。关于婚介服务,消费者反映的问题主要有：一是收费标准、服务项目不透明。同一服务不同消费者收费不一,消费者花大钱未必能买到对应的服务。二是实际服务与宣传大相径庭。部分婚介机构以"优质资源""终生服务""包成功"等承诺诱导消费者购买相关服务,事后又以种种借口拒不兑现承诺,或者随意应付、敷衍了事。三是设置不公平不合理条款。其中以"收取的服务费概不退还"的条款最为常见。四是售后服务消极。部分婚介服务机构对于消费者的合理要求或诉求拖延处理,甚至置之不理。

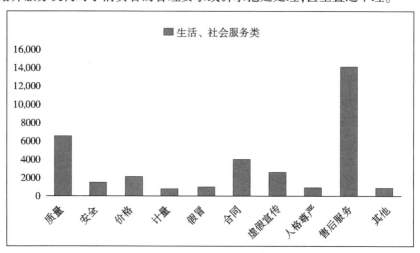

图5-3-6　2019年生活、社会服务类投诉性质分布

(4)教育培训服务投诉骤升,培训贷问题突显。

2019年,全省消委会系统共处理教育培训服务投诉17,611件,占总投诉量的4.71%,同比增长71.21%。从投诉数据来看,该类投诉主要集中在售后服务(7399件)、合同(2892件)、虚假宣传(2322件)三大问题,三者合共12,613件,占教育培训服务投诉的71.62%(图5-3-7)。从具体投诉来看,消费者反映的问题主要有培训机构和老师资质不健全、教学质量欠佳、虚假宣传、设置霸王条款、诱导办理培训贷等。其中因培训贷而引发的消费纠纷近几年来屡屡发生,成为教育培训服务投诉中的热点问题。由于培训贷能满足一些资金紧张的学生提升能力的需求,颇能吸引学生,因而被教育培训机构广泛应用,但其实际是一种目的性很强的营销手段。培训机构在宣传时,往往把课程描述得十分美好,而有意淡化贷款的压力,甚至偷换概念,美其名曰分期付款,实际上是为了掩盖其消费贷款的实质。学生往往怀着对学习知识的美好愿景,草率签订培训合同和贷款合同,从而忽略了其背后的"陷阱"。后期因培训存在问题想要退款时,一方面面临高额的违约金,另一方面即便成功解约,也仍被贷款公司要求继续偿还贷款,承担高额利息。

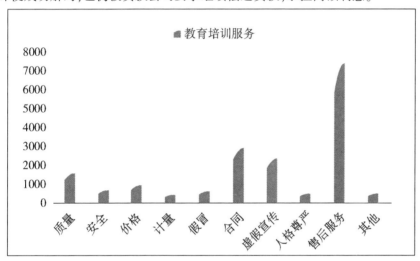

图 5-3-7　2019 年教育培训服务类投诉性质分布

(5)预付式消费顽疾难除,消费维权困难重重。

预付式消费作为一种新兴的消费模式,不仅能帮助经营者在短时间内积聚资金,快速稳定客源,而且可让消费者享受不同程度的优惠、便利,因此深受经营者和消费者欢迎,在商业领域广泛运用。但这种先付款后消费的模式存在一定的风险,即消费者付款后便处于被动的地位,一旦出现问题,权益难以得到保障。从具体投诉来看,预付式消费中存在的侵权事实主要有商家夸大宣传吸引客源、拒不兑现宣传承诺、商品或服务质量难以得到保障、设置霸王条款、变更后的经营主体拒绝承继原有义务、设置高额的退款门槛、诱导消费者办理各种贷款、商家倒闭"跑路"等情况。从维权实务来看,预付式消费市场准入门槛低,大量经营规模小、资质差的经营者涌入预付式营销行列,导致预付式消费市场主体身份复杂,良莠不齐,难以规范。虽然相关法律法规明确了部分预付式消费营销的审批、备案、巡查及资金存管等要求,但缺乏强制、有效的监管手段,使得监管执法难以到位。以经营者倒闭"跑路"为例,因无法查找经营者,消费者组织无从开展调解。此外,大多数消费者缺乏理性认识,自我保护意识欠缺,忽视预付式消费者潜在的风险,仅凭经营者的夸大宣传和优惠力度盲目消费,在消费过程中也不注意签订书面协议以及保留相关的收费凭证,导致后续维权举证艰难,其维权多以失败告终。

(6)养老机构乱象多,家人省心变担心。

我国正步入人口老龄化阶段,养老行业作为朝阳产业正处于初步发展阶段,养老机构凭借着专业的医疗、良好的配套、个性化的老年人服务等美好宣传,逐渐承载起"老人开心,家人放心"的期待,受到越来越多家庭的关注。但由于养老行业缺乏健全的法律规制、有效的行政监管以及统一的强制性行业标准,且因养老行业尚未形成一定规模,养老机构数量整体偏少,难以满足现阶段养老需求。市场供需严重失衡、缺乏有效的市场调节机制,导致各类养老机构服务参差不齐、乱象横生。2017年,广东省消委会就老年人消费现状进行了消费调查,根据调查报告显示,参与问卷的老年人中,39%表示在养老服务中其合法权益受到过商家侵害,养老机构的问题可见一斑。从具体投诉来看,关于养老机构的消费纠纷主要集中在以下几个方面:一是设置不公平格式条款。如某养老机构在格式合同中设定,消费者提前提出终止的,其所收费用一概不予退还。二是随意违约且拒绝承担违约责任。养老机构拒不执行合同条款或者拒绝兑现事前承诺,消费者因约定或承诺无法实现而要求退款终止合同时,反而要求消费者承担违约责任。三是以诱导、欺骗等方式进行销售。部分销售人员极力渲染养老机构的美好,用大幅优惠、"一床难求"等宣传诱导老年人消费,而可能对消费者不利的情形却只字不提。部分养老机构甚至联合外来人员进行虚假宣传、非法集资。四是内部管理混乱。部分养老机构存在配套实施不达标、条件简陋、管理混乱、护理和管理人员资质不符等情况。

2. 香港特区

(1)电讯服务。电讯服务的投诉数量在2018—2019年共有2672件,尽管投诉数量较上一年度减少15%,但仍居于榜首。消费争议主要涉及流动和固网电话收费(41%),其次是服务素质如网络接收问题及客户支援服务不足(27%),以及新服务合约的营商手法(15%)。

(2)医疗服务。医疗服务的投诉是近年的新高,共2436件,较上一年度激增3倍。其中九成投诉人员为内地游客,由于HPV疫苗出现短缺,导致医疗机构未能如期提供疫苗接种业务。大部分(88%)可跟进的个案已获得重新安排接种日期或在按比例退款后得以和解。

(3)旅游事务。旅游事务年度投诉2333件,较上一年度下降11%;其中大多数投诉涉及机票销售（36%）、酒店预订（19%）和航空服务（18%）；其中尤以服务质素（38%）、价格争议（26%）以及延期/没有送货/遗失（12%）令消费者最为不满。

（4）电器用品。电器用品的投诉共收录1773件，较上一年度上升2%。消费者投诉相对较多的用品是电视机（17%）、空调（16%）和洗衣机（11%），其中消费者较为不满的是商品质量（30%）及维修或保养（29%）。

（5）食肆及娱乐。食肆及娱乐的投诉个案较去年上升20%，总共1479件。当中涉及公众娱乐表演票务安排之个案飙升4倍，而涉及营商手法的个案较去年增加39%。

3. 澳门特区

（1）个人护理产品及服务投诉量占比最多。2019年澳门特区消委会共处理236件个人护理产品及服务投诉个案，占全部投诉总量的9.33%，与2018年相比上升59.46%。值得关注的是，涉及美容疗程的投诉达100件，近半数与经营者的营商手法有关，其中27件是因经营者拨打推销电话及过度宣传推销手法而导致消费者不满。

（2）衣履皮革投诉主要集中在商品品质问题。2019年澳门特区消委会共处理204件衣履皮革投诉个案，占全部投诉总量的8.07%，与2018年相比上升75.86%。其中，消费者投诉相关商品品质问题占比超过六成，而且消费者购买后因各种原因要求商家退货未果，因此向消委会寻求协助解决。

（3）旅客查询投诉数量同比减少约两成。2019年澳门特区消委会共处理旅客（指非澳门特区居民）投诉个案821件，查询个案214件，总数为1035件，占总个案量的23%，与2018年相比下降约两成。其中，个别类别旅客投诉个案与2018年相比仍有较大增幅，个人护理产品及服务增长70%，衣履皮革增长66%，而珠宝首饰则减少38%。

三、2020年上半年广东消委会系统消费投诉分析

2020年上半年，广东全省各级消委会共接待消费者来访和咨询约5.8万人次，处理消费者投诉202,798件，为消费者挽回经济损失1.58亿元。其中，因经营者欺诈行为得到加倍赔偿的投诉166件，加倍赔偿金额约12万元，各级消委会接赠锦旗或表扬信26面（封）。从总体情况看，上半年投诉呈现出以下特点。

1. 投诉量持续增长

2020年上半年，全省各级消委会共处理消费者投诉202,798件，同比增

长 22.5%。其中医药及医疗用品、旅游服务、教育培训服务、食品类以及生活、社会服务等五类投诉增长较快。

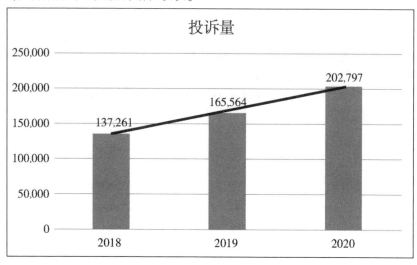

图 5-3-8 近三年全省各级消委会上半年处理投诉情况

2. 地区分布十分不平衡

与近年情况类似,2020 年上半年广东全省消费投诉地区分布仍极不平衡,广州、深圳两市处理消费者投诉高达 185,426 件,占全省总量的 91.43%（图 5-3-9）,较 2019 年上半年上升 22.49%。

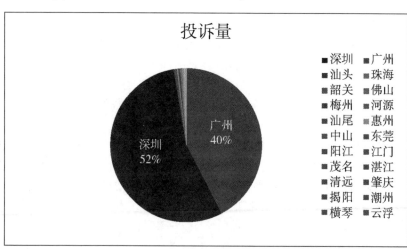

图 5-3-9 2020 年上半年消费投诉地区分布

3. 服务类投诉显著高于商品类

2020年上半年,商品类投诉量为55,806件,同比上升1.8%;服务类投诉量为103,281件,同比上升29.62%,服务类投诉是商品类投诉的1.85倍(表5-3-3)。究其原因,上半年很多服务类商家无法正常营业、提供服务,导致消费争议不断,服务类消费投诉量增长明显。

表5-3-3 2019年、2020年上半年商品类、服务类投诉量对比

项目	2019上半年	2020上半年	同比增长
商品类	54,820	55,806	↑1.80%
服务类	79,682	103,281	↑29.62%
其他商品和服务	31,062	43,711	↑40.72%
合计	165,564	202,798	↑22.49%

4. 从性质分析,价格投诉增长快,投诉仍居第一

从投诉性质分析,2020年上半年,除售后服务外,其他性质的投诉均有不同程度的增长。其中价格投诉(10,333件)同比增长2倍,创近年新高。此外,售后服务投诉(62,198件)虽仍居各类性质投诉第一位(图5-3-10),但同比下降8.47%,占比下降10.37个百分点,这说明在社会各界的努力下,困扰消费者已久的售后服务问题有所好转。

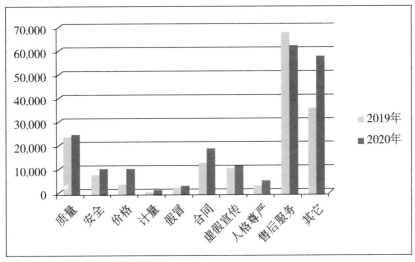

图5-3-10 2019、2020年投诉性质对比

5. 从类别分析,互联网和生活社会类服务投诉居前

从投诉总量来看,2020年上半年,除其他商品和服务类外,互联网服务(43,419件)和生活、社会服务(23,228件)以及家用电子电器(17,268件)三类投诉位居前三(图5-3-11)。从增长情况来看,医药及医疗用品投诉增速位列第一,旅游服务次之,而交通工具、公共设施服务、农用生产资料、销售服务四类投诉则同比下降20%以上。

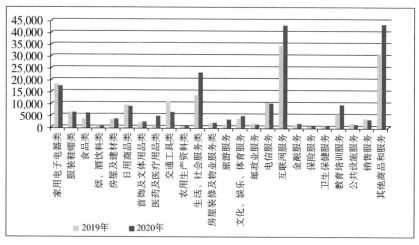

图5-3-11 2019年、2020年上半年投诉类别对比

四、2020年上半年广东省投诉热点难点分析

2020年上半年,新冠肺炎疫情对我国消费市场造成一定影响,消费投诉也呈现出不同以往的特点。第一季度全省各级消委会处理投诉达97,364件,较去年同期大幅上升近四成,创近年来新高;第二季度投诉量继续增长,达到105,434件。投诉出现一些新的热点难点问题,主要如下。

1. 医药及医疗用品类投诉增长变化大

第一季度,医药及医疗用品类投诉增长至4335件,投诉问题主要集中在价格方面,共1784件,占比41.15%,而售后服务、质量、合同等问题投诉也均在500件上下。第二季度,医药及医疗用品类投诉大幅度下滑(仅471件),环比下降89.13%,反映出随着生产和监管力度加大,该领域消费矛盾得到遏制,市场总体向好。

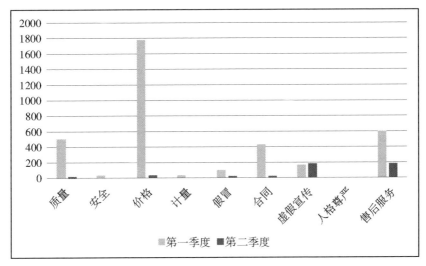

图 5-3-12　2020 年第一、二季度医药及医疗用品类投诉性质对比

2. 旅游服务合同问题投诉多

春节假期正是消费者返乡、旅游、聚餐的高峰期,大量消费者因无法外出要求退订酒店、订餐、门票、旅游产品而产生消费纠纷,导致上半年旅游服务类投诉达 3209 件,同比增长 170.12%。投诉主要集中于合同问题,具体包括:一是消费者申请退款无法及时联系商家、商家拒绝退款或要扣除高额手续费;二是涉境外机票退改签或境外旅游退费无统一标准,各家企业对同一问题处理方案不同,让消费者无所适从;三是航空公司、酒店方同意无责退订,全额退款,但承接服务的平台、代理商却要求扣除高额手续费甚至拒绝退款;四是部分商家以各种理由拖延履责,导致对消费者的退款承诺未能兑现。

3. 教育培训服务矛盾上升趋势明显

2020 年上半年,全省消委会受理教育培训服务投诉为 9617 件,同比增长 74.47%,消费者投诉的问题主要集中于售后服务(2796 件)、合同(1872 件)和虚假宣传(1331 件)三方面,三者投诉量合共 5999 件,占教育培训服务投诉总量的 62.38%。究其原因主要有:一是线下教育培训服务部分商家受疫情影响出现经营困难,甚至资金链断裂导致停业破产,引发大量消费矛盾;二是教育培训机构停止线下培训服务,学生转为线上培训,出现师资变差、教育效果不佳以及合同退费争议等问题。

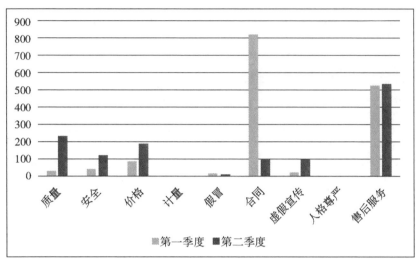

图 5-3-13　2020 年第一、二季度旅游服务类投诉性质对比

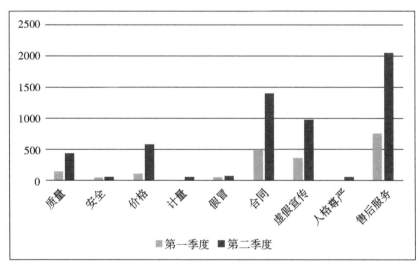

图 5-3-14　2020 年第一、二季度教育培训服务类投诉性质对比

4."宅消费"进一步提升互联网服务投诉案件数目

2020 年上半年,由于消费环境的变化,"宅经济""宅消费"成为新现象。消费者长时间处于居家状态,对互联网服务的使用频率大幅增加,相关投诉数量随之增长。全省各级消委会共处理互联网服务投诉 43,419 件,同比增长 25.19%。投诉主要集中在网络游戏、网络直播等领域。网络游戏方面的问

题主要有:游戏账号无故被封、实名认证形同虚设、多种"套路"诱导低龄儿童充值消费、收费环节缺乏验证、家长未妥善保管支付密码导致未成年人大额充值等问题。网络直播方面的问题,则具体包括直播带货的产品质量差、虚假宣传、售后服务不到位以及未成年人大额直播打赏等问题。特别是未成年人大额网络游戏充值和直播打赏的问题引起了社会广泛关注。

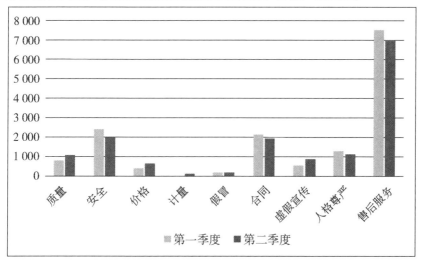

图 5-3-15　2020 年第一、二季度互联网服务类投诉性质对比

五、广东省消委会服务粤港澳大湾区建设工作情况介绍

近年来,广东省消委会在广东省市场监管局的正确领导下,以服务粤港澳消费者和大湾区建设为目标,积极顺应消费形势新变化,持续深化粤港澳交流合作创新,不断加快大湾区消费维权区域一体化建设并取得一定成效。

1. 举办论坛,为大湾区消费维权建设汇聚智慧力量

2019 年 5 月 31 日,在广东省市场监管局的指导下,广东省消委会在珠海横琴举办了"2019 年粤港澳大湾区'消费·维权'论坛"。中消协秘书长朱剑桥、广东省市场监督管理局副局长钱永成等领导出席论坛并发表讲话,学者、专家等各界代表围绕"加强维权联动 促进消费融合 打造优质生活湾区"主题,就加强粤港澳跨境消费投诉调解,促进粤港澳大湾区消费维权联动等方面进行研究探讨,广东省消委会与香港特区消委会、澳门特区消委会分别签署了粤港、粤澳消费维权合作协议,并正式开通"粤港澳大湾区消费投诉转办平台"。本次论坛的举办,有力地推动粤港澳消费维权互联互通,增强粤港澳

各界对解决跨境消费纠纷的信心,促进三地消费融合升级,为大湾区建设发展发挥积极作用。

2. 完善机制,多层次构建维权合作框架

粤港澳消委会合作有良好的基础。早在2008年,粤港消委会就签订了消费维权合作协议,着手探索建立合作机制;2010年,粤港澳消委会联合发表《消费维权合作宣言》,宣布联合开展消费纠纷协作;2012年,三地消委会共同参与签订《泛珠三角区域消费维权合作协议》,后续粤港、粤澳还通过补充协议,进一步密切合作交流。粤港澳大湾区建设国家战略确定后,2018年4月,应澳门特区消委会邀请,广东省消委会带领珠三角九市赴澳参加大湾区城市群消费维权工作会议,签署《粤港澳大湾区消费维权合作备忘录》,搭建了大湾区一体化消费维权合作框架。2019年5月,广东省消委会召开粤港澳大湾区消费维权合作论坛,与港澳消委会签订了粤港、粤澳消费维权合作协议。之后,省内9个地市消委会先后与香港特区、9个地市消委会和横琴消协先后与澳门特区,分别签订消费维权合作协议,多层次多维度的维权合作框架全面建立。

3. 创新手段,大力度推进跨区域投诉联动

2018年以来,广东省消委会投入较大人力物力,着力研究建设"粤港澳大湾区消费投诉转办平台",并在今年粤港澳大湾区"消费·维权"论坛上举行了线上启动仪式,使港澳消费者可以直接向广东省消委会和珠三角9个地市消委会投诉、广东省内消费者投诉"一网转办",解决了投诉渠道不畅通的问题。平台在2019年5月31日至12月31日已处理消费投诉51件(香港特区45件,澳门特区6件),其中转办21件(香港特区15件,澳门特区6件);平台2020年1月1日至8月24日已处理消费投诉13件(澳门特区6件,香港特区7件),其中受理9件(澳门特区涉及口罩、机票、房地产问题;香港特区涉及机票、直播产品虚假宣传、海淘质量、游戏封号问题)。除及时转办投诉外,广东省消委会还与港澳密切沟通投诉动态,研究处理方式。针对较为敏感的投诉,主动将内地舆情动态告知,及时将香港特区情况和处理原则通报内地消费者,发挥了桥梁沟通作用,及时缓解投诉矛盾。另外,澳门特区消委会大胆创新投诉调解联动方式,先后与广州、珠海、东莞、中山、江门、横琴等地(区)消委会建立"视频调解和仲裁机制",消除了跨境消费者两地奔波维权的麻烦,大大提高跨境消费纠纷调解效率。目前已成功调解多例,其中一例跨境房产消费纠纷,为澳门特区消费者挽回经济损失人民币20万元,得到消费者的高度赞誉。

4. 百花齐放,多方式推进粤港澳维权合作交流

围绕消费者权益保护工作,粤港澳三地消委会在不同领域、不同区域创新探索,不断拓展合作空间。2019年以来,广东省消委会多次与香港特区、澳门特区消委会开展交流,面对面研讨强化三地消费权益保护、推动大湾区消费维权建设等事宜。在区域合作方面,珠海、中山、江门和横琴与澳门特区消委会建立起"珠中江澳"区域维权联盟,制定了完善的联席会议制度,定期联动开展消费宣传教育、商品比较试验、消费评议体察。2018年以来,五地联合成功举办2次中小学生消费维权漫画比赛,并进行巡回展览,取得良好宣传效益。粤港澳还不断加强人员培训交流和业务协作,近年来,港澳消委会先后三批共派出20余人参加省消委会组织的业务培训,省、市消委会每年派出工作人员参与澳门特区诚信店消费体察。据不完全统计,近三年,广东全省各级消委会与港澳联合发布消费提示30多篇,开展消费教育活动10多场,举行消费交流会议20多次。

六、典型案例

1. 案例一(珠海):跨区域购买物业要谨慎

2018年11月12日,澳门特区消费者伍女士在珠海某地产代理有限公司的介绍下,购买了位于中山市三乡镇的一处物业,并付部分款项15万元,其中10万为该地产公司收取。

伍女士称该地产公司推销过程中,在介绍税费时有欺骗行为,该地产公司所说的税费比例远低于政府规定的标准。

于是,伍女士将该情况反映至澳门特区消委会。

广东省消委会接到澳门特区消委会的转办投诉后,及时与被投诉方沟通协调,经调解,该地产公司退款了消费者所付费用。

《消费者权益保护法》第20条规定:"经营者向消费者提供有关商品或者服务的质量、性能、用途、有效期限等信息,应当真实、全面,不得作虚假或者引人误解的宣传。"

该案中,消费者、中介公司和开发商分别在不同地域,此类案件处理往往较为复杂,消费者遇见这种情况一定要仔细阅读合同内容,付款时要弄清楚钱究竟交给了哪家公司,要索取规范的消费凭证。

另外,港澳特区消费者到内地购置物业的现象越来越多,消费者自身也要事先了解内地的房地产市场政策,不能轻易听信中介公司。

2. 案例二(惠州):惠州市涉港消费维权典型案例

2019年7月24日,惠州市消委会收到香港特区消费者投诉。2019年4月27日,香港特区居民梁先生在惠州市惠东县某房地产公司购买了高层住宅,总价413,096元,销售员黄小姐承诺贷款不成功可以退还20,000元定金,后因申请贷款不成功,梁先生要求退还定金20,000元。该公司客户服务部的员工钟小姐与投诉人梁先生联系,称销售员黄小姐已离职,贷款不成功可以延后签约日期,让投诉人再尝试申请贷款,梁先生坚持要求退还定金。

当天,惠州市消委会随即派出3名工作人员前往该房地产公司调查了解。据了解,该投诉事项投诉人已向县住建和房管部门投诉,该公司已"挞定"处理(即不同意退还定金)。经工作人员耐心做好调解工作,最终该公司同意退还定金,并表示启动相关退款程序。2019年7月26日,惠州市消委会工作人员致电投诉人梁先生告知办理情况。8月中旬,梁先生多次来电称尚未收到款项,心情较为紧张,而该公司称正按程序审批退款申请。惠州市消委会工作人员一边稳定梁先生的情绪,一边督促该公司安排专人快速办理退款。

2019年9月27日,惠州市消委会致电梁先生,梁先生称,已于9月25日收到退款20,000元,并对惠州市消委会表示感谢,以及表示立即致电香港特区消委会告知相关情况。

3. 案例三(横琴):视频调解来助力,跨境维权很方便

2018年9月14日,莫先生来到珠海横琴新区消费者协会(以下简称横琴消协)投诉。澳门特区消费者吴女士购买珠海横琴新区的房产后发现与广告宣传完全不符,要求开发商全额退还定金人民币20万元。横琴消协接诉后,多次约谈开发商,但因涉及金额大,开发商坚持要求与消费者当面调解,而消费者却因工作关系不便入境,双方陷入僵局。为妥善解决该投诉纠纷,促进消费和谐,横琴消协与澳门特区消委会经深入研究,决定采用"跨境视频调解"的方式。10月31日上午,开发商和消费者如期分别来到横琴消协和澳门特区消委会。在两地消协组织的精心组织和耐心调解下,通过"跨境视频调解平台"在线视频沟通,纠纷双方达成一致意见。开发商同意向消费者全额退回购房定金人民币20万元,双方签署《调解协议书》,整个过程仅花费了半个小时。

纠纷双方均称赞"跨境视频调解机制"方便、快捷,称赞消协工作专业、高效。吴女士表示,原先既担心不懂内地法律,又怕要奔波往返两地,心理压力很大,而跨境视频调解服务,消除了消费者的烦恼,非常便民。开发商也表示,跨境视频调解方便、快捷,较好地保障了纠纷双方的合法权益。

根据《消费者权益保护法》第 20 条的规定,开发商理应真实、全面地向消费者提供房产信息,不得作虚假或者引人误解的宣传。本案中,消费者认为开发商通过失实广告宣传隐瞒真实信息,侵犯了其知情权。若情况真实,开发商应当承担法定责任。在案件的处理过程中,横琴消协联合澳门特区消委会启动跨境视频调解机制,为跨境消费者提供便利的调解,最终帮助消费者成功维权。该机制的落地消除了两地消费维权程序差异,简化了消费纠纷处理流程,实现了跨境消费维权零跑动,大大地降低消费者维权成本,消除了消费者两地奔波、维权路径不熟的麻烦。该案作为首宗成功运用跨境消费纠纷视频调解的案例,为大湾区各地消费者组织的维权合作提供了有益借鉴。

第四节 海南自贸港

(一)2019 年投诉概况和相关数据

2019 年,海南省市场监督管理部门共接到市场主体和消费者诉求 173,149 件(含全国 12315 平台 13,206 件),较 2018 年(133,249 件)环比增长 29.94%。其中咨询 124,155 件,较 2018 年(97,169 件)环比增长 27.77%;投诉 43,087 件,较 2018 年(32,072 件)环比增长 34.34%;举报 5907 件,较 2018 年(4008 件)环比增长 47.38%。咨询、投诉和举报分别占诉求总量 71.71%、24.88% 和 3.41%,为消费者挽回经济损失 4219.26 万元,进一步优化了市场环境和消费环境。

(二)2019 年热点问题

2019 年,通过对商品、服务消费类型投诉数量、增减幅度和受关注程度等方面的综合分析,消费者投诉热点问题主要集中在销售服务、租赁服务、交通工具、家居用品、餐饮和住宿服务五个方面。

(1)销售服务。2019 年共接收销售服务类投诉 6705 件,占服务类投诉总量的 28.56%。主要集中在以预付卡为代表的预付式消费侵权问题,体现在因经营者停业、歇业、转让、资金链断裂等原因导致消费者办理的预付卡不能正常使用及预付卡余额无法退还;降低服务质量或限制消费范围;通过虚假宣传诱导充值;消费者遭遇转卡麻烦退卡难等方面。

(2)租赁服务。2019 年共接收租赁服务类投诉 4183 件,占服务类投诉总量的 17.82%,主要集中在未在约定的期限内退还押金;共享汽车 APP 无法线上退押金;共享汽车未按约定的标准来计费;计时计费错误;租赁车辆损坏纠纷;虚假宣传优惠用车等方面。

(3)交通工具。2019 年涉及交通工具类的投诉共 3861 件,占商品类投诉总量的 19.69%,主要集中在口头承诺定金可退但票据未写明,消费者维权困难;承诺的贷款手续无法审批通过;涉嫌提供假合格证或行驶证;电动车因超标、车架号与车型不符导致无法上牌或无合格证;电动车电池保修期内出现质量问题被换翻新的维修电池;经营者拒绝或拖延履行"三包"义务;收取消费者贷款购车的金融服务费;退定/订金难;不履行购车前优惠政策等方面。

(4)家居用品。2019 年共接收家居用品类投诉 2707 件,占商品类投诉总量的 13.81%,主要集中在定制的商品与实际不符;三包期内出现售后问题;商家未按照约定时间履行送货、安装、维修等义务;商品以旧充新;定制产品尺寸与实际不符;承诺打折未兑现;"三包"期内多次维修不好,消费者要求退换货被拒等方面。

(5)餐饮和住宿服务。2019 年共接收餐饮和住宿类投诉 2616 件,占服务类投诉总量的 11.14%,主要集中在餐饮分量、质量、服务水平下降;饭菜中有异物;加收服务费不明示;在网站平台预订酒店存在订单无故被取消或酒店无房提供;网络抢购优惠券,多次预约不上使用;网上发布的酒店住宿环境图片与实际有很大的出入,存在误导消费者行为等方面。

(三)2020 年第一季度投诉概况和相关数据

海南省第一季度全省消费投诉举报增幅明显,一般食品、医疗器械、餐饮和住宿问题投诉占比较大。第一季度,全省市场监督管理部门共接到社会公众消费投诉举报 15,774 件,同比增长 23.23%。其中投诉 14,246 件,占比 90.3%,同比增长 24%;举报 1528 件,占比 9.7%,同比增长 16.55%。受理的投诉举报件均在法定期限内办结,挽回消费者经济损失 332.9 万元。

(四)2020 年第一季度热点问题

一是受疫情影响,与防控、民生相关的投诉举报明显增加,社会敏感度高。这类投诉主要包括口罩、消毒剂等医疗防护用品;蔬菜、肉类等生活物资;酒店、航班预定退款以及餐厅、健身房预付式消费。投诉类型涉及价格、合同、质量、供应、售后以及食品安全问题。

二是一般食品、医疗器械、餐饮和住宿、预付式消费等成为投诉热点。一般食品问题投诉量占商品类投诉的 29.52%,主要包括购买到失效、变质的食品,申请退款遭拒;商家销售伪造他人商标的食品;蔬菜、肉类等食品价格上涨幅度大等。医疗器械问题投诉量占商品类投诉的 21.3%,主要包括销售不合格口罩、哄抬防疫用品价格、捆绑销售、未明码标价以及以虚假的网络交易欺骗消费者等。餐饮和住宿服务问题投诉量占服务类投诉的 17.05%,主要包括酒店待入住订单申请退款遭拒、预定的酒店网上宣传与实际不符、预订订单入住时被告知需要另外收费、已预订的酒店被私自取消、持预付卡到店消费但商家已停业等。

三是侵害消费者合法权益、价格违法行为类举报占举报总量的49.5%。主要包括无证无照经营、商家以次充好销售不合格产品、短斤缺两、未明码标价、违规收费等。此外,小额贷款等金融服务违规、虚假宣传、食品安全卫生条件不合格、发布违法广告、网络违法交易等问题的举报也占较大比重。

(五)服务国际旅游消费中心建设工作情况介绍

1. 多措并举,打造便民高效纠纷解决机制

(1)整合五条热线,建立消费维权"直通车"。按照"全省一盘棋、全岛同城化"的工作部署,将原12315、12365、12331、12358、12330五条热线整合为12315一条热线,并入12345平台,与全国12315平台对接,实现数据共享、高效处理。热线整合运行后,消费者遇到相关维权问题,只需拨打12345热线即可获得"一站式"帮助,投诉、举报变得更简单,表达诉求更加便捷。严格落实投诉举报处理时限规定,在收到消费者投诉7个工作日内将处理结果告知投诉人,做到事事有回应、件件有落实,群众满意度大幅提升。自疫情防控工作启动以来,对涉及疫情防控的投诉举报做到"接诉即办、快办快结",有力地保护了消费者的合法权益。

(2)依托制度创新,搭建解决纠纷"快车道"。一是建立消费纠纷在线解决机制。引导中免集团、海南航空等156家符合条件的企业成为12315平台在线消费纠纷解决单位(以下简称ODR)。ODR企业通过全国12315平台接收消费者投诉,在遵守消费者权益保护法律法规的前提下,鼓励企业与消费者在7个工作日内通过在线协商达成和解。二是推行消费环节赔偿先付制度。联合六部门印发《关于推动建立消费环节赔偿先付制度工作意见》,在旅游消费、网络交易平台、大型商场超市、金融等行业或领域设立"消费纠纷先行赔付基金",实现小额纠纷快捷处理。三是设立消费维权服务站。在全省建立消费维权服务站、消费维权绿色通道563个。消费者可以通过拨打经营场所现场公示的投诉电话,直接与处理投诉人员交流,减少投诉流转环节,快速有效化解消费纠纷。

(3)强化源头治理,拧紧消费监管"安全阀"。一是实行线下购物无理由退货承诺制度。按照"政府大力倡导,企业自愿承诺、承诺即受约束"的原则,在全省发展了一批大中型企业成为线下购物无理由退货承诺单位,范围涵盖商场超市、旅游景区(点)、旅游购物点等领域。消费者在这些企业购买商品后,在保持商品完好、不影响二次销售的情况下享有不少于7日的无理由退货服务。线下购物无理由退货承诺制度的推行,既是对消费者放心购物、提升体验的有效保障,也是对经营者诚信经营、保证质量、完善售后服务的有力约束。二是开展"放心消费在海南"创建活动。制定《放心消费承诺

单位创建与评价》地方标准,目前已在全省创建29条放心消费示范街,发展放心消费示范单位近万家。创建活动不仅在海口、三亚等地得到大力推广,地处我国南海前哨的三沙市也克服陆域面积较小、商圈范围窄等不利因素,创建了永兴岛北京路"放心消费示范街"。

2. 协同发力,营造安全放心旅游市场环境

(1)强化消费维权约谈,促进企业经营自律。针对旅游市场监管中的热点难点问题,积极发挥行政约谈指导作用,对辖区内易发生问题的重点行业的市场主体采取行政约谈新模式,突出"三个必谈",即节假日前必谈、重大活动前必谈、出现舆情必谈。同时,根据实际工作需要,邀请人大代表、政协委员、新闻媒体、有关监管部门及行业协会代表共同参与约谈,与经营者面对面沟通协调,以达到宣传引导、警告劝诫的目的。

(2)建立联动监管机制,合力革除涉旅痼疾。为解决涉旅矛盾纠纷专业性强、涉及面广,游客举证难、索赔难等问题,海口、三亚等地建立旅游市场联动协同监管机制。以市民游客中心为核心,旅游、市场监管、公安、交通等多个涉旅行政执法部门协调联动,联合建立应急处理小组,在法定时限内解决涉旅矛盾纠纷,旅游纠纷呈断崖式下降。

(3)开展专项行动,整治旅游市场乱象。为提升海南国际旅游消费中心品牌形象,净化旅游市场,整治行业乱象,联合省旅游文体、公安等部门开展严厉打击"低价游"购物违法行为专项整治活动。

(4)强化部门信息共享,实现违规联合惩戒。发挥"全国一张网"的作用,联合48个具有协同监管平台使用权限的厅局级部门,将涉企信息归集推送到国家企业信用信息公示系统(海南省),实现信息互通互享,联合建立信用惩戒机制,实现"一处违规、处处受限"。

3. 多方参与,构建社会共治维权服务体系

(1)建立联席会议制度,形成消费维权合力。联合省直26个部门建立海南省消费者权益保护工作联席会议制度,各市、县也参照建立部门联动工作机制。充分发挥联席会议制度对消费者权益保护工作的统筹领导作用,各成员单位密切配合、信息共享、协同联动,形成了海南省消费者权益保护工作合力。

(2)开展消费投诉公示,倒逼企业守法诚信。在三亚市、琼海市开展消费投诉信息公示试点的基础上,联合省直13个部门印发国内首个地方消费投诉信息公示规范文件《海南省消费投诉信息公示办法》。通过开展消费投诉信息公示,提高了市场主体生产经营活动的透明度,加速了对失信违法经营者的淘汰,为诚信守法经营者和中高端优质供给者的健康发展腾出空

间,消费环境安全度显著提升。

（3）推进"互联网+明厨亮灶",强化餐饮业安全监管。为提高海南省餐饮行业的食品安全标准,积极推进"互联网+明厨亮灶"建设,鼓励海南省餐饮单位安装云摄像头,严格实施远程在线监管,强化餐饮单位主体责任,同时与阿里本地生活服务公司、美团点评集团签订智慧监管合作框架协议,共同推进网络餐饮"阳光餐饮+智慧监管"建设。消费者通过下载"海南阳光餐饮"APP可实时查看餐饮单位后厨加工操作过程,带来消费者可见、可感、可知的体验,实现亮证、亮照、亮后厨、亮评估,推动食品安全岛消费维权社会共治,保护公众"舌尖上的安全"。

（4）开展消费环境测评,找准消费环境薄弱环节。为准确掌握海南省消费环境水平整体状况,找准提升消费环境水平着力点,2019年6月,海南省市场监管局与第三方机构对本省消费环境进行监测评价,形成《海南省消费环境监测评价报告（2019）》并印发各地政府。通过对消费环境的监测评价,构建了一个由发展与创新、产品与服务、体验与评价、维权与监管组成的和由4个一级指标、18个二级指标和57个三级指标构成的海南省消费环境监测评价指标体系,包含了政策创新、国际消费、旅游基础、口岸服务、免税商品、生态保护等海南特色指标,提升了监测的针对性。根据监测发现的问题和不足,2020年3月,海南省市场监管局有针对性地制定和印发了《关于优化消费环境释放消费潜力工作的实施方案》,拟通过组织实施消费市场培育、食品安全保障、放心消费创建、供给质量优化、维权能力提升、消费信息提振"六大工程",实现3年内放心消费创建全域覆盖、诚信守法经营意识普遍树立、消费纠纷调处解决快捷高效的目标,更好助力海南国际旅游消费中心建设。

第六章　消费者权益保护的司法实践

第一节　消费者的维权途径

当今社会,消费可能是人们最为熟悉且每个人都可能遇到的日常纠纷。因此,建构完善的消费纠纷解决机制,保持消费纠纷解决途径的畅通,也是建设和谐社会、法治中国的重要方面。

根据目前我国解决消费争议的实践以及《消费者权益保护法》对消费纠纷的解决的相关规定,主要有和解、调解、投诉、仲裁和诉讼五种渠道,消费者可以根据所遇纠纷的不同情况选择不同的解决方式。

一、和解

协商和解是当事人自行解决争议的一种方法。它与其他纠纷解决方式相比,优点突出:没有第三方介入,也不必遵循严格的法律程序,节约费用,成本较低,具有较大的灵活性。和解在实际生活中运用最为普遍,甚至非常自然,以至于并不为纠纷当事人所特别感知,但却能化纠纷于无形,达到皆大欢喜的双赢目的。因此,和解协议更容易被当事人接受并自觉履行,有利于消除误解与分歧,继续维系合作关系。

消费纠纷和解虽然有各种优势,但由于很多情况下缺乏第三方的干预,缺乏外在监督,消费者往往处于弱势地位,难以就复杂纠纷、数额较大纠纷达成和解。此外,和解的当时当地性,也使得异地纠纷难以达成和解。不过,也应注意到,在消费者协会以及市场监督管理部门的推动下,各地逐渐构架了政府、企业、群众共同参与消费维权"三位一体"的工作格局,加强了监督检查,促进了消费纠纷和解的广泛性和有效性。

二、调解

调解是指在第三方的主持下,以国家法律、法规、政策及社会公德等为依据,对纠纷当事人进行说服教育,规劝疏导,促使纠纷各方平等协商,自愿达成协议,消除纷争的一种活动。调解制度是具有中国特色的一项纠纷解决机制,源远流长,被西方法学界称为"东方之花"。中国现行的调解模式主要有四种:人民调解、行政调解、行业调解、司法调解。通常情况下,消费者请求消费者协会调解的情况较为普遍。消费者协会是在政府的指导下,用于解决矛盾和纠纷争端的社会组织。因为消费者协会具有自身的影响力,在解决消费争议方面有其特殊的作用,所以在消费者协会主持下,依据法律法规、政策和社会公德更容易对消费纠纷进行规劝疏导,促使当事人互谅互让,解决纠纷。

三、投诉

投诉是消费者依法向行政机关提起申诉请求,相关行政机关通过调查以及行政裁决与行政调解的方式,处理消费者与经营者之间的矛盾纠纷的一种方式。从市场监督管理部门受理申诉情况看,消费纠纷呈现新的趋势。一是新情况不断涌现,从单纯对商品质量的投诉,到对电视电话直销、网上购物、电信服务、网络游戏、储值消费(预付式消费)、分时度假、快递服务等的投诉,新型消费纠纷已逐渐成为投诉、举报的热点。二是群体性投诉不断增加,特别是经营者经营不善或恶意欺诈引发的群体纠纷时有发生,涉及消费者人数多、金额高,使得化解难度不断加大。

四、仲裁

我国《消费者权益保护法》第39条第4项规定,消费者和经营者发生消费者权益争议的,可以根据与经营者达成的仲裁协议提请仲裁机构仲裁解决。该规定明确了仲裁是解决消费者权益争议的途径之一。仲裁是指争议双方在争议发生前或争议发生后达成协议,自愿将争议交给第三方仲裁机构作出裁决,且双方有义务履行裁决。国家通过法院对仲裁协议的效力、仲裁程序的制定、仲裁裁决的执行和当一方当事人不自愿执行的情况时,另一方当事人可按照法律规定申请强制执行等方式对仲裁依法进行监督。因此,仲裁活动具有准司法性,是我国司法制度的一个重要组成部分。由于仲裁具有一裁终局的特点,相对诉讼来说,它成本低、速度快,所以消费者更乐于选择仲裁方式解决消费争议。

当前,我国消费者权益争议仲裁存在的主要问题是以下几个方面。

(1)法律补偿的有限性导致消费者怠于行使权利。仲裁固然在效率成本上优于诉讼,但是在补偿性赔偿的制度下,仲裁成本过高依然是消费者放弃维权的主要原因之一。

（2）基础知识的缺乏导致消费者、商家普遍缺乏通过仲裁解决争议的意识。由于缺乏对仲裁基本制度的了解，我国消费者在权益受损后，一般通过消费者协会和法院来维护自己的权利，也较少主动提出仲裁解决争议，这是仲裁在消费者和商家之间不畅通的主要原因之一。

（3）专门的仲裁制度和机构的空白导致仲裁渠道不畅通。与劳动争议相比较，消费者权益产生争议的可能性和现实数量并不少，但是，劳动争议仲裁制度早已由法律明确规定，并已经被广大劳动者所认识和掌握，即使不知道，劳动者在寻求司法救济的过程中也会被告知仲裁先行。但是，消费者的司法救济途径并没有确立仲裁先行制度，法院也没有义务告知消费者可以先通过仲裁程序解决争议。因此，缺乏制度和机构的指引是阻碍消费者寻求仲裁途径解决争议的重要原因。

仲裁机制作为一种灵活的解决纠纷方式，已经广为商业社会所接受，并被认为是当前解决商业纠纷的最佳方式。但是目前尚未建立起专门的消费者权益纠纷仲裁制度，而且由于消费者权益纠纷特有的"标的小""时效性强"等特点，使其无法与现有的仲裁机制兼容。所以，实践中很少有消费者通过现有的仲裁机制解决消费者权益纠纷。因此建立一套消费者权益纠纷仲裁机制，专门用于解决消费者权益纠纷，尤其是小额纠纷，可以极大地改善目前广大消费者投诉无门的状况。

五、诉讼

人民法院在消费者权益纠纷化解中承担着定分止争、维护公平正义的功能。相对于非诉讼解决机制，诉讼具有国家强制性，即法院凭借国家审判权强制确定纠纷主体之间的民事权利义务关系，并以国家强制执行权迫使义务主体履行生效的裁判；诉讼还具有严格的规范性，即诉讼必须严格按照法定程序进行。但诉讼也有自身的弊端。由于诉讼是一种专门性的技术性活动，在认知方面不易为一般民众所理解和接受，所以当事人在心理上与诉讼保持着一定的距离，妨碍了对诉讼的利用。诉讼的程序复杂烦琐、时间持久、成本高昂，常常让人望而却步。而非诉讼纠纷解决机制程序简便，以简易的事实认定代替了烦琐的举证责任，使当事人可以不借助律师而自行解决纠纷。另外，诉讼的严格规范性和国家强制力，在很大程度上限制了当事人的意思自治，从而难以适应部分案件所需的灵活性解决要求，也难以满足当事人之间不伤和气、维持原有关系的期望。

从具体的诉讼情况来看，消费诉讼纠纷带来的挑战还在于：（1）纠纷"分散化"与"集中化"并存。消费纠纷成因复杂、随机、分散,既可能基于人身、财产损害,也可能基于消费者对服务过程、内容、场所方面的不满意;而在物业和电信服务合同等消费者数量众多、性质相近的领域,纠纷类型集中且群体性纠纷多发。(2)纠纷主体缔约地位、获得知识信息的能力和经济实力皆不平等,诉讼过程中对抗情绪明显。如电信案件中,电信服务提供商对活动对象、期限、内容说明含糊,与消费者争议较为激烈。(3)法律适用复杂。纠纷往往不仅涉及民事侵权或违约,而且可能违反行政法,甚至刑法,需要综合运用司法手段解决。[1]

第二节 特殊维权制度

一、小额诉讼纠纷解决机制

在 2013 年以前,我国立法和司法实践中并没有专门解决小额消费纠纷的机制。对发生的各类消费纠纷,无论金额多少,主要是通过《消费者权益保护法》第 34 条规定的五种途径进行解决,与其他民事纠纷的解决并无实质区别,体现不出小额消费纠纷的特点,也体现不出消费者对纠纷解决的成本和效率的特殊要求。

2013 年实施的新的《民事诉讼法》规定了小额诉讼程序,最高人民法院《关于适用〈中华人民共和国民事诉讼法〉的解释》进一步明确了适用小额诉讼程序的金钱给付案件类型。其中包括买卖合同,供用水、电、气、热力合同纠纷等。但是未专门规定小额消费纠纷的适用。其第 274 条规定:"下列金钱给付的案件,适用小额诉讼程序审理:(一)买卖合同、借款合同、租赁合同纠纷……(四)供用水、电、气、热力合同纠纷;(五)银行卡纠纷……(八)物业、电信等服务合同纠纷;(九)其他金钱给付纠纷。"然而,《民事诉讼法》将一审终审的小额诉讼放在两审终审的简易程序中而没有独立出来,司法实践中有的法院将小额诉讼程序当成选择程序,这严重影响了小额诉讼程序作用的发挥。

面对逐年激增的小额诉讼,法院审判负担极其沉重,积案居高不下,致使消费者的权利得不到充分保护,有的小额诉讼质量无法保证。现行《民事诉讼法》规定的小额诉讼制度,为节省司法成本,提高办案效率,快速解决小额

---

[1] 参见中国消费者权益保护法学研究会:《消费者权益保护法学》,中国社会出版社 2017 年版,第 197—198 页。

纠纷提供了审判依据。但目前小额诉讼制度尚不完善,更没有针对小额消费纠纷这类具有特殊性的小额纠纷作出专门规定。

对于许多小额消费纠纷诉讼案件,在实施立案登记制之前,少数法院认为此类诉讼含有炒作的成分,属于滥用诉讼权利,不符合诉讼经济的原则和立法精神,因此不予立案,而要求当事人采取非诉讼解决方式处理。即使在实行立案登记制度之后,法院受理小额消费纠纷后也常常以不符合起诉条件为由驳回起诉,违反立案登记制度。而当前中国的非诉讼解决方式主要就是调解和仲裁,这两种方式特别是调解方式由于没有严格的程序保障,无法充分保护消费者的合法权益。完善消费纠纷小额诉讼制度,使小额消费纠纷拥有一个快速、合法、高效的解决途径,有利于保障广大消费者的切身利益。

对于一般消费者而言,因涉及的损失数额一般不会太大,在此高投入、低回报面前,大多消费者选择忍气吞声、自认倒霉,而此恰恰助长了经营者的气焰。这实际也是一种心理博弈,经营者明知消费者不愿意承担维权的高成本,并利用消费者的这种心理,进行拖、推、闪。因此建立一个快速、低成本的解决小额纠纷的制度,将会对消费维权、净化市场起到很大的积极作用。

二、消费公益团体诉讼

在现代民主社会中,公共事务管理职能不再专属于政府所有,这一点已经在世界各国达成共识。吸引包括公民、社会团体在内的社会力量参与到国家公共事务的管理和决策中,既是实现政府职能转型的要求,也是关注环境、健康等人类基本权利的要求。授权并鼓励个人提起公益诉讼,就是为个人提供一个通过司法方式参与国家行政事务、经济事务管理的途径。随着我们国家民主进程的加快,公民参政、议政愿望的增强和水平的提高,以诉讼方式参与公共事务管理的愿望将更加迫切。想要以司法的途径解决有关公共利益的民事、行政法律纠纷,保护公共利益不被侵犯,公益诉讼制度便是一个强有力的手段。

公益诉讼制度是指任何组织或个人根据法律的授权,就侵犯国家利益、社会公益的行为提起诉讼,由法院依法处理的司法活动。其最早起源于美国的私人检察官制度,即任何人都可就环境污染、行业垄断等涉及公共利益的事件向法院提起诉讼,最终形成了公益诉讼活动中包括政府、私人检察官以及公益法律组织共同发挥作用的现状。消费者公益诉讼则是指由于商品、服务经营者的不法经营行为,使整个社会的正常商业秩序和消费者公共利益遭受侵害或有侵害之虞时,法律允许消费者或消费者团体为维护消费者公共利益而向法院提起诉讼的制度。这种新型的公益诉讼的着眼点即在于单纯地保护消费者利益,其法益即是消费者的整体利益,体现了经济法学中的保护社会整体利益思维。

《民事诉讼法》第 55 条规定:"对污染环境、侵害众多消费者合法权益等损害社会公共利益的行为,法律规定的机关和有关组织可以向人民法院提起诉讼。"2014 年实施的《消费者权益保护法》已经规定了公益诉讼,赋予消协公益诉讼的权利。该法第 47 条规定:"对侵害众多消费者合法权益的行为,中国消费者协会以及在省、自治区、直辖市设立的消费者协会,可以向人民法院提起诉讼。"为正确审理消费者民事公益诉讼案件,根据《民事诉讼法》《侵权责任法》《消费者权益保护法》等法律规定,结合审判实践,最高人民法院于 2016 年制定了《关于审理消费民事公益诉讼案件适用法律若干问题的解释》,该解释自 2016 年 5 月 1 日起施行,这使消费者公益诉讼有了一个司法上的保障。

在我国建立消费者公益诉讼制度具有充分的法理基础和现实可行性,但也存在不少的制度障碍,主要包括诉讼主体资格障碍、公益诉讼费用等方面。在诉讼主体资格多元化、诉讼费用合理分担等方面积极改进,吸收外国公益诉讼制度的优点,全方位地完善我国消费者公益诉讼制度,有助于实现消费者权益以及社会整体利益的合理正当保护,实现国家对市场秩序的有序干预。

案例 1:中消协诉雷沃重工股份有限公司等四被告违法生产销售正三轮摩托车公益诉讼案①

2016 年 7 月 1 日,中消协就雷沃重工股份有限公司(以下简称雷沃重工)等 4 名被告违法、违规生产销售正三轮摩托车案提起消费民事公益诉讼。2016 年 7 月 25 日,北京市第四中级人民法院(以下简称北京市四中院)正式受理此案。期间,中消协与雷沃重工等 4 名被告多次进行会谈、调解、质证,于 2019 年 4 月 26 日初步达成调解协议。经人民法院公告和审查后,2019 年 6 月 10 日,北京市四中院正式签发民事调解书。

本案是中消协提起的首个公益诉讼案件,也是全国首例以调解结案的消费民事公益诉讼案件。其重要意义在于:(1)最大程度保护了消费者权益和社会公共利益;(2)切实督促企业依法合规从事生产经营;(3)助力规范和治理行业突出问题;(4)有利于提高消费者安全消费意识。

---

① 载 http://www.cca.org.cn/zxsd/detail/29088.html,2020 年 12 月 25 日访问。

案例2:广东省消委会提起的"假盐系列公益诉讼案"①

2017年4月,广州市人民检察院向广东省消委会发出4份《检察建议书》,建议广东省消委会就四宗食品安全犯罪案件,向人民法院提起消费民事公益诉讼。2017年10月,经调查研究、审慎考虑,广东省消委会分别就彭某胜等人生产销售、销售假冒伪劣食盐产品,分别向广州市中级人民法院(以下简称广州中院)提起四宗消费民事公益诉讼,提出判令被告承担共计1,480,243.4元赔偿金、在省级以上新闻媒体上向消费者公开赔礼道歉等诉求。2018年5月,广州中院对其中三宗进行一审判决,判令三案合共8名被告共须支付赔偿金167,480元,这标志着消协组织关于公益诉讼的赔偿性请求首次获得法院支持,开创全国先河。

2018年9月底,广州中院对最后一宗食盐案进行一审判决,判令彭某胜等7名被告支付赔偿金共1,146,463.3元、在省级以上媒体公开道歉等。这是广东省消委会在全国率先探索赔偿性消费公益诉讼以来,获得的第四宗胜诉案例,由于判赔金额超过百万,本案同时成为赔偿金额最高的消费公益诉讼案例,开创了新的纪录。

至此,"假盐系列公益诉讼案"全部审结,最终四案合共判赔金额131.4万余元(其中已抵扣刑事罚金16.6万余元),包括仅是提供生产场地和被雇佣劳动的参与者在内的15名被告为此付出沉重代价,食品犯罪行为得到有力惩戒、震慑。

案例3:四川省保护消费者权益委员会就闫某等4人销售假冒注册商标商品案提起消费民事公益诉讼②

闫某等4人长期销售假冒阿迪达斯、耐克、安德玛三个国际知名运动品牌的服装、鞋类等商品,严重侵害了消费者权益,损害了社会公共利益。2019年5月31日,成都市龙泉驿区人民检察院向四川省保护消费者权益委员会(以下简称四川省消委会)送达了《检察建议书》,建议并支持四川省消委会向人民法院提起消费民事公益诉讼。2019年9月17日,四川省消委会向成都市中级人民法院提起消费民事公益诉讼,请求判令4名被告退还货款并赔偿消费者损失共计390万元,并在省级新闻媒体向受损害消费者公开道歉。日前,成都市中级人民法院已受理本案,成都市人民检察院向法院提交了支持起诉意见。

在本案中,闫某等4人的制假、知假、售假行为,具有侵权时间长、地域跨度广、涉案金额巨大、被侵权消费者数量众多且具体身份尚无法确定等特殊情形,损害了众多不特定消费者的合法权益,破坏了诚信安全的交易环境,侵

---

① 载http://www.cca.org.cn/xxgz/detail/28248.html,2020年12月26日访问。
② 载http://www.cca.org.cn/xxgz/detail/29337.html,2020年12月26日访问。

害了社会公共利益。因此,四川省消委会依据《消费者权益保护法》赋予的消费民事公益诉讼职责,向侵权人提起诉讼,要求被告依法承担"退一赔三"的法律责任。

本案创下数个"第一",既是四川省第一起消费民事公益诉讼,也是我国第一起一般商品领域请求直接惩罚性赔偿的消费公益诉讼,同时,还是我国消费者权益保护组织发起的第一起涉及知识产权的公益诉讼。

第七章 域外消费者保护法律制度借鉴

第一节 中国港澳特区

一、立法体系

香港特别行政区和澳门特别行政区没有一套完整的消费者权益保护法,对于消费者权益的保护,散落规定在各种法律法规以及行政规章中。根据《中华人民共和国香港特别行政区基本法》和《中华人民共和国澳门特别行政区基本法》,港澳特区在许可范围内有立法权,对于消费者权益相关法律,特区可以自行立法,不适用《中华人民共和国消费者权益保护法》。

(一)澳门特区

回归之前,澳门地区适用葡萄牙法律。《葡萄牙共和国宪法》第110条规定了消费者利益保护:"1.消费者有权成立组织、获得情报并要求保护其健康、安全和经济利益,有权要求损害赔偿。2.广告活动由法律规定;任何隐秘的、不诚实的或欺诈性的广告活动应予取缔。3.消费者组织与消费者合作社有权依法获得国家支持并有权就消费者利益保护问题发表意见。"[①]当时的《葡萄牙共和国宪法》就已确立了消费者及其专门组织拥有属于宪法保障的权利。

1. 澳门特区消费者委员会

1988年,澳门立法会制定的第12/88/M号法律,是澳门地区第一部专门关于消费者保护的法律文件,该法律有两部分内容:第一部分是保护消费者,第二部分是设立消费者委员会(已被第4/95/M号法律废止)。该法律确立行政当局有责任在经济及社会范围内促进维护消费者的利益,并承认欺骗性宣传、竞争限制、不忠实行为、违反经济公共卫生行为,应由特别法具体规

---

① 载明德公法网,http://www.calaw.cn/article/default.asp? id = 4069,2020年7月3日访问。

制。该法律将消费者定义为从事具有职业性质经济活动的个人或团体供给之物品或提供为其私人使用之服务的人士,并确认了消费者享有以下六大权利:(1)获得健康的保护及安全,防止物品或服务的宣传或供应的不忠实或不规则行为;(2)获得指导及取得资料;(3)要求对抗损害其利益的危险;(4)要求预防个人或团体的损失及获得赔偿;(5)接受可获得之公平;(6)参与在法律或行政上订定其权益。① 澳门消费者委员会也在此法律的基础上设立。

1993年7月,消费者委员会创立《澳门消费》期刊,向公众免费发放,旨在解读消费者保护相关法律政策、消费者委员会职责、产品检测或对比报告、调查分析消费市场、为消费者提供消费建议、公开典型案例等。②

1995年,澳门立法会颁布第4/95/M号法律,废止第12/88/M号法律的第12至15条(消费者委员会相关条文),重新确立消费者委员会的性质、职责、组织机构以及相关人员财政的内容。澳门消费者委员会是具有法律人格及行政和财政自治的公法人,具体职责有:(1)对行政当局将订定之保护消费者的政策发表意见;(2)与同类实体接触及推动保护消费者之共同工作,尤以指导及提供资料之工作为然;(3)研究及推行对较不受照顾之消费者,特别是老年人,伤残人士及经济薄弱者之特别辅助计划;(4)对消费者的指导及资料提供,提出建议及进行活动;(5)鼓励经济及专业代表团体编制管制其会员活动的法例;(6)研究消费者所提出的声明异议及投诉,并将之转达有权限的公共部门;(7)对一般消费的财产及服务取得范围所出现的轻微纠纷,提供调解、中介及仲裁的机制;(8)推动、执行及加强本法律规定之措施;(9)将由法律赋予之任何其他职责。③ 消费者委员会受总督监护,可以设由不同人士组成的辅助中心,以提供对其运作所必需的技术和行政服务。对于消费者委员会的机构的决议,按法律规定,可以向澳门行政法院提出司法申诉,对于消费者委员会的全体委员会及执行委员会主席所作的对外行为,可以向全体委员会提出行政申诉。此后,1998年的第1/98/M号法律重新修改了有关消费者委员会的全体委员会和执行委员会的权限,修改了关于消费者委员会人员编制的内容。

澳门消费者委员会还推行"加盟商号"和"诚信店"服务,商家如果同意在与消费者签订的合同中加入仲裁条款,接受仲裁中心在存在争议时所具有的权限,可申请成为"加盟商号"。成为"加盟商号"后,如能遵守澳门消费者

---

① 参见第12/88/M号法律《设立消费者委员会》第3条。
② 参见澳门消费者委员会官网,www.consumer.gov.mo,2020年7月2日访问。
③ 参见第4/95/M号法律《重组消费者委员会》第2条,第1/98/M号法律《修改重组消费者委员会》。

委员会发布的《诚信店规定及承诺》,并且通过各项考评,可成为"诚信店"。"加盟商号"和"诚信店"会由澳门消费者委员会颁发特别标志,置于店内,以便消费者知悉。澳门特区共有1442家"加盟商号"和1173家"诚信店"①。

2. 澳门消费争议仲裁中心

1998年3月12日,根据第19/GM/98号批示,澳门消费争议仲裁中心成立,时任澳门法院法官的司徒民正出任首任澳门消费争议仲裁中心仲裁法官。澳门消费争议仲裁中心目的是通过调解、中介及仲裁的方式促进解决在澳门地区发生的、涉及金额不高的消费争议,并且不收取费用。截至2018年,澳门消费争议仲裁中心共立案613起,其中调解成功406起,仲裁201起。②

3. 相关法律

除上述提到的法律之外,澳门特区有关消费者的法律还有:1988年8月15日第20/88/M号法律《为维护消费者合法权益而更新购买动产承诺合约法律制度》,1992年8月17日第50/92/M号法令《订定供应予消费者之熟食产品标签所应该遵守之条件》,1996年9月9日第25/96/M号法律《分层楼宇法律制度》,2003年1月6日第1/2003号法律《黄金商品化法律》,2008年7月7日第17/2008号行政法规《订定产品安全的一般制度》,2013年4月22日第5/2013号法律《食品安全法》,2019年11月18日第16/2019号法律《限制提供塑胶袋》等。

(二)香港特区

香港特区的消费者权益保护运动经历过一个先民间后官方的过程,因此,香港特区的民间消费者保护组织得到了比较充分的发展。香港特区的民间消费者保护组织大致可以分为两类:一类是消费者保护团体,扮演着代表者、监督者以及协调者的角色;另一类是各种商会、行业协会,扮演着自律者的角色。

1. 民间消费者保护团体

香港特区的消费者保护团体很多,在向政府提供政策建议或者立法动议、进行消费调查、进行消费者教育和救济等方面发挥着重要的作用。其中,最重要的就是香港消费者委员会。

香港早在1974年就成立的消费者委员会(Consumer Council)是其最重要的非官方消费者保护机构,且承担了很多类似政府机构的职能,由当时供

---

① 参见澳门消费者委员会官网,www.consumer.gov.mo,2020年7月2日访问。
② 同上注。

职于香港市政局和立法局的简悦强爵士受香港总督指示一手创立,并担任主席。消费者委员会成立最初,只为处理与货品有关的消费者权益问题。1975年,消费者委员会职能扩展至服务行业,并于1976年正式成为国际消费者联会会员,于民政署开设咨询中心,此举为亚洲首创,同年开始发行《选择》月刊。1977年,香港立法局通过《消费者委员会条例》,将现存的消费者委员会确立为永久延续的法人团体,可作为诉讼主体。消费者委员会依《消费者委员会条例》开展工作,虽然委员会的资金大部分来自政府资助,但是该机构仍是一个非官方的民间组织。除政府资助外,该机构还有约5%的收入来自出版物等的收入。为了维护独立,消费者委员会的活动以及《选择》月刊不接受任何商业支持或广告。

当前,香港消费者委员会设主席1名、副主席1名以及委员20名,由行政长官委任。委员会以总干事为办事处的行政首脑,在副总干事辅助下,负责执行委员会之决策及协助制定政策。办事处分为9个部门,大部分职员部署在总办事处,其余分别派驻港九及新界各区7个咨询中心。另外,该机构获得政府拨款,在总办事处的同一大厦内,设立了专门负责物价监察工作的临时办公室。

香港消费者委员会成立以来,致力于为消费者在公平公正的市场中,建立安全及可持续的消费环境。迄今为止,主要的工作范畴包括:(1)调停消费者与经营者的纠纷;(2)提供产品质量及安全资讯;(3)搜集服务行业和消费品市场资讯;(4)推广可持续消费;(5)提倡最佳营商手法及公平竞争;(6)发布消费信息;(7)加强消费者自我保护能力;(8)作为消费者的"代言人"及联系网络;(9)加强法律权益保障;(10)消费者诉讼基金的信托人。①

根据《消费者委员会条例》,香港消费者委员会的职能是通过以下方式保障及促进货品及服务的消费者,不动产的购买人、按揭人及承租人权益:(1)收集、接受及传播关于货品、服务及不动产的资料;(2)接受及审查货品及服务的消费者的投诉以及不动产的购买人、按揭人及承租人的投诉,并向投诉者提供意见;(3)采取其认为正确的行动,包括向政府或任何公职人员提供意见;(4)鼓励商业及专业组织制定实务守则,以规管属下会员的活动;(5)承担委员会获行政长官会同行政会议事先批准而纳采的其他职能。赋予消费者委员会可以做出任何为行使其职能而合理需要的事情:(1)以其认为适当的方式取得、持有及处置各类动产及不动产;(2)订立任何合约;(3)对货品及服务进行测试及检验,对不动产作出检查;(4)制作或以售卖或其他方式分发消费者感兴趣的刊物;(5)与他人联同或合作进行该会根据本

---

① 参见香港消费者委员会官网,www.consumer.org.hk,2019年12月13日访问。

条例可进行的事情,或赞助他人进行该事情;(6)就使用委员会所提供的任何设施或服务收取费用;(7)在获行政长官事先批准下,加入任何关注消费者事务的国际组织成为会员或附属会员。[①]

消费者委员会致力于保护消费者如下权利:满足基本需要权;获得安全保障权;取得正确资料权;自由选择权;发表意见权;获得公正赔偿权;接受消费教育权;享有可持续发展及健康的环境权。消费者委员会在下列方面扮演领导角色:第一,收集各类产品资料并进行研究,出版《选择》月刊等刊物,将研究所得的宝贵资料向生产者提供,以敦促生产者改善产品质量及提高产品安全、提高环境保护意识和保护消费者健康;第二,调查消费者的投诉,对不当经营者采取适当的行动,如公布不良商贩的名单;第三,鼓励商贸团体制定专业守则,确保商业操守,提高商德水平;第四,研究及监察营商手法、行业之间的竞争,促进公平竞争,保障消费者权利;第五,运用消费者诉讼基金向消费者提供经济支持及法律协助,使消费者获得补偿;第六,通过消费者教育活动及研讨会,提醒市民在交易中保障自己的权益;第七,经过调查研究,向政府提供各种有关消费者保护的政策建议和立法动议。1985年,香港消费者委员会创设"公开点名"制度,以制裁不良经营的店家,提醒市民警惕消费陷阱。

1994年香港政府设立消费者诉讼基金,由消费者委员会担任受托人,目的是向消费者提供经济支援和法律协助,令消费者有途径寻求法律上的补偿。成立初时获政府拨款1000万元,为消费者提供法律援助及经费,在涉及重大公众利益和公益的事件上,协助有同样遭遇的消费者循法律途径追讨赔偿。此外,消费者委员会在各个区或者大型购物中心都设有咨询中心,形成网络,并在相关网站上详细列出了各个咨询中心的开放时间和具体位置,极大地便利了消费者的咨询和投诉。

2. 商会、行业协会

香港特区有着各种商会、行业协会等民间组织,其一般以某类商品、服务或行业为基础,由有关企业、商号自愿参加。不仅通过制定行业行为准则、协调内外部关系等方式来维护行业的共同利益,而且还往往在协会内部设有专门的机构和人员来处理协会之间以及协会成员与消费者之间发生的纠纷(有的还在协会内部建立了专门的消费者保障基金,以确保某些特殊情况下的消费者权益能够得到保障)。商会、行业协会等组织在开展正当竞争、维护市场秩序、保护消费者利益、促进经济发展等方面发挥了积极作用。

---

① 参见《消费者委员会条例》(香港法例第216章),第4、5条。

3. 香港特区相关法律

香港特区回归之后,延续了英美法制度,以判例法为主要的法律体系,同时也陆续出台了一些成文法。但是香港特区没有统一的消费者保护法,其对消费者保护的规定体现在相关判例中。香港特区消费者权益保护的法律主要涉及以下方面:(1)维护商品交易秩序;(2)规范商品说明,着眼于维护消费者购买、使用商品或接受服务的知情权;(3)管制产品安全;(4)维护消费平等性,主要是适应消费领域不断出现的新情况,从总体上做出有利于消费者的规定。

这些法例主要包括:《商品说明条例》(香港法例第362章)——这是保障消费者的主要法例。该条例具有以下几个显著特点:第一,立法宗旨明确具体。其宗旨为禁止在营商过程中对货品作虚假的说明,或提供具有误导性或不完整的数据,或作虚假标记和错误陈述;赋权规定在货品上标明或货品附有与货品有关的数据或说明事项,或规定在宣传品内包含与货品有关的数据或说明事项;重申与伪造商标有关的法律;并且就与该等事宜相关的目的订定条文。第二,对法例中的相关用语作出详尽说明,比如对"商品说明"不仅解释为"指以任何方式就任何货品或货品任何部分在下列任何事项上作出的直接或间接的显示",而且还列举了16个具体方面针对何为"虚假商品说明"的不同具体情形;在一般说明的基础上,条例还对一些特殊的情况作出专门性说明,比如对黄金制品又专门从黄金制品的认定、黄金纯度及其标记三个方面,用了六条(有些条下还有若干款)来说明。第三,结合实践中发生的新情况及时进行修订。该条例在1981年施行后,分别在2000年、2008年进行了修订,如2008年的修订主要就是为了打击当时常见的不公平经营手法,包括误导标价、关于货品售后服务及保证的虚假陈述,以及关于与第三者有关联或得到其认可的虚假或误导陈述等,为了更好地保护消费者,修订还对若干贵重金属、珠宝,如铂金、翡翠等的定义进行了清楚界定。

《消费品安全条例》(香港法例第456章)和《玩具及儿童产品安全条例》(香港法例第424章)——按照这两个条例的规定,一般消费品、玩具及儿童产品的制造商、进口商和供应商有责任确保他们在香港供应的货品达到合理的安全标准。

《度量衡条例》(香港法例第68章)——该条例界定了计量单位及计量标准的定义,并禁止度量不足。

《货品售卖条例》(香港法例第26章)、《服务提供(隐含条款)条例》(香港法例第457章)、《管制免责条款条例》(香港法例第71章)、《不合情理合约条例》(香港法例第458章)——这些条例主要对消费者合同方面的有关问题进行了规定。《货品售卖条例》规定,供货商就供应的货品具可商售质量,并适合买方告知供货商的某特定用途,以及就买方可安宁地享有对货品的管有,作出隐含的责任承担。《服务提供(隐含条款)条例》则集中在服务的提供,加入隐含条款规定供货商须在合理时间内以合理程度的谨慎及技术作出服务。《管制免责条款条例》(香港法例第71章)规定除非合约条款符合合理标准,任何人不得借免责条款避免违约、疏忽或其他不履行责任的行为所引致的民事法律责任。《不合情理合约条例》(香港法例第458章)则授权法庭拒绝强制执行任何不合情理的消费者合约或合约内的任何部分。

除了以上这些法规之外,其他的还有如在消费者安全方面的《气体安全条例》(香港法例第511章)、《除害剂条例》(香港法例第133章)、《电力条例》(香港法例第406章);保障消费者健康方面的《公众卫生及市政条例》(香港法例第132章)、《药剂业及毒药条例》(香港法例第138章)、《不良医药广告条例》(香港法例第231章)、《中医药条例》(香港法例第549章);规范商家交易行为方面的《货币兑换商条例》(香港法例第34章)、《旅行代理商条例》(香港法例第218章)、《禁止层压式推销法条例》(香港法例第355章)、《个人资料(私隐)条例》(香港法例第486章)、《地产代理条例》(香港法例第511章)、《竞争条例》(香港法例第619章)以及关于消费者委员会的《消费者委员会条例》(香港法例第216章)和涉及消费争议解决的《小额钱债审裁处条例》(香港法例第338章)等。

二、研究趋势

自港澳回归以来,带来了商品、服务、人力的跨境流动,自然也带来了与此相关的法律问题。加之近年来,新兴产业和信息技术的发展,消费者保护的研究也有了新的方向。

澳门特区近年来不断加强与内地和葡语国家的合作,与葡萄牙、巴西、韩国、新加坡等国保持良好交流互动,与珠海、江门、中山、天津、青岛等内地城市签订合作协议,响应中央政府构建"大湾区"的战略方针,与珠海市横琴新区消费者协会合作,建立跨域争端调解平台。香港特区在努力营造良好的法制营商环境的框架下,注重消费者教育,以提高消费者素质和维权意识,近年来的研究重点集中在网络消费、住宅物业销售和可持续消费方面。

以可持续消费为例,香港特区近年来陆续发生多起有关新能源产品、共享单车、节能减排的消费者维权案例,使得立法和社会关注的重点向这方面转移。

2019年起,香港消费者委员会陆续接到投诉,市民扫码共享单车,按要求开户、下载APP却未能解锁,手机上共享单车的APP持续在扣款,但找共享单车公司协商未果,需消费者委员会主动找到相关共享单车公司协商退款。有鉴于此,运输署于 2019 年 9 月 28 日公布《无桩式自助单车租赁业务守则》,并与四间自助单车租赁营办商签署《无桩式自助单车租赁业务营运备忘录》,以提高无桩式自助单车租赁服务运作的自律性并推动其可持续发展。①

为了减少能源消耗及促进循环再造,尽量减少因消费而对环境带来负面影响,进一步提高市民对节约能源、保护环境的意识和鼓励消费者选择具能源效益的产品,政府通过修订《能源效益(产品卷标)条例》推行强制性能源效益卷标计划(强制性卷标计划)第三阶段,有关修订已于 2019 年 6 月 1 日生效,涵盖范围扩大至电视机、电磁炉等五类电器。涵盖"四电一脑"的废电器电子产品生产者责任计划(简称"废电器计划")亦于 2019 年 8 月 1 日起正式实施。②

三、行政执法

(一)澳门特区

据澳门特区消费者委员会统计,自澳门特区消费争议仲裁中心成立以来,在请求仲裁中心调解或仲裁的案件中,争议最多的领域有:通讯及电脑产品、洗衣业、首饰及工艺品、家具类产品、旅游、视听类产品。③

对于商家侵犯消费者权益的行为,根据商家所涉及的行业和违法内容不同,由不同行政部门进行监督和处罚。

例如,澳门特区《食品安全法》中,对于生产经营不符合标准的食品,但未对人身完整性造成危害的商家进行行政处罚的职权归属于民政总署;根据《黄金商品化法律》,对于未按照法律规定出售、提供出售、展示及存仓黄金货品的行为的监督和处罚职权归属于经济司;根据澳门特区《妨害公共卫生及经济之违法行为之法律制度》,在交易中没有按照法律规定出具票证、法律要求登记后方可从事的经济活动未经登记等行为,监察职权归属于经济司的经济活动稽查厅,经济司可以要求其他实体尤其是卫生司和警察当局参与和提供协助;澳门特区第 50/92/M 号法令有关熟食产品标签的法律规定,出售的熟食标签不符合法律规定的行政监察职权归属于经济司的经济活动稽查厅;根据《个人资料保护法》,未按照法律规定处理及保护个人资料的行政处

---

① 参见《选择》月刊(第 506 期),第 46—47 页。
② 参见《选择》月刊(第 500 期),第 45 页。
③ 参见澳门消费者委员会消费争议仲裁中心统计数据,https://www.consumer.gov.mo/CAC/CaseRecord.aspx?lang=zh,2019 年 12 月 13 日访问。

罚职权归属于公共当局;《房地产中介业务法》对于违反房地产中介业务法规定的行政监察职权归属于房地产中介范畴的主管实体,他们在执行此职务时遇到反对或抗拒的情况时,可以依法请求警察当局及行政当局提供协助。

(二)香港特区

香港消费者保护事务的主要负责机构是商务及经济发展局(Commerce and Economic Development Bureau,CEDB)①,隶属于政务司。该机构由工商及旅游科、通讯及科技科、政府资讯科技总监办公室等机构组成,负责涵盖香港旅游业、保障消费者权益、创意产业及竞争政策事宜。在消费者保护方面,该机构主要负责制定有关消费者保护的各项政策、措施以及工作计划。此外,该机构还参加如听取消费者委员会的报告、检查对电机、玩具等的测试等活动。

此外,食物及卫生局、香港海关部门、工业贸易署、机电工程署、渔农自然护理署等机构都在各自的职责范围内履行着保护消费者权益的任务。例如,香港海关部门负责保障知识产权免受侵犯,防止伪造商标;工业贸易署执行政府的工业发展政策,协助改善产品品质;食物及卫生局保证食品、药物的卫生及安全;渔农自然护理署重点在于对本地生产的蔬菜品质把关,为消费者的健康提供保障;政府化验所为各政府部门提供范围广泛的分析、调查和咨询服务,保障公共健康安全。

具体来说,例如,根据香港特区《度量衡条例》规定,对涉嫌违法行为的商家进行搜查、拘捕、没收、处置等的权力归属于海关关长(commissioner)及海关关长依法授权的公职人员(authorized officer)。根据《不良广告(医药)条例》,对于违反本法的制造、储存、出售药物或医疗用品的地方以及提供医疗的任何场所,卫生署署长或署长授权的其他公职人员有权进入、搜查该场所,检查、扣留相关药物和医疗用品。根据《商品经营条例》,进入不良经营的商家、检查货品或资料的权力归属于海关关长及其授权的公职人员,涉及电讯及广播事务的行政执法权则归于通讯事务管理局以及该局授权的其他公职人员。根据《玩具及儿童产品安全条例》,海关关长有权向生产不合规产品的厂家发送警告通知书,关长及授权的公职人员有权进入生产厂家、检查相关产品、获取相关资料,商务及经济发展局局长有权订立产品标准。根据《产品环保责任条例》,对于违反该法的行为,环境保护署署长有权发出罚款通知书、要求查阅相关资料,环境局局长在咨询环境委员会后可修订产品环保相关规则。

香港特区司法机构主要处理涉及消费者权益保护的诉讼案件,其主理法院由低到高分别有小额钱债审裁处和其他法院如地方法院、高等法院和

---

① 商务及经济发展局是在2007年取代工商及科技局而成立的。

上诉法院。

四、维权途径

(一)港澳特区概况

前已述及,澳门特区大多数消费者的权益保护纠纷都由消费者仲裁中心解决,有的也会以一般民事案件向法院提起诉讼。

香港特区消费者委员会指出,消费者在权益被侵犯时,可以向消费者委员会投诉,消费者委员会会帮助调查处理。此外,消费者还可以通过以下途径进行投诉[①]:

(1)小额钱债审裁处:属于香港司法系统,处理牵涉金额在50,000港元以下之民事纠纷。

(2)香港海关:假如遇到货品重量不足、假货、假酒、冒牌货,可向海关举报。

(3)食物环境卫生署:假如买到品质变坏的食物或食肆的卫生问题,可向该署投诉。

(4)香港律师会:如遇到有关律师服务或操守问题,可写信向该会投诉。

(5)医务委员会:处理有关医生操守的问题。

(6)香港旅游业议会:香港旅游业议会负责监管本地旅行社和该会辖下的登记店铺。若外游旅客对本港旅行社的服务不满,或入境旅客就入境旅行社接待及购物安排有争议,可直接向该会投诉。

(7)保险索偿投诉局:假如不满保险公司的赔偿决定,可向该投诉局申诉。

(8)保险代理登记委员会:如遇到有关保险代理的操守问题,可写信向该会投诉。

(9)消费者诉讼基金:如经过所有调解方式仍未能解决与商号的纠纷,可向基金申请法律协助。

(10)电信业的解决顾客投诉计划:旨在以调解方式协助解决消费者与其电信服务供货商一些陷入僵局的记账争议。

(11)地产代理监管局:根据香港特区《地产代理条例》而成立的法定机构,负责规管香港地产代理业的执业。如有理由相信有持牌地产代理从业员没有遵守该条例,可向该局作出投诉。

(12)强制性公积金计划管理局(积金局):强制性公积金(强积金)计划

---

① 参见香港消费者委员会官网,www.consumer.org.hk,2019年12月13日访问。

及职业退休计划的相关事宜。

(13)一手住宅物业销售监管局:有关一手住宅物业销售事宜的投诉,可联络该局。

(二)香港特区消费者权益保护措施

1. 加强立法工作,为消费者保护工作提供规范和指导

由于香港特区是英美法系法律传统,因而其没有制定统一的消费者收益保护基本法,而是采用分散立法的模式。经过多年的立法工作,香港特区政府共制定了20多部相关法律,涉及商品说明和标示、交易行为、产品质量与安全以及消费者诉讼等多个领域。这些立法既有对商品交易行为、服务、商品和服务信息披露规范的要求,也有对保障消费者安全的要求;不仅针对消费者在消费法律关系中的弱势地位,对消费合同作出特别规定,以平衡双方的力量对比,也重视从商品和服务提供者的义务方面进行立法,这些立法规定不仅全面而且非常具体,具有极强的可操作性。

2. 建立消费者保护行政机构,发挥行政力量的保护作用

香港特区消费者权益保护的行政机构设置是比较健全的,几乎囊括香港特区各有关政府部门,包括香港特区海关、卫生署、市政署、优质产品标志局等。这些行政机构通过颁布与消费者权益相关的法例,对涉及消费者安全的商品进行质量监测等措施保护消费者的合法权益。具体包括以下几个方面:(1)提供财政支持。香港特区对消费者保护工作的支持,很重要的一点就是体现在其对消费者保护工作的财政支持上。香港特区政府不仅全额支付有关政府部门行使消费者保护法例的执法工作的费用,每年还拨付数千万港元给消费者委员会,作为该协会机构正常运转的经费。此外,政府还专门拨款1000万港元设立消费者诉讼基金。(2)制定相关政策。香港特区相关消费者保护机构定期听取基层政府机构、消费者保护委员会等消费者保护组织以及消费者代表等的意见和建议。在此基础上,制定消费者保护的政策、措施和工作计划,以作为保护消费者的指导和规范。(3)受理消费者申诉或投诉。在权利受到侵害时,消费者可以向各个领域的行政部门进行投诉,这些专门机构会在其职权范围内,或通过行政手段(罚款、勒令停止侵害、要求赔偿等)解决问题,或提交法院予以解决。(4)对商品进行检验和抽查。相关政府机构会对产品或者服务的安全、质量等进行抽查和检查。在检查之后,对于存在问题的产品或者服务,会采取要求回收、销毁产品或者停止服务、进行罚款、勒令歇业整改以及在媒体上进行公布等方式予以处理,从而达到维护市场正常秩序和保护消费者权益的目的。除此之外,相关政府机构也会通过各种方式向消费者提供各种信息和情报,通过多种途径进行消费者教

育,从而增强消费者的自我保护的意识和能力。

3. 完善司法程序,为消费者用司法手段维护自身的合法权益创造便利

诉讼永远是消费者进行自我保护的一种重要手段。香港特区政府除建立了完备的法院审判体系和完善的诉讼程序外,还采取下列措施为消费者创造便利:(1)建立小额钱债审裁处,以处理5万港元以下的争议。审裁处也是法庭,但是这里的规则和程序较大部分其他法庭宽松,并且诉讼各方不可以由律师代表出庭。消费者诉讼往往数额不大,烦琐的诉讼程序和较高的诉讼成本使得很多消费者放弃选择用法律手段维权。小额钱债审裁处的建立,大大地节约了诉讼成本和时间,使得消费者的权益可以得到及时有效的维护,也提高了消费者运用法律武器的积极性。(2)建立消费者诉讼基金管理委员会。香港政府在1994年成立该委员会,由消委会担任信托人,为有需要的消费者提供经济支持及法律协助。通过在涉及重大公众利益的事件上,协助有同样遭遇的消费者通过法律途径追讨赔偿,以达到遏止不当经营手法的目的,同时也让公众认识到其作为消费者应有的权利。该委员会在处理申请时,首先考虑个案是否已尝试通过其他方式解决,再根据既定准则审批申请。这些准则包括:个案是否涉及重大的消费者利益、受影响人数是否众多、胜诉的机会、是否有助于促进消费者权益、对不当经营手法能否产生阻吓作用,以及基金实际上是否可以提供及时的协助等。消费者诉讼基金管理委员会在帮助弱势群体进行诉讼这方面的作用尤为明显。

4. 支持和栽培民间消费者组织发展,动员社会力量参与到消费者保护之中

香港特区消费者保护活动经历了先民间后政府的过程,所以香港特区民间消费者保护团体及其活动十分发达。政府十分重视对民间团体的支持,并通过制定法律、定期听取其意见、提供财政支持以及联合其共同行动等方式支持和管理其发展。香港特区民间消费者保护团体在消费者保护中扮演着重要的角色,这一点以消费者委员会最具代表性。具体包括以下几个方面:(1)代表消费者向政府提供各种政策建议和立法动议。香港特区民间消费者保护团体,特别是消费者保护委员会,经常会对消费者的意见进行调查,了解消费者的需求。经过专门研究,这些团体会就消费者关心的重大消费问题向政府提出政策建议或者立法动议,从而达到影响决策或者立法的目的。(2)进行商品和服务的调查和检验,向消费者提供各种信息和情报。香港特区消费者保护团体经常会对产品、服务进行调查和检验,然后将调查结果加

以公布,或者会整理一些消费知识或者信息,通过各种媒介传递给消费者。① (3)受理消费者的申诉、投诉,解决消费争端。如香港特区消费者委员会与保险、地产、珠宝、旅游及美容等行业合作,制定相关行业的守则,建立内部消费者投诉机制;对于消费者的投诉(无论是直接收到的还是通过其他渠道收到的),消委会都会与被投诉人联系及作出调解;当大量的投诉均与某公司有关时,消委会不但会就有关个案作出调解,而且会和公司管理层讨论其销售手法或员工培训事宜,以期更有效地保障消费者;假如有严重的侵犯消费者权益的行为,消委会还会考虑向传媒公开有关公司的名字;必要时,消委会还可以协助消费者向小额钱债审裁处提起诉讼。(4)接受消费者的咨询,为消费者提供法律咨询和救济。香港特区消费者保护团体一般都没有消费者咨询中心,为消费者提供咨询服务。在消费者进行诉讼时,这些团体会向其提供法律咨询和救济,以帮助其更好地通过诉讼维护自己的权益。如消委会在香港特区各区及大型购物中心共设有16间咨询中心,组成了方便的网络,并在相关网站详细列出各间咨询中心的具体位置和开放时间,为广大消费者提供便捷的服务。而作为消费者诉讼基金的信托人,消费者保护委员会还会运用消费者诉讼基金为消费者提供资金上的支持和帮助。(5)重视对消费者进行消费教育。完善的立法和严格的执法对于消费者权益无疑是极为重要的,但消费者的维权意识、消费观念、消费行为对消费者权益的保护同样重要。消费教育是增强这些要素的重要手段,而民间消费者团体在这方面也扮演着重要角色,特别是消费者委员会。消委会非常注重宣传和公众教育活动,例如,通过定期举办与消费者相关的(消费者权利及责任、保障消费者的法例、消费骗局及陷阱、广告的吹嘘手法、高压销售手法及实践可持续消费的措施)讲座、考察、研讨会等方式引导消费者理性消费;编辑教材,并经香港特区政府同意,在中学三年级开设消费者教育课程,使得居民在学生时代就可以受到这方面的教育;与各种传媒合作,用问答、比赛等形式宣传消费者教育;该委员会的《选择》月刊也是进行消费者教育的重要基地。通过这些教育手段,大大地增强了消费者的维权意识,改善了其消费观念。(6)鼓励商贸团体制定专业守则,确保商业操守,提高商德水平。民间消费者保护团体还同各种商会、行业协会以及经营者保持着密切的联系,定期与其进行交流。通过交流,向其反馈消费者的意见建议,督促其不断提高自我约束水

---

① 如消费者保护委员会每月出版《选择》刊物,公布产品测试结果、产品和服务表现、安全及其他方面的数据,以供消费者参考;经常宣传消费锦囊,如常见的消费欺骗案及避免受骗的方法、广告的吹嘘伎俩、节省电力的方法,以及特殊合约(例如,预付费用的服务)中值得关注的事宜等;推出了三项价格监察计划,包括"每周精明价格""网上价格一览通"及"每日街市行情";推出网上互动的"油价计算器",协助驾驶者比较香港5间加油公司的3款汽车燃油产品(普通汽油、特级汽油及柴油)的零售价。

平,以减少对消费者的侵害。

5. 完善行业约束和规范,加强经营者的自我约束

这一点表现在两个方面:一是商会和行业协会会通过制定行业行为准则、协调内外部关系等方式来加强对企业的约束,而且还往往在协会内部设有专门的机构和人员来处理协会之间以及协会成员与消费者之间发生的纠纷(有的还在协会内部建立了专门的消费者保障基金,以确保某些特殊情况下的消费者权益能够得到保障)。二是香港特区的经营者在不断地加强自我管理,减少不正当的经营行为,有些企业还会设立消费者争端解决机构,通过与消费者协商解决争端。

6. 鼓励消费者加强自我保护

除政府和消费者保护团体在消费者保护中扮演重要角色外,消费者自身也在其中扮演不可或缺的角色。香港政府、消费者保护团体所采取的种种措施,其根本目的就在于增强消费者自我保护的意识和能力,从而使其能够更好地进行自我保护。

五、近期热点议题

1. 澳门特区

澳门特区正加强消费者委员会与其他政府部门的合作,尤其是与卫生司、经济司以及教育机构。同时加强与其他国家、地区的合作,比如葡萄牙、香港特区和珠海市。近年来消费者委员会也不断对外参访,加强学习交流,与其他国家和地区签订合作协议,不断进行消费者保护的研究。[①] 为响应中央"大湾区"建设,澳门特区近期消费者保护的重点领域在于旅游业以及跨域仲裁。

(1)优质旅游服务

澳门特区消费者委员会与旅游局合作,规范旅游市场,整治旅游相关的商户,向同时满足"星级旅游服务认可计划"和"诚信店优质标志计划"的商家颁发"星级服务商户奖",提升澳门特区旅游服务文化水平,打造世界旅游休闲中心。

(2)粤港澳大湾区消费投诉转办平台

粤港澳大湾区消费投诉转办平台于 2019 年 7 月正式成立,使得大湾区

---

① 参见 1998 年 6 月 13 日董乐勤代表社会事务暨预算政务司在"澳门近十年的保护消费者工作"研讨会开幕礼上的发言。

内 11 个城市的居民发生跨域消费争议都可以使用该一站式平台进行投诉,平台同意转给相关消费者委员会跟进处理,该便捷服务可以提高大湾区居民互动消费的信心,促进各地区共同发展。然而此平台刚刚启动,还需要不断探索进步,相关制度也需要不断完善。此外,澳门特区与横琴新区消委会搭建了跨域仲裁合作平台——"跨域视频调解平台",目前已完成两宗个案,为澳门特区居民挽回 20 万元的经济损失。①

2. 香港特区

香港特区近年来老龄化趋势严重,年长者逐渐成为一个庞大的消费群体,他们在年纪增长的过程中,身体功能下降,生理和认知能力衰退,使其更容易受到不良营商手法的损害。为此,产生了以下两个热点话题。

(1) 为长者营造友善的消费环境

据调查,年长者经常性消费的三大项目是:交通、外出用餐及通信;其支出最大的消费项目是旅游。大部分年长消费者表示,市场上没有足够合适的商品或服务以满足他们的需要。在受调查的年长者中有 38.7% 的人在过去一年中有不愉快的消费经历。为此,消费者委员会建议,要充分考虑年长消费者的需要,要让市场给年长消费者足够的选择空间,为年长消费者提供方便的渠道以获取信息和寻求帮助等。政府带头制定全面的年长者消费政策,推动对年长者友善的产品、服务和设施的建设,例如,要求商场提供便于年长者用餐、如厕、行走的设施,必要的场所提供加大字号的路牌路标;鼓励厂家开发年长者需要的产品,提高商家服务年长者的意识,同时为年长者提供可以方便获取资讯、寻求帮助的渠道。②

(2) 为香港特区个人医疗保险市场缔造可持续的价值

消费者往往带着期望购买个人医保,例如,期望个人医保可以应付他们可能需要的医疗服务开支,以及使医疗可持续受到保障。然而,根据消费者委员会的投诉个案显示,尽管消费者在购买个人医保的不同阶段中遭遇的问题不尽相同,但整体而言他们对个人医保所提供的保障缺乏确定性,以及对持续获得保障的期望未能实现,这种期望落差导致希望从购买个人医保以享安枕无忧的消费者产生不满及忧虑。为此,消费者委员会建议,提升个人医保的延续性,调高投保年龄上限,为非主要保障项目的升级提供退出选择,为投保前未知的已有病症提供保障等。③

---

① 参见《澳门消费》,2019 年 7 月版,第 16 页。
② See Consumer Council, *Risk or Opportunity—A Study on Building an Age-friendly Consumption Environment*, 2018. 10.
③ See Consumer Council, *Creating Sustainable Value for Private Health Insurance Market in Hong Kong*, 2019. 5.

六、经验借鉴

消费者保护的制度和法律,往往根据各地的消费习惯、商户营业习惯不同而有所差异,港澳地区的消费者保护制度也是各具特色,其中有一些制度值得参考借鉴。

(一)树立典型

香港特区和澳门特区都会对商家进行监督管理。其中澳门特区特设"诚信店"制度,对于达到一定标准、通过考核的商家,发放"诚信店"标志。"诚信店"在经营期间,也要接受消费者和消费者委员会的检查和考核。目前澳门特区"诚信店"制度发展成熟,店内悬挂有"诚信店"的标志,既是消费者对该店的认可,也是该店吸引更多消费者和游客的资本。据澳门特区消费者委员会的调查,大部分游客来澳旅游,都会选择带有"诚信店"标志的商家进行消费。与澳门特区相反,香港特区则推行"公开点名"制度,对于有侵害消费者行为、不正当竞争的商户予以信息公开,在官网及刊物上"公开点名",对商户以示警告的同时,提醒消费者谨慎消费。此外,香港特区和澳门特区都以出版期刊的方式,发布一些关于消费市场的调查情况,普及消费知识,公开商户信息。

(二)协议仲裁

澳门特区设立消费者争议仲裁中心,专门处理有关消费的争议。相比诉讼,仲裁方便快捷,效率较高;相比调解,仲裁裁决具有法律效力,有助于保障消费者权益。配合消费者争议仲裁中心,消费者委员会推行"加盟商号"制度,成为"加盟商号"的商家,即表明其在发生消费者争议时自愿接受仲裁中心的仲裁,这使得消费者在该商家消费更有信心和安全感。

(三)消费者诉讼基金

消费者诉讼基金由香港特区创设,政府拨款,香港特区消费者委员会担任受托人,管理该基金,为消费者提供协助。消费者在购买到劣质商品、受到不良经营者欺骗、受到不公平不合情理的合约条款约束、被虚假广告误导等任何具有伤害其利益的重大事件时,尝试过其他解决纠纷的途径(如调解、协商)而未获解决,则可以向消费者委员会申请。消费者委员会作为受托人,会酌情动用消费者诉讼基金为消费者提供法律意见、委任律师等协助。截至2019年,消费者委员会动用消费者诉讼基金解决案件共711起。[1]

---

[1] 参见香港消费者委员会官网,www.consumer.org.hk,2020年7月2日访问。

(四)重视教育

香港特区消费者委员会认为,除了打造好的营商环境,还要保证消费者知法懂法,才能使消费者更好地维护自己的利益。香港特区消费者委员会特别注重对消费者有关消费知识、法律知识的普及,例如定期开展课程讲座、公众宣传。香港特区消费者委员会下设小学消费教育和咨询委员会,为小学生开设消费教育的课程。

第二节 美国

一、前言

美国是典型的判例法国家,且由于美国实行的是联邦制,因此美国的消费者立法形式是联邦立法与各个州立法相结合。在法律制度方面,美国的法律是成文法与判例法并存。

美国的消费者保护法律体系中并没有基本法,其法律体系是由较为全面的单项的成文法与判例构成。在早期美国立法主要关注的是一般服务以及商品交易这样的领域,例如《统一商法典》《联邦贸易委员会法》,并具有依据《联邦贸易委员会法》进行裁量大量的判例。第二次世界大战后,美国的经济立法与以往相比,无论数量还是规模都有了大幅度的提高,经济法干预的领域更加全面,《玩具安全法》《消费品安全法》等大量的消费者保护方面的立法,弥补了其在商品交易以及一般性服务领域方面立法的不足。以1968年的《消费者信贷保护法》为起点,美国的消费者保护立法的重点转向了消费者信贷方面。经过近百年的发展,美国的立法逐渐完善,其处理消费者与生产者关系的相关立法的重心已经发生了转移,更多地倾向于保护消费者的权益,其中《产品责任法》更是体现了实质公平,保护消费者权益的原则。

美国的消费者保护机构中的联邦贸易委员会,发展历史最为久远,是国家层面的消费者权益保护机构。在此之后,美国成立了联邦食品和药品管理局,这是美国规模最大的保护消费者权益的机构,其职责范围主要在于对食品、药品与化妆品的安全性检验与批准。接下来,美国成立了消费者产品安全委员会,其主要任务是制定消费产品适用的安全性标准并代理联邦政府执行商品安全任务,以减少潜在消费者商品中造成伤害的危险因素。联邦贸易委员会与联邦食品和药品管理局以及消费者产品安全委员会,再加上负责肉类检疫与食品分级职责的农业部都是国家层面的消费者保护机构。除此之外,美国的各州一般都会设有消费者事务部或类似办公室。在官方的消费者权益保护机构完善的同时,美国民间的消费者保护机构也渐渐地发展成熟。

美国消费争议有着完整的解决程序与方式,除了在司法方式中设立小额法庭诉法,还有非司法方式。非司法方式包括仲裁、消费者建议小组等方式。美国《联邦民事诉讼规则》正式确立了集体诉讼制度,并在之后的修订中不断地扩大其适用范围,对其进行了补充。美国消费者保护团体的数量众多,并且与消费者之间有着密切的联系,彼此相互信任,这就使得美国的消费者保护机构在保护消费者权益方面发挥着无可替代的积极作用。

本章分为四个部分:第一部分介绍美国现行几个比较重要的消费者保护机构与法规;第二部分将作不同法规之间的比较;第三部分分析美国消费者保护的发展方向;第四部分概述美国消费者权益保护措施。

二、美国现行消费者保护机构

美国是世界上消费者权益保护思想萌发最早、消费者权益保护措施及实践最为完备的国家。美国早在 19 世纪末就成立了消费者协会,20 世纪初政府又设立了消费者权益保护机构。[①]

经过 100 多年的发展,美国政府不断加强消费者保护方面的立法工作,推进政府和民间消费者保护机构的建设和发展,逐步形成了一个相当完备的消费者保护体系。

美国是联邦制的国家,官方的消费者保护机构往往可以分为联邦机构和地方机构两大类。在美国,联邦、州以及各县市都有自己负责消费者保护事务的官方机构,在本辖区范围内行使消费者保护的权力。与其他很多国家和地区不同的地方在于,美国的消费者保护自律机构不仅包括行业协会和民间团体,还包括一些营利或者非营利的私营机构。相较于民间消费者保护团体,这些机构在专业性、规范性方面往往具有更大的优势。因此,美国就形成了一个由国家、地方、民间及私营四个层次构成的完备的消费者保护机构体系。

1. 政府消费者保护机构

美国消费者保护的政府机构有联邦和地方机构两类。其中,美国联邦

---

① 1891 年成立的美国纽约消费者协会,是世界上第一个以保护消费者权益为宗旨的组织;1899 年诞生的美国消费者联盟,是世界上第一个全国性的消费者组织;1914 年,美国设立的联邦贸易委员会,是世界上第一个保护消费者权益的政府机构。20 世纪 60 年代,随着美国消费者运动规模和影响的进一步扩大,1962 年 3 月 15 日,美国总统肯尼迪在《关于保护消费者利益的总统特别国情咨文》中,率先在世界上提出了消费者享有的四项基本权利:安全的权利、了解的权利、选择的权利和意见被听取的权利。1969 年,美国总统尼克松又进一步提出了著名的消费者第五项基本权利:索赔的权利。与此相呼应,各级消费者权益保护的专门机构广泛建立起来,政府的强力介入使消费者权益保护水平上升到一个新的台阶。

一级具有消费者保护权力和责任的机构就多达30多个,其中最主要的机构包括联邦贸易委员会及其下属的消费者保护局、消费品安全委员会、美国食品药品监管局、消费者金融保护局以及农业部食品监督分级局等多个机构。而在地方,各州大多建立了诸如消费者事务部、消费者保护办公室等消费者保护机构,具体负责本州的消费者保护事务。美国联邦机构和地方机构有着明确的职责分工:除了少数特殊情况外,联邦政府对消费者保护的范围只限于全国销售的商品提供的,而州和地方政府则具体全面地负责自己管辖范围内消费者保护事务。

(1)联邦贸易委员会及其消费者保护局(FTC Bureau of Consumer Protection)——联邦贸易委员会是美国政府中设立最久以及最为重要的消费者保护机构之一,是美国消费者保护方面的权力最大的行政机构。[①] 该机构除具有反垄断和反不正当竞争的主要职责外,还兼有消费者保护的重要职责。具体而言,委员会的消费者保护的职责有:①采取措施有力且有效地保证消费者法律的实施;②与联邦、州立法机构及国际政府组织分享专业技术,促进消费者利益;③通过听证、工作坊(workshop)、会议等多种形式开展消费者政策研究;④采用最新技术在全球范围内用务实和平实的语言推广消费者和商家教育。委员会在保护消费者权益方面拥有立法权、受理投诉权、调查权、裁决权、投诉权等权力,它可以根据联邦法律授予其的权力,根据投诉对私人企业进行调查取证,对那些违法乱纪和损害消费者权益的企业,它并不直接加以处罚,而是向行政法院和联邦法院提出诉讼。对于某些可能会给消费者带来负面影响或精神和肉体伤害的产品,委员会可以作出停产、市场禁入等裁定;对于那些有令不禁者,联邦贸易委员会还可以课以经济处罚。联邦贸易委员会下设有消费者保护局。该局是一个专门负责消费者保护的行政机构,是美国联邦一级消费者保护事务的执行机构,[②]其主要职责是:保护消费者免受不公平、欺诈性或欺骗性的市场行为损害;对公司或行业开展调查;对公司或个人提起诉讼;制定保护消费者的规则;对消费者和商家开展有关权利

---

① 美国联邦贸易委员会的详细情况参见美国反垄断和反不正当竞争部分。
② 消费者保护局设局长1名,副局长2名,下设事务总长1名,总顾问6名,区域执行助理1名,事务性高级顾问1名,以及7个分支机构:(1)广告行为处,负责《真实广告法》的执行情况,特别是食品、药品、营养品、烟酒、涉及高科技产品和互联网的行为,负责《儿童在线隐私保护法》(Children's Online Privacy Protection Act)的实施;(2)消费者和商家教育处,负责策划和组织消费者保护运动;(3)执行处,负责提起民事诉讼以落实联邦贸易委员会申请法庭禁令和其他行政命令,其中刑法联络组(Criminal Liaison Unit)负责与刑法实施的联络工作;(4)金融行为处,负责金融服务业的不公平和欺诈行为,包括诱导性或歧视性的借款措施、不公平或欺诈性的贷款措施、债务催讨、信用顾问等;(5)市场行为处,负责电讯、直接邮件、群发垃圾信息、在家工作计划等;(6)计划和情报处,负责接受报告并调查不安全产品、提供召回产品目录查询;(7)隐私和身份保护处,负责防止刺探、出售个人信息和身份盗用行为。

和责任的教育,并就国会和其他政府机构所预备采取的措施对消费者的影响提出报告。消费者保护局在各地设有相应的办事机构,负责具体事务的执行工作。总的来说,联邦贸易委员会是决策机构,负责消费者保护宏观政策以及相关法规的制定,而消费者保护局则负责政策法规的执行。

(2)美国消费品安全委员会(Consumer Product Safety Commission,CPSC)——消费品安全委员会是一个承担有关消费品安全职能的独立的联邦机构①,其使命在于保护公众免受与消费品有关的不合理的伤害,主要职责是对消费品使用的安全性制定标准和法规并监管执行,其现有目录上管理着15,000种不同的产品,主要是家用电器、儿童玩具、烟花爆竹及其他用于家庭、体育、娱乐及学校的消费品,但车辆、轮胎、轮船、酒精、烟草、食品、药品、化妆品、杀虫剂及医疗器械不在其管辖范围内。制造商、进口商、分销商和零售商必须对被检测不安全的产品作书面报告,只有获得安全标志的产品才准许进入市场。赋予消费品安全委员会监管消费品权限的有下列法律:《消费品安全法》《消费品安全改进法》《联邦危险品法》《易燃纺织品法》《防止中毒包装法》《游泳池及温泉安全法》《防止儿童被汽油灼伤法》《冰箱安全法》等。安全委员会依法行使职权,相关部门如交通部、商业部、环保署、农业部、美国食品药品监管局、国土安全局、联邦通讯委员会、能源部、海关等机构应予配合。委员会对消费品的监督主要采取零售监督、进口监督、互联网监督等方式。自2008年起,安全委员会在全美主要口岸都设立了监督站。同时,进口商在得知产品瑕疵时必须立刻向消费品安全委员会报告。报告不以完成全部调查为条件,也不以发生伤害事故为前提,应客观评估产品故障,并确认其最坏情形。在网络监督方面,安全委员会是国际商业数据系统(ITDS)及自动化商业环境(ACE)的参加机构。对于网络销售,尤其是大型拍卖网站销售产品,安全委员会均有权监测其是否符合标准。消费品安全委员会的监管手段主要有:罚款;电视媒体曝光;必要时追回有问题的产品;通过法律程序。可见,消费品安全委员会是通过监管消费品安全问题来保护消费者的。

(3)美国食品药品监管局(Food and Drug Administration,FDA)——FDA是美国目前规模最大的消费者权益保护机构,在维护消费者利益方面,其工作与民众的关系也最为密切。其主要职责是负责食品、药品、化妆品和医疗器械的安全性和纯净度的检验及批准加贴标签工作。同时,FDA也是国际医疗审核权威机构,通过FDA认证的食品、药品、化妆品和医疗器械被公认为对人体是安全而有效的。在美国等近百个国家,只有通过了FDA认可的药

---

① 美国联邦消费品安全委员会成立于1973年,由5名专员组成。专员由总统任命,参议院批准,其中1人担任首席执行官。

品、器械和技术才能进行商业化临床应用。也就是说,该机构主要负责食品、药品的安全管理和监督工作,在这些领域来保护消费者的安全和权益。

(4)农业部(United States Department of Agriculture,USDA)及其食品监督分级局——美国农业部①的主要职能是:负责农产品及各种作物、畜牧产品的计划、生产、销售、出口等;监督农产品贸易、保证生产者与消费者的公平价格和稳定市场;根据世界与国内农产品生产和消费状况,实行限产或扩大生产的措施;负责发展农村住房建设、美化环境、保护森林、农业教育等。美国农业部对消费者利益最直接的保护可以说是对肉类食品的检验和提供食品分级服务。而这一职责主要是由其下属的食品监督分级局承担。在美国,所有出售的肉类和家禽都必须接受该局的检验检疫,以确保制成食品的动物是健康的,肉类食品是安全可靠的。

(5)美国消费者金融保护局(United States Consumer Financial Protection Bureau,CFPB)——消费者金融保护局依2010年《华尔街改革与消费者保护法》(Wall Street Reform and Consumer Protection Act)而设立,其宗旨是向消费者提供理解其与金融公司之间签订协议所需的信息,使条例和指导清晰、一致,以便金融产品和服务的提供者能自行遵守这些规定,保证消费者金融市场的公平、透明和竞争。其主要职责是:负责有关联邦消费者金融保护法律的规则制定、监督和实施;限制不公平、欺诈或滥用行为;接受消费者投诉;促进金融教育;研究消费者行为;监测金融市场出现的新型消费风险;实施反歧视和其他消费者金融方面的反不公平待遇的法规。消费者金融保护局融合了联邦储备委员会(Federal Reserve Board)、联邦贸易委员会、联邦存款保险公司、住房和城市发展部的部分职能,特别对在银行管制之外的金融机构进行监督,对金融机构欺诈或权力滥用行为进行遏制,对按揭披露、贷款和信用卡公司和按揭经纪人的信息披露和其他误导行为进行监督。2012年2月,债务收集公司和信用卡报告公司也被纳入管治范围。此前,美国金融消费保护方面的主要法律有:1978年《公平债务催收法》(Fair Debt Collection Practices Act)、1970年《公平信用报告法》(Fair Credit Reporting Act)、1975年《公平信用账单法》(Fair Credit Billing Act)、1968年《真实借贷法》(Truth in Lending Act)、1968年《消费者信用保护法》(Consumer Credit Protection Act)等。前三部法律原本均由联邦贸易委员会负责实施,2010年7月新消费者信用保护法实施后,联邦贸易委员会仍然是《正当收债行为法》的实施机构,但其建议意见的功能将被收归于新成立的消费者金融保护局。《借贷机会均等法》原本由联邦储备委员会负责执行,自2011年7月起,其职责也由

---

① 美国农业部的前身是1862年建立的联邦政府农业司,1889年改为现名,沿用至今。

消费者金融保护局总体接管,联邦储备委员会只保留对汽车经销商贷款等有限规则的制定权力。

(6)联邦其他机构——美国还有很多具有消费者保护职能的行政机构,例如,美国司法部反托拉斯局致力于对市场垄断行为的预防、监控、调查和惩处;联邦通信委员会(Federal Communications Commission,FCC)负责通信事业领域的消费者保护工作;运输部在交通运输领域对消费者进行保护,等等。这些机构与联邦贸易委员会、消费品安全委员会以及美国食品药品监管局等专职机构共同构筑起对美国消费者权利实施行政保护的坚强堡垒。

(7)州和地方政府的消费者权益保护机构。美国各州和地方政府均设有消费者权益保护机构。各州一般设有独立的消费者事务部,或在某办公室内设有消费者保护处(其中最常见的是隶属于州检察长办公室的消费者保护办公室)。没有独立设置此机构的州,则由州长办公室或司法部部长办公室承担此项职责。在地方政府一级,检察长办公室可能设有单独的科室以处理对消费者的欺诈行为。该类机构的职能包括:教育消费者,使消费者了解自身权益;出版刊物,解释各州的消费者保护法;印制宣传单,对如何避免商业欺诈提出建议;畅通消费者申诉热线;执行有关消费者保护法;对金融诈骗展开调查;对诈骗者提起民事或刑事诉讼;颁发各职业如房地产经纪人、保险代理从业执照和进行从业人员的管理等。各州的消费者保护机构除了对于自己管辖范围内的事务全权负责外,还需要和联邦机构加以合作来进行某些消费者保护工作,比如联邦消费者保护法规的实施、跨州消费者侵权问题的处理等。

2. 民间消费者保护机构

美国的非政府组织十分发达。在消费者保护方面,基本形成了由民间消费者团体、私营机构以及行业协会三类主体构成的消费者保护网络体系。这三者相互合作,相互补充,共同维护着美国消费者的合法权益。

美国民间消费者权益保护机构历史悠久且发达成熟,最具特色的三大消费者民间机构是美国消费者利益委员会、美国消费者联盟及美国消费者委员会。这三个机构在消费者自我保护方面发挥着重要作用。

(1)美国消费者利益委员会[①]。消费者利益委员会是美国影响力最大的民间消费者保护机构。其主要工作是提供消费者报道、信息及情报;维护消费者在美国的经济权益;着重研究有关消费者利益方面的法律、政策;出版自己的期刊《消费者业务杂志》;受理消费者的投诉。由于其属于民间机构,因此,该机构在解决消费纠纷时,往往采取向新闻媒体曝光、代表消费者向法院

---

① 美国消费者利益委员会成立于1953年,总部设在密苏里大学。

起诉等手段。此外,他们还监督法院审判程序,向法官提交备忘录以说明消费问题的重要性。

(2)美国消费者联盟①。该联盟的主要工作内容共分为三大部分:信息整理(包括比较试验、消费调查和测评)、信息发布(杂志和各种出版物的出版、网络)和消费者教育。该联盟设有3个倡议办公室,它们代表消费者在立法、司法、制定规章方面提出意见。该机构每年检测商品65个项目,其中包括20—30个较小的项目;专题研究93个项目;有2000个微型胶片以提供各种情报资料。该聪明发行的《消费者报告》杂志,在美国的发行量为400万份,这本杂志不刊登商业广告,不为任何公司做宣传,在读者中享有很高的知名度。该联盟还拥有50个属于自己的试验室,专门用于比较试验,然后通过杂志和专刊及网络向广大消费者发布,并使之成为消费者教育的重要内容。该联盟采用各种手段教育消费者,与各种成人教育团体合作,努力发展消费者教育计划,而且还把相当一部分力量用来指导和组织消费者运动。

(3)美国消费者委员会②。该委员会是一家致力于消费者教育、宣传以及金融教育的非营利性会员组织,旨在通过促进和增加消费者对于产品和服务的安全消费来促进美国经济的增长。主要靠其145,000名在职员工以及设立在超过40多个国家和地区的附属机构为消费者提供咨询和信息以及开展消费者教育工作。

3. 私营的消费者保护机构

美国的消费者保护的一大特色就是建立了大量的营利或者非营利的私营消费者保护机构。非营利的公司机构主要是由一些公司建立或资助,其宗旨是维护消费者权益及公司利益,防止他们受到不法侵害。它既可向顾客提供有关公司和有关产品的信息,也可受理消费者的投诉。同时,美国生产消费类产品的企业,大多在企业内部设有保护消费者权益的自律性机构,为消费者免费提供资讯和接受查询。另外,还有一些地方商会在维护消费者权益方面也伸出援手,从而使消费者权益保护的网络更加广泛而健全。商业优化局③就是这方面的最好例子。该机构是美国最著名的保护消费者权益的私营机构,是由公司建立并资助的非营利公司,专门负责企业优良认证、消费者教育及资讯公布、协助美国境内的消费者掌握个别企业的消费咨询管道,其目标是促进建立公平有效的市场。其主要职责包括:收集信息并建立企业、产品的档案;为消费者提供相关产品、企业

---

① 美国消费者联盟成立于1936年,总部设在纽约,是国际消费者联盟组织(CI)的5个发起组织之一。
② 美国消费者委员会成立于1987年。
③ 美国商业优化局成立于1912年,在全美各地设分支机构140多家。

的情报并提供咨询服务；为消费者提供投诉服务；为消费者提供维护自身合法权益的投诉渠道。

4. 行业协会

虽然大多数行业协会成立的目的不在于消费者保护，但是却在消费者保护方面发挥着重要作用。这些行业协会出于促进行业健康发展的需要，往往会通过制定相关自律规则、加强自身监督等方式来减少、制止侵害消费者的行为，从而起到保护消费者权益的作用。

三、美国消费者权益保护法律制度

消费者保护旨在保护消费者不受市场上不公平行为的侵害。保护消费者的措施往往是由法律规定的，非政府组织也在努力保护消费者。消费者保护法的目的是防止个人或法人组织从事欺诈或特定的不公平行为，从而获得相较于竞争对手，对某一产品或商品的消费者较为优势的地位。它们还可以为社会中较为弱势的人群提供额外的保护。例如，政府可能要求企业披露产品的详细信息，如此可以保障人民的知情权与选择权等消费者权利，尤其是在涉及食品安全或公共卫生问题等领域更显其重要性。

消费者保护源自消费者权利的兴起和消费者保护组织的形成，消费者保护组织帮助消费者在市场上做出更好的选择，并在消费者投诉方面有很大的贡献。其他促进消费者保护的组织包括政府组织和自我规范的商业组织，例如，消费者保护机构与代理组织、美国联邦贸易委员会，以及美国、加拿大、英国的商业改局。

消费者被定义为直接使用或拥有某项商品或服务的人，而不是转售或用于生产和制造的人。消费者的相关利益人也可以被定义为消费者，如此才能符合经济效率与发展的要求，但这一主题是在反不当竞争法中讨论的。另外，消费者保护也可以由非政府组织和个别不同的消费者权益推动者来主张。

美国的消费者权益保护法律体系经过从产品质量保障、欺诈等内容的保护到消费信贷汇中消费者权益的保护这近百年的发展，已日趋完善，包括联邦法和州法两部分，结构庞大而繁杂，涉及欺诈、产品质量管理、广告管理、消费信贷等若干方面。

举例说明，在美国的消费者保护领域中，分别由联邦和州层级的各种法律对消费者事务进行管理，其中包括《联邦食品、药品和化妆品法》《公平追债行为法》《公平信用报告法》《借贷法》《公平信用账单法》和《格雷姆—里奇—比利利法案》。另外，联邦消费者保护法主要由联邦贸易委员会、消费者金融保护局、食品药品管理局和美国司法部执行。

在州层级,许多州采用了《统一欺骗性贸易行为法案》,包括但不限于特拉华州、伊利诺伊州、缅因州、内布拉斯加州。《统一欺骗性贸易行为法案》禁止的欺骗性贸易行为大致可分为两类:(1)不公平的或欺骗性的商业行为;(2)不真实的或误导性的广告。《统一欺骗性贸易行为法案》第3条(b)款包含了一项针对胜诉方的私人补救措施,即如果败诉方有"故意从事欺骗性的贸易活动",就由败诉方支付胜诉方的律师费。密苏里州也有一个类似的法令,叫作《商品销售惯例法》。该法规允许地方检察官或司法部长对在消费者交易中故意做出欺骗性商业行为的人提起诉讼,同时授权消费者聘请私人律师提起诉讼,要求获得实际损害赔偿、惩罚性损害赔偿和律师费。

此外,大多数州都设有消费者事务部,专门负责管理某些行业,保护购买商品和服务的消费者不受这些行业的不良影响。例如,加州消费者事务部通过其40个监管实体,监管了230多个不同行业的230万名专业人士。此外,加州通过《消费者法律救济法案》,鼓励消费者主动调查及搜集证据。

在美国各州中,加州拥有最严格的消费者保护法,部分原因是公共事业消费者联合组织(Utility Consumers' Action Network)、加州消费者联合会(Consumer Federation of California)和隐私权清算所(Privacy Rights Clearinghouse)等团体的大力倡导和游说。例如,加州规定了"冷却期",消费者有权在一定时间内取消某些特定类型的交易合同,如房屋抵押交易、保修和维修服务合同。

相较于加州,部分州在消费者保护的特定领域反而处于较为先进的地位。例如,佛罗里达州、特拉华州和明尼苏达州已经立法规定,合同必须以合理的可读性水平书写,因为极大比例签署合同的消费者无法完全理解其合同中主要条款的内容。

综合前述,消费者保护法是由消费者保护管理局(Bureau of Consumer Protection)和联邦贸易委员会(Federal Trade Commission)监督的一个法律领域。它保护消费者,预防因为企业不道德和过失行为造成消费者的损失。消费者保护局通过制定和落实执行其中的商业交易规则和相关条例来实现这一目的。此外,立法还对企业如何处理消费者个人信息设置了许多限制。由此为出发点,下文将继续分析消费者保护局的特定部门,重点落在这些部门如何处理消费者的个人信息。

(一)个人隐私和身份保护部门(The Division of Privacy and Identity Protection)

因为当消费者消费时会思考谁在保护他们的隐私和身份安全,所以为了避免消费者个人隐私被不当利用或是身份被盗用,该部门被设立。

个人隐私及身份保护部门成立于2006年,旨在保障消费者的隐私及身份不会受到不公平对待或避免消费者处于被欺骗的风险中。根据美国联邦贸易委员会的规定,接下来将重点介绍个人隐私和身份保护部门中四个最重要的保护领域,分别是针对保护消费者的隐私和身份的不同法规进行分析。

1. 《联邦贸易法》(The Federal Trade Act,FTA)第5条

《联邦贸易法》第5条是消费者保护局执行联邦贸易委员会法最重要的一部分(以下简称第5条)。联邦贸易委员会对第5条作出了以下概述:"消费者应该被公平对待,而不是被欺骗,或者因为企业的不公平或欺骗行为而处于危险且不公平的地位之中。不公平或欺骗行为的例子如,产品错误陈述、消费信息故意遗漏或者部分企业过失行为可能误导消费者,本条文主旨在避免上述行为对消费者造成重大伤害。"

2. 《公平信用报告法》(The Fair Credit Reporting Act,FCRA)

本法是更具体地侧重于信用报告业务的法律领域,例如,消费者报告机构要求消费者在提供或与第三方共享个人信息时,对该信息的准确性和安全性负责。这条法律确保了像Equifax、Experian和TransUnion这样的报告机构会被要求增加他们的义务,以保证以公平和安全的方式管理和处理消费者的信用信息。

除上述企业法定义务之外,消费者更需要提高警惕,比如,消费者是否意识到他们有权知道这些信用报告机构拥有他们的哪些信息?根据《联邦贸易法》第5条的规定,信用报告机构必须给消费者提供审查和质疑他们收集的关于消费者信息的准确性的机会,包括信用报告机构与他人分享的信息时,他们也要给消费者机会去审查以及质疑。

3. 《格雷姆—里奇—比利利法案》(The Gramm-Leach-Bliley Act,GLBA)

该法案也被称为1999年的金融现代化法案,它要求美国所有金融机构以书面形式解释它们如何处理和保护消费者信息。有一部分信息需要更高度的保护,特别是消费者的非公开个人信息,因为这是敏感的个人信息,包括他们的社会保险号、信用信息、全名和个人地址。因此,《格雷姆—里奇—比利利法案》(以该法案的3名共同发起人的名字命名)规定,每家金融机构必须创建并维护一份公开的书面说明文件,详细记载它们如何保护消费者的个

人信息安全。此外,最重要的是,金融现代化法案限制了金融机构与第三方共享敏感数据的方式。

4.《儿童网络隐私保护法》(The Children's Online Privacy Protection Act, COPPA)

该法的通过规范了公司收集利用有关儿童的信息及其使用方式,授权COPPA主要为儿童及其父母提供了保护。《儿童网络隐私保护法》规定,若是为了欺诈或收集信息后会对儿童产生不公平影响,则禁止在网上收集儿童个人信息或增加相关规定,限制收集行为。比如需在知情的情境下,一般是在告知父母如何收集和使用个人信息的前提之下,才可对13岁以下儿童进行收集个人信息。所以,对儿童来说该法有助于使互联网成为一个更安全的地方,尤其在保护儿童信息方面。

(二)营销及广告实务部门(Marketing & Adertising Practice Divisions)

消费者保护局的营销及广告实务部门的职责重点是防止市场营销人员在把他们的产品投入市场时产生欺骗现象,较为常见的类型有欺诈性行为和带有误导性质的行为,下文将分别讨论由消费者保护局监控的两种领域,即营销和广告。

骗人或误导人的广告是生活中常见的,不仅与消费者财产利益相关,有时候更会直接影响消费者的人身,以下举例说明。

什么是欺骗性广告?欺骗性广告是指在印刷、数字格式或视频广告中使用的图像或文字直接或间接地暗示了产品的虚假信息,或为了避免消费者获得充分了解真相的机会而省略了必要的信息。根据联邦贸易委员会和消费者保护惯例,要求产品名称、价格和权利不得误导消费者。大多数情况下,任何会影响消费者对产品或服务所作行为或决定的事情都必须是真实的。这些规定适用于产品包装、标签、手册、广告和数字媒体。欺骗性广告的简单例子如下,不含牛乳的冰激凌在美国非常流行,一个冰激凌制造商在社交媒体上宣传自己的产品主要成分是不含乳制品的,他们用的是牛乳替代品。然而,冰激凌中某些成分实际上来自乳制品,这将违反消费者保护法。此外,如果广告未能提供消费者获得充分信息的机会,就会被归类为误导。例如,有一种新的膳食补充剂,可以减缓头痛症状,服用该补充剂是解决一种需要克服严重营养缺乏导致偏头痛症状的完美方案。但是,广告没有告诉人们,偏头痛患者中只有不到1%的人有这种缺陷。这被认为是一种误导,而且直接违反了消费者保护法,因为消费者很可能认为这种补品可以帮助减缓偏头痛的症状。

说到这里,消费者必须警惕膳食补充剂。购买这类产品特别容易受到生产和销售企业的欺骗和不诚实的营销。这就是为什么联邦贸易委员会对膳食补充剂和减肥产品创建了一个广告指南,概述了市场营销人员在宣传其产品的健康益处时可以做什么,不可以做什么。

下面对一些具体规定做出说明。

1. 环保产品声明

有关环保产品,联邦贸易委员会规定,成立环保产品声明应有具体且真实的、有证据支持的词汇写明在产品上,比如,官方的常用的环保术语有"可生物降解""可回收""无毒"等。然而,为了符合消费者保护法,这些主张需要出示具体证明或明确的解释文字,来证明并解释他们如何实现上述的环保术语。例如,如果一个产品的材料被标记为"可回收",营销人员则需要明确列出已知的可回收材料,并在包装上解释这产品为什么可回收。好比以下说明:"我们的产品100%由竹子制成,这是一种众所周知的可回收和可持续的材料。"如果消费者想知道更多关于什么是可以做的,什么是不可以做的,可以参考联邦贸易委员会的"绿色指南"。换句话说,这同时是联邦贸易委员会的指导方针,要求营销者在做出环保承诺时必须遵守消费者保护相关法规。

2. 产地说明义务

诸如"美国制造"这样的声明不仅代表着一个产品的原产国,同时也可能影响消费者购买习惯。正是由于这个原因,错误的原产地声明是欺骗性的和具有误导性的,当然违反了消费者保护法。大多数消费者会将不同的价值与每一支笔联系起来,因为不同国家的制造业实践之间普遍存在感知差异。这意味着知道产品的产地会影响他们作出购不购买的决定。因此,如果明示或暗示这支笔是在英国制造的,而实际上它是在另一个国家制造的,就将违反《联邦贸易委员会法》。

3. 反滥发讯息法案

本法案中的"SPAM"前面上加"CAN",与其他法案有些许不同。首先,SPAM法是通过防止滥发讯息来保护消费者,可让消费者不会接收到垃圾邮件或含有内容不适的电子邮件讯息,其中的规定包括:信息或邮件中需要提供准确的标题(标题不可以误导读者);该邮件内需有允许读者以一种简单的方式选择不接收消息比如不再订阅(通过这方式显示寄件方应尊重收信方的决定);发件人显示其业务的实际位置须加上寄件人并必须说明他们是谁和他们的意图。所以,当消费者收到一封其已经退订的人发来的不想要的邮件时,要知道发件人是违法的,消费者有权利依法追究发件人的责任,并希望发件人不要继续无视消费者的"未订阅"请求,否则将依法处理这类问题。

4. 电话营销的销售规则

电话营销的销售规则是应当被正视的课题。当消费者坐下来吃晚饭的时候接到了一通电话,然后意识到只是有人想卖东西给他,这是一件令人心烦的事。值得庆幸的是,严格的法律已经出台,该销售规则可以保护消费者免受电话营销员的不公平和欺诈行为的侵害。

5. 电话消费法案

电话消费法案可以确保消费者不会受到电话推销员的骚扰、欺骗或虐待。该法案涵盖的主题包括:自动拨号系统、自动短信等。全国有经过注册成为禁止电话销售的电话号码,加上推销员何时以及如何联系消费者的规范,如果消费者被自动电话或短信骚扰,可以联系一位受过训练的 TCPA 律师,消费者可能有权获得高达 1000 美元的赔偿,计算方式是基于推销电话的次数。

6. 特许经营和商业机会规则

特许经营和商业机会规则主要规制以下状况:商家声称提供商业营利系统可以让消费者快速获取利润或给消费者一个"保证",即可以让其致富的特许经营权。但其中很多都是骗局,它们只是欺骗人的营销人员为销售欺骗性的商业计划而伪造创造利润的机会。

其实,联邦贸易委员会已经注意到了这一点。消费者保护局已严厉打击这类商业欺诈行为及其特许经营机会。联邦贸易委员会采用的方式是要求卖家向所有潜在的买家提供所有文件的详细信息。比如一份披露文件概述了企业必须向潜在买家披露的 23 项具体信息,以符合规范。详细资料包括卖家业务和收入以及亏损时的求偿方式,并必须提供财务证据支持这些求偿。如此一来,联邦贸易委员会保护了毫无戒心的个人在寻求更好的生活时,不被卖家恶意误导,当然联邦贸易委员会也不允许他们做出任何可能损害消费者利益的夸大收入或商业计划宣传。

7. 消费者保护法和技术变革

消费者保护法并非停滞不前。它们总是在不断发展,以适应技术和社会的变化。当然,近年来最显著的变化是全球范围内对互联网的采用。这一变化对消费者的隐私和保护造成了许多新的威胁,促使了专门保护消费者网络隐私和权利的新消费者保护法的诞生。

(三)金融实务部(Division of Financial Practices)

该部门涵盖了保护金融产品与服务的消费者。因为几乎每一个人在一生中的某个时候都会成为金融产品或服务的消费者,所以此部门显得非常重要。换句话说,这些金融服务的消费与他们生命中的几个重要里程碑有紧密的关联,例如,人们上大学(学生贷款缴学费)或是购买他们的第一辆车(汽车贷款)以及买房子(开始设定抵押贷款)。这就是为什么这领域的消费者保护是一系列相关法规的巅峰。因此,消费者保护局在保护消费者时,在这领域有完善的金融服务活动规范,以下是在金融实践中几个重要的法律。

1. 《公平债务催收法》

《公平债务催收法》的制定是因为当消费者无法偿还贷款时,他们的压力是非常大的,而使用暴力收债的方式不仅不能解决这个问题,还常常加重其他方面的问题,因此,联邦贸易委员会制定了《公平债务追收法案》。该法通过限制第三方催收企业代表其他企业或个人以不道德或不公平的行为催收未偿债务来保护债务人。禁止收债的行为包括以下一些:责骂、骚扰债务人和债务人的家人并与债务人的家人谈到债务人的债务;未在合理的时间内联系债务人;债务追收人说谎或欺诈。如果债务人觉得债务追收人不公平,也有相关的步骤可以维权。

2. 针对抵押贷款、信贷和债务减免服务的监督

抵押贷款、信贷和债务减免服务的出台是为了保护那些面临财务问题的人。因为在被追讨债务时,债务人往往更容易受到那些想利用他们的处境的人的欺诈和不道德的对待。如果不加以控制,这些诱人或是强制性的信贷和债务减免服务提供者就会让消费者的服务处于更加不利的境地。联邦贸易委员会的金融业务部门监督并限制金融服务企业向消费者提出欺诈和不公平的索赔,联邦贸易委员会这么做可以帮助他们摆脱可怕的金融债务的恶性循环,如无法偿还抵押贷款或信用卡债务。这有助于在消费者生活中艰难的时刻不让情况更加恶化。

3. 针对短期贷款的监督

类似于上述的金融服务,短期贷款是针对特定消费者在他们的生活中出现有1个月的时间很难维持开销的情况而出现的金融产品。当这种情况发生时,许多消费者通过求助于短期贷款机构来帮助他们渡过这个困难时期。金融实务部的职责之一是:确保寻求短期或紧急贷款的公民得到保护,并实施保障措施,使他们的个人信息在这一过程中得到保护。在汽车销售、融资这一领域,截至2017年5月,1.07亿美国人拥有汽车贷款,几乎占成年人口总数的一半。事实上,对于美国人来说,购买汽车被视为他们一生中花费最昂贵的一件事,这使得在交易过程中保护他们变得至关重要。基于美国人的消费习惯,消费者保护局经常需要监视和执行隐私保护,并限制整个汽车金融服务行业,避免金融服务的欺诈行为。要做到这一点,必须确保该行业服

务提供商遵守《格雷姆—里奇—比利利法案》和《联邦贸易法》第5条等规定。为了教育而去借款,其实也在金融服务中占有非常重要的地位,而最容易被忽略的金融服务问题,也就是教育机构结合金融服务行业。据估计,美国公民的学生债务高达1.5万亿美元。这几乎是美国全年GDP的10%。面对如此巨大金额的债务和人们对教育的未来期许,金融实务部门和消费者保护法的专业人士对金融服务提供商及其行为一直保持着警惕的态度。

综上所述,关于消费者保护的法律条文有成百上千页,影响着每个美国人生活的方方面面。不同状况有不同的法规相对应。下文将举几个简单的实际例子说明美国消费者保护法的实践。

四、美国消费者保护的实践方向

美国在消费者保护法的推广方面相较于其他国家较为完善,不同的行业有着不同的规定,有的是在营业场所要张贴告示,有的是告知消费者相关规定的义务,本节将举几个简单的实际案例进行说明。

(一)张贴告示

消费者保护法通常要求张贴告示,比如,加州所有汽车修理店都会张贴这样的告示:

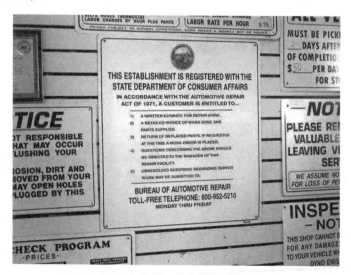

图7-2-1　修理店告示

(二)一般买卖纠纷

某人给他的女儿买了一辆新自行车作为生日礼物。当女儿三周后在公园试骑时,才注意到前胎很明显是弯的。消费者现在要做什么呢?他应该自己修理它,这样就不用因回到商店而感到麻烦。因为回商店处理将面临以下问题:退还自行车的期限已经过了吗?这辆自行车还在保修期内吗?如果消费者没有为这辆自行车购买额外的保险,他怎么办?或者他需要购买一件新物品,但是因为缺货所以开了预购单,如果价格突然改变,预购单上的价格是否仍有拘束力?

另一个买卖纠纷是消费者买的某件蓝色毛衣使他的皮肤起了疹子。当他看标签时,竟然注意到它不是广告上所说的100%纯棉制品。相反,它是由一些不知道为何物的材料制成的。他和卖家有相关法规依据处理这纠纷吗?这些是消费者每天都会经历的场景。消费者保护法是为了保护消费者不受这类问题的影响或减少这类问题的发生。这就是为什么要认识并熟悉在生活中越来越重要的消费者保护法。

在美国,消费者的消费行为都有附带保证和一定程度的售后服务合同,无论消费者什么时候买东西,都有类似保修单的文件。这是一个保证,保证消费者所购买该商品或服务可以达到消费目的。保证的两种基本类型是明示保证和暗示保证。明示保证是卖方以书面、口头或广告形式作出的承诺,承诺商品在一定期限内履行其功能。无论购买的物品是新的还是使用过的,明示保证都是对物品能够正常使用的保证。然而,并不是所有的产品都有明确的保证。

法律自动提供了第二种担保:默示保证。默示保证是所有新产品和二手产品皆有的。换句话说,一件商品的默示保证要求,只要商品用于其销售时的目的,它就需要能正常工作,并具有一定的等级和质量。无论消费者购买什么东西,默示保证都是非常重要的,尤其是要了解保修范围。如果物品需要修理,是否包括服务费?保修期多长?根据联邦贸易委员会的规定,默示保证最长可达4年,但实际的保证期限可能因州而异。

(三)权益受侵害后的求助方式

处理担保违约事件时,首先看保修单中的内容,或许可以让卖方更换或修理。如果不奏效,比如卖家违反担保内容,可以试着通过调解解决争端。如果不幸失败了,买方有权起诉制造商或销售商。此外,一般服务合同在消费者签完之后是不能取消的,但是根据联邦贸易委员会的规定,签完合同后会有一段冷静期,在某些特殊情况下,要约方可以取消合同。进一步的内容可以查询联邦贸易委员会的网站或与联邦贸易委员会联系,更深入了解处理个别特殊情况的正确方法。

需要更进一步了解的是，若要对销售商或制造商提出投诉，消费者可以联系联邦贸易委员会以及消费者产品安全委员会，或者打电话给消费者所在地的检察官，要求联系消费者欺诈部门。如果消费者被电话广告欺骗了，或者进入了电视广告商的陷阱，联邦通信委员会是消费者可以求助的地方。

关于诈骗，许多的诈骗高手总是可以利用特定时间、特定地点发生的任何事情来作案。例如，在 2008 年美国房地产经济泡沫破灭之后，出现了许多虚假的财务救助，导致人们的房屋被所谓的救助者夺走，这其中还包括许多涉及 Facebook 等热门社交网站的骗局。这样的情况下，消费者在网上购物时应当使用信用卡（credit card）消费，而不是银行储蓄卡（debit card），因为银行储蓄卡提供的保护较少，而且银行储蓄卡有很高的风险可以让作案人进入消费者的整个支票或储蓄账户。

（四）需密切关注所有可能被侵权的行为

消费者需要密切关注并仔细检查每个月的账单。如果有一笔交易消费者不承认，可以书面质疑债权人。如果消费者认为某一项费用是欺诈的，要在费用出现后 60 天内以书面形式通知信用卡公司。同理，消费者应使用单独的电子邮件账户进行网上购物，这种方法有助于避免垃圾邮件。此外，永远不要在购物后回复要求"确认"最近交易金额、数量或邮寄地址的电子邮件，因为这些购物后的信息交流很有可能是网络钓鱼诈骗。

（五）消费者的主动权益保护

《公平准确信用交易法》规定，根据美国公民的要求，每人有权每 12 个月获得一份免费的信用报告副本。金融机构使用报告中的信息来确定贷款给消费者的风险。然而，消费者通常是被动地从金融机构得知了这个报告的负面信息（大部分是账户处理不当、数据错误等），换句话说，主动去申请副本以确认内容真实性的人不多。

除了上述的金融机构的报告副本，每人每年还可以从信用报告机构免费获得另一份报告。该报告包含以个人的名义在金融机构开立的账户和订购的支票。然而，该报告与上述免费的消费者信用报告是不同的。这是一份完全独立的报告，因此大多数消费者是在被金融机构拒绝开立支票或储蓄账户后才知道有这份报告存在。大多数银行和信用合作社使用此报告中的信息来批准、拒绝或决定在其金融机构开设何种类型的账户。比较严重的状况是，拥有负面报告的人可能 5 年内都无法开立支票或储蓄账户。

了解所购买产品的保修期，阅读服务合同，避免诈骗，获得消费者信用报告，这些都是身为消费者为保护权益整体而成为日常生活的一部分。了解这些细节有助于消费者做出更明智的决定，并能提升理财效率。在特定情况下，还有许多其他的法案仍然值得学习，包括《房屋所有人保护法》（The

Home Owner Protection Act)、《住房可承受的修改计划》(The Home Affordable Modification Program)、《电子资金转移法》(The Electronic Funds Transfer Act)、《公平债务催收法》(The Fair Debt Collection Act)与《公平信用账单法》(The Fair Credit Billing Act)。

美国的消费者权益保护法律体系经过从产品质量保障、反欺诈等内容的保护到消费信贷汇中消费者权益的保护的发展,已日趋完善,并形成了联邦法和州法两个部分。消费者保护机构的运作起了非常重要的作用,所有的州和很多大城市都设有计量局和消费者保护办公室,另外,一部分州的州检察长办公室还下设有消费者保护处。另外,美国设置了消费者集团诉讼制度来对消费者进行保护,在多数消费者被侵害的案件中,被侵害中的一人或数人可以作为集团代表进行诉讼,这种诉讼活动不以其他受侵害人的授权为必要,且诉讼结果适用于所有受侵害者。

市场经济越发达,越要促进消费者权益保护规则的完善,越要加强消费者权益保护的立法,这是维护消费者权益,促进市场经济健康、稳定、有序发展的重要制度保障。

消费者权益保护规则的完善既是市场经济进一步发展的客观要求,同时也对市场经济的高效运行起到了积极的推动和促进作用。没有市场经济体制的确立和发展,就不可能有真正意义上的消费者权益保护规则体系,而没有消费者权益保护规则来协调生产与消费的关系,市场经济的运行秩序就会受到各种非经济因素的干扰,进而最终丧失其应有的效率与效益。

五、美国消费者权益保护措施

美国消费者保护的理念,首先是相信市场的自我调节能力,尊重市场的自主运行和市场主体自主、自由、平等的地位,反对政府过多地干预。其次是认为消费者问题首先应该表现为一种民事法律问题,主张更多地依靠私人行动来解决问题。这样的做法称为私人执法,即消费者个人依法提起民事诉讼,解决消费纠纷,同时也包括一些非司法的纠纷解决途径。最后是认识到市场毕竟有失误和无能为力之时,且消费者问题也具有一定社会性,需要行政执法作为必不可少的补充,即由一些行政执法机关采取更强有力、更具普遍影响的措施,有效预防和查处侵害消费者权益的行为。即便如此,对消费者和生产经营者特别是对后者进行有关法制宣传教育是消费者保护执法的一个重要方面。因此,私人执法和行政执法共同构成了美国消费者权益保护的两大方面。

(一)与私人执法相关的措施

1. 建立完善的仲裁制度,通过仲裁的方式来解决消费争端

仲裁是美国消费者比较愿意采用的一种措施。因为这种措施一方面程序比较简单,效率也比较高,能够比较快捷、经济地帮助消费者解决争端;另一方面仲裁机构在专业人才方面较法院更有优势,仲裁结果更令人信服。正是因为这两方面的优势,美国的仲裁制度才会在消费者保护方面发挥着重要作用。美国有着各式各样的仲裁协会,其中,全美仲裁协会和美国消费者联盟中的消费仲裁机构最有代表性。全美仲裁协会(National Arbitration Association)中设有专门的消费仲裁机构,美国消费者联盟也设有仲裁机构。消费仲裁一般可以向分布广泛的仲裁协会提出,由其按争议性质及涉及专门知识,推荐仲裁人(机构),来进行仲裁。随着仲裁制度的完善,现在的美国仲裁制度具有了一定的强制性,这进一步保证了仲裁结果的有效性。

2. 企业和行业加强自我监管,主动与消费者协调消费争端

美国的企业及行业协会在消费者权益保护中也发挥着重要作用。首先,出于促进企业或者行业健康发展的目的,他们往往会加强自律,通过行业规范或者公约等约束企业的行为,避免对消费者的侵害。其次,他们往往尽可能通过协商来解决消费争端,以免消费者投诉到有关机构或组织引起更大麻烦。而美国企业为消费者提供的争端解决途径主要有两条:(1)直接与经营者协商。美国的企业一般都设置有消费者申诉受理机构或者受理窗口,直接受理并解决消费者的申诉。(2)向制造商自愿计划投诉。制造商自愿计划是相对独立的行业性消费者纠纷解决途径,一般由某一行业发起成立一个非常设的消费者行动小组(Consumer Action Panel,CAP),小组成员是分布于全国各地的专家(包括消费者权益问题专家),负责通过书信往来处理消费者投诉。这些措施一方面为消费者提供了便利,另一方面也可以避免企业陷入无休止的诉讼之中。

3. 发挥私营机构在消费者保护领域的重要作用

美国消费者保护的一大重要特点就是十分重视发挥各种私营消费者保护机构的作用。这些私营机构可为消费者提供信息和咨询服务,也可以帮助消费者进行申诉和诉讼,还可以在经营者和消费者之间起到一种协调的作用。在这一方面以商业优化局最具有代表性。该机构建有相关企业、产品的信息档案,可以为消费者提供情报和咨询服务。该机构还负有受理消费者申诉的重要职责,既可以代表消费者向消费者保护行政机构或者法院提出申诉,也可以作为中间人协调相关的消费者争端。

4. 通过多种途径促进和支持美国民间消费者保护团体在消费者保护中发挥重要作用

美国是一个利益集团政治十分突出的国家,在消费者保护领域也是如此。美国政府采取了多种措施来促进民间消费者团体的发展,比如,通过立法规定消费者团体的地位和职责,允许民间消费者团体参与到消费问题的决策之中以及和组织民间消费者团体进行共同行动等。而美国的民间消费者团体主要通过以下五种措施来保护消费者的权益:(1)通过各种措施影响政府决策,促进有利于消费者的相关政策的出台。通过各种活动来影响政府决策本来就是美国利益集团活动的重要手段,而且美国政府又允许众多消费者团体参与到相关决策之中。因而,影响各种消费者政策的制定和执行就成为美国民间消费者团体的重要职责。美国的消费者团体主要通过以下措施来影响政策决策:扮演智囊的角色,向政府提供政策建议;代表不确定的受害者提起诉讼;进行游行示威,引导政府关注某些问题,等等。通过这些措施,民间的消费者团体可以向政府表达自己的意见建议,引导政府制定某些政策或者将某些问题纳入政策议程,从而发挥自己的政治影响。(2)代表不确定的受害消费者进行诉讼,要求政府制止某些行为。美国的法律赋予了民间消费者团体代表消费者进行诉讼的权利,允许其代表不确定的受害消费者提起诉讼。因此,当碰到某些受害者不确定的消费者侵权案件时,消费者团体便可以代表其提起诉讼,要求政府制止某些侵权行为。这样,一方面可以切实地保护消费者的权益;另一方面也增强了民间消费者保护团体的约束力,使其能够真正约束企业的不当行为。(3)受理消费者的申诉,为消费者提供帮助和救济。美国的民间消费者保护团体一般都设有受理消费者申诉的机构或者窗口来受理消费者的各种申诉。在受理申诉后,民间消费者团体可以代表消费者向政府提出申诉或者向法院提起诉讼,也可以直接代表消费者与经营者进行沟通与协商,还可以为消费者提供各种咨询和建议。通过这些做法,民间的消费者保护团体可以为消费者提供必要的帮助和救济,使其可以更好地维护自己的合法权益。(4)进行各种调查和实验,为消费者提供各种消费信息和情报。美国的很多消费者团体都有自己的实验室或者调查机构。它们每年都会对各种企业行为、产品以及服务等进行调查或者实验,收集各种消费信息以及经营者的违法情报,然后建立档案并加以公开。通过这样的方式,这些机构可以为消费者提供各种信息和情报,从而使消费者做出理性的选择并进行理性消费。(5)对消费者进行教育,促使其养成合理的消费观念和积极的消费维权意识。美国的民间消费者团体都肩负着对消费者进行教育的重要职责。这些消费者团体会通过开展宣讲会、专题讲座等方式,利用报纸、杂志、电视以及网络等来对消费者进行教育,使其能够确立合理的消费观念和积极的维权意识,从而可以更好地维护自己的合法权益。

5. 鼓励消费者积极地参与到保护自身的合法权益之中

在美国人看来,消费者保护首先是消费者私人的事情,而消费者诉讼首先是一种民事诉讼。因此,美国政府之所以在司法程序上采取那么多便利措施以及加强对消费者的教育,其目的都在于激励消费者积极地维护自己的合法权益,通过提起诉讼等方式参与到消费者保护之中。

(二) 与行政执法相关的措施

1. 加强相关立法,形成完备的消费者权益保护法律体系

立法是进行消费者权益保护的治本之策。如果消费者权益被侵害的事实成为普遍的社会问题,那就更需要通过立法来解决。因此,尽管美国是一个英美法系的国家,但是美国在消费者保护方面却制定了诸多的成文法。这些法律从涉及受理来自消费者的控告,规定产品责任、价格、质量标准,到禁止假冒商品及防止有潜在危险的消费品进入市场等各个方面,全面地覆盖了从商品设计、生产到产品销售再到售后服务的整个过程。此外,美国各州大多制定了自己的消费者保护方面的相关法规,以保护各自管辖范围内消费者的利益。这样,联邦的消费者保护法规和各州的消费者保护法规共同构成了美国完备的消费者保护法律体系,共同对经营者的责任和行为加以严格的规范并对消费者的利益进行全面的保护。而且,美国的消费者保护法都强调以"保护消费者"为重心,这更增强了法律对于消费者的保护。

2. 建立完备的消费者保护行政体系,通过行政手段保护消费者的合法权益

尽管美国人十分强调发挥市场的作用,但是他们也不会忽视政府的作用。这一点在消费者保护领域体现得十分明显。正如前文所说,美国在联邦、各州以及各县市都建立了相应的消费者保护机构,由这些机构来承担消费者保护的执法工作。这些行政执法机构的主要职责和作用在于:发现、纠正、阻止违法违章行为;为消费者寻求补偿;以重罚遏制类似行为发生。为实现上述目的,行政执法机关可以行使下列权力;调查权;责令停止违法行为权;申请禁止令或布告令权;责令更正权;责令终止(取消)不合理合同(条款)权;责令赔偿权;罚款权;提起民事诉讼权;提起刑事诉讼权;吊销许可证或执照权;贸易规则制定权;紧急情况下采取冻结、扣押财产等权力强制措施。这些权力的存在使得行政机构能够采取有效措施来维护消费者的合法权益。

而美国的消费者保护行政机构主要通过以下四项措施来保护消费者的合法权益。(1)制定消费者保护政策和指令法规,以作为政府机构、经营者和消费者的指导准则。美国的消费者保护机构每年都会制定自己的消费者保护政策计划,以此来指导具体的消费者工作。这些消费者政策和计划都是政府、经营者行动的准则和指南,规范着它们的行动。此外,美国联邦贸易委员会、消费品安全委员会制定的指令和政策还属于美国消费者保护法的法律渊源,具备法律的约束力,在消费者保护中发挥着更为重要的作用。(2)受理消费者申诉,在进行调查、确认后采取相关措施制止侵权行为。美国政府的相关机构都设有审理消费者申诉的机构,受理消费者提出的各种申诉。受理申诉之后,相关机构进行审查。在查实之后,相关政府机构可以采取诸如制止侵权行为、向法院提起诉讼、向法院申请禁止令或者永久禁止令、责令发布更正广告或者责令恢复原状、进行罚款、要求返还财产等措施,必要时甚至可以采取冻结财产、进行强制征收等强制措施。相较于诉讼而言,仲裁程序更为简便、直接,便于消费者更快捷地维护自己的合法权益。(3)进行行政审查和监督,对企业的违法行为进行制止和处罚。美国的消费者保护行政机构不仅可以进行被动的审查,还可以进行主动审查。美国的消费者保护行政机构可以对经营者对于相关消费者保护法律的守法情况、经营者的行为以及产品和服务的质量等进行审查。然后根据审查结果,采取上文提到的各种措施。(4)代表消费者提起诉讼,引入司法程序维护消费者的合法权益。美国的消费者保护行政机构大都可以代表消费者提起诉讼,从而保护消费者合法权益。比如,美国的联邦贸易委员会就可以针对不公平或者欺诈行为向法院提起诉讼,从而引入司法程序;美国很多州都赋予州检察长代表消费者进行诉讼的权力。此外,美国的消费者保护行政机构还担负着为消费者提供信息情报、进行消费法制宣传教育等职责。

3. 完善司法程序,通过司法手段维护消费者合法权益

正如前文所说,美国人更多地将消费者维护自身的权益看作一种私人的事务,并将消费者诉讼看作一种民事诉讼,因而,他们十分鼓励消费者通过个人诉讼的方式来维护自身的权益。为了鼓励消费者通过司法手段维护自身的合法权益,美国政府采取了多方面的措施:(1)精简一般诉讼程序,提高诉讼效率。(2)设立小额索赔法庭,基层法院的小额索赔法庭管辖争议标的额在1500美元以下的消费纠纷案件,审理案件既无须遵循一般的诉讼程序,也可以不公开审理,双方当事人一般不聘请律师。为方便消费者诉讼,小额索赔法庭还开设有夜庭和周末庭,并设有派出法庭。这种法庭具有诉讼金额小、诉讼程序便捷、费用低廉和纠纷解决迅速等优点,为保护消费者的索赔权

发挥了重要作用。(3)根据美国《联邦民事诉讼规则》的规定,实施集团诉讼制度。当一个受害的消费者起诉后,法院可通知其他因同一侵权行为而受害的消费者前来登记并参加集团诉讼,如胜诉其他受害消费者也可得到相应的赔偿。此外,美国的消费者保护团体还可以代表不确定的受害消费者提起诉讼。通过集团诉讼的方式解决消费纠纷,不仅节省了诉讼开支,而且提高了法院的工作效率,避免了分开审理可能导致的相互矛盾判决。(4)采取有利于消费者的举证责任分配制度。在诉讼中,消费者往往只需要证明过错存在即可,无须进行明确的举证。(5)在对消费者进行损害赔偿方面,除了人身伤害和财产损失的赔偿以外,对于故意、重大过失或疏忽而致人损害的行为,受害人还可以请求法院判决加害方支付惩罚性赔偿金。除物质赔偿之外,往往还要给予受害者精神损害赔偿,而且赔偿额也非常高。这样一方面使得消费者可以得到切实的补偿,另一方面也提高了消费者的诉讼积极性。(6)引入平民州检察长制度(Private Attorney General),即在某些特定案件中,消费者可以向法院申请禁止令和布告令。之所以称为平民州检察长制度,是因为这两种令一般情况下是由州检察长在行政执法中申请的。通过这些措施,美国政府大大提高了通过诉讼来维护消费者合法权益的有效性。但是需要注意的一点是,美国很多州一般规定:如果制造商设有符合联邦贸易委员会规则要求的非正式纠纷解决途径,那么消费者必须先向其投诉或要求仲裁,然后才能提起诉讼。

第三节 欧盟(以德国为例)

欧盟作为欧洲地区多国共同建立的政治及经济联盟的区域性国际组织,已然形成了多国多法域既冲突又协调统一的机制。德国作为欧盟的成员国,自亦受到欧盟相关的指导与限制。在消费者权益保护方面,欧盟中的德国在伴随消费者保护的发展浪潮中,亦显现出其成功的特色而值得其他国家借鉴。

一、立法体系层面

欧盟各成员国逐渐转移和让渡一定法律主权,逐步构建了完备的欧盟法律体系和组织机构。欧盟的内部,并存着两个相互独立的法律体系,即欧盟的法律体系和成员国的法律体系,两者各有其存在基础和运作方式。欧盟法是指在欧盟缔约国之间所签订的,以促进欧洲一体化进程中的欧盟建立及内外活动的各种关系的法律规范。欧盟的法律基础是欧洲联盟条约和欧洲联盟运作条约,欧洲法院已经多次裁决欧共体法优先于国内法,亦即欧盟法律至高效力(supremacy)原则和直接效力(direct effect)原则。直接效力扩展到欧盟基础条约、条例、指令、决定以及欧盟签订的国际条约等几乎所有的欧盟法律规范,而成员国则配合欧盟的相关法规转化其内国法规。①

德国没有一部统一的、专门的消费者保护法,其消费者保护的法律规范分散在众多其他的法律当中,主要包括两部分:一是消费者安全法,主要包括《食品及日用品法》《药品法》《商标法》《广告法》等;二是消费者合同法,这部分法律规范在2002年《德国债法》改革前主要分布在一系列单行法中,譬如《一般交易条件规制法》《上门交易撤回法》《远程销售法》《部分时间居住权法》《消费者信贷法》等。2002年为了适应《联合国国际货物销售合同公约》和欧盟颁布的一系列指令(其中很大一部分是关于消费者保护的指令,如《消费品买卖指令》《电子商务指令》等),债法改革时,将上述单行法和欧盟指令一并纳入了《德国民法典》。从此,从消费者合同法角度保护消费者的法律规范基本上都为《德国民法典》所涵盖。

欧洲议会和理事会2011年10月25日关于消费者权利的2011/83/EU指令要求成员国在2013年12月13日之前通过必要的转化立法。从2014年6月13日起,成员国将必须采取相应措施。为此,德国完成了《消费者权益指令实施法》和《住屋调解法》的修正案。

欧盟2016年立法通过共同数据规则(European Union General Data Protection Regulation,GDPR),并于2018年5月25日生效。基于对人权、个资保护的精神,要求在信息传输的过程中,不能违反个资保护、侵犯人权,甚至个资跨境传输也须符合规范。欧盟在2019年5月27日结合新的情况,修订消费者保护法。在2019年5月的联邦消费者保护部长会议上,其关注到算法的决策在日常消费者生活中迅速增长,要求联邦政府为计算器辅助的决策流程创建一个设备完善的监管控制系统,并提供更高的透明度

---

① 第一阶段:以转化1993年4月5日《消费者合同中的滥用条款法令》(93/13/EEC)及1994年10月26日《关于保护部分时期住宅使用权的法令》(94/47/EC)到成员国法律中为先导;第二阶段:以转化1997年5月20日《远程销售合同法令》(97/7/EC)到成员国法律中为中继;第三阶段:以转化1999年5月25日《消费物品购买与保障法令》(99/44/EC)、2000年6月8日《电子商务法令》(2000/31/EC)以及2000年6月29日《与商务往来中支付拖延斗争法令》(2000/35/EC)到成员国法律中为高潮。同时,对传统的欧盟及其成员国私法(民法)进行逐步改革。改革的最终结果,导致了各成员国国内传统民法与欧盟现代消费者保护法二元并立体系的形成;加速了欧盟及其成员国法律一体化进程;对民法学乃至整个法学理论与实践产生了重大影响。至此,欧盟现代消费者保护法已发展为一个独立的部门。参见潘婧:《论欧盟现代消费者保护法的形成与确立》,载《华北科技学院学报》2012年第4期。

和保护力度。

德国现行消费者保护法律体系的宪法根据在于社会国家原则(《德国基本法》第20条第1款、第28条第1款)。广义的消费者保护法是指所有有助于保护消费者的法律规范的总称,因此也包含《不作为之诉法》。狭义的消费者保护法是指由《德国民法典》第13条规定的"消费者"作为一方的合同关系的法律。广义的消费者保护法由分属不同部门的法律组成。公法性质的法律侧重于消除不利于消费者的因素。在行政法上,国家对经营者的经营自由进行合法和适当的干预。如在有些领域,进入市场必须要有主管部门的许可,主管部门对经营者的经营享有监督权,有权批准或者禁止有损消费者利益的行为。私法性质的法律则侧重于为个体消费者创造订立合同的最佳决定条件及最优的权利实现条件。德国现行公法性质的消费者保护法包括《产品安全法》《生产工具安全法》《工具和产品安全法》《食品、生活用品和饲料法》《药品法》《医疗器具广告法》《药品法》《价格说明和价格条款法》《价格说明法规》《反不正当竞争法》《反限制竞争法》,等等。私法性质的法律有《德国民法典》《远程教学保护法》《产品责任法》《不作为之诉法》《民法中信息披露义务和证明义务法规》《德国商法典》等法律中的部分条文等等。而《德国民法典》主要包括以下与消费者保护有关的内容。

第一是对"消费者"和"经营者"作出界定。《德国民法典》总则第一章将"消费者"和"经营者"作为两种独立的民法主体规定在第13条和第14条。据此,消费者,是指"为一定的目的订立法律行为,而该一定的目的既不能够归属于自己的营利事业活动,又不能够归属于自己独立职业活动的任何自然人";经营者,是指"为从事自己的营利事业活动或者职业活动而订立法律行为的自然人或者法人或者有权利能力的人合公司"。《德国民法典》中的所有消费者保护制度都建立在上述概念的基础之上。

第二是对一般交易条件的法律规制。《德国民法典》对一般交易条件的规制见于其第305—310条,其内容涉及一般交易条件成为合同条款的条件、一般交易条款的生效要件、解释规则和消费者合同的特别规定等。这些规定的目的都在于保护消费者各项合同权利,防止经营者通过一般交易条件对其加以限制或排除。法律对一般交易条件规制中的消费者保护还体现在一般交易条件的解释规则和消费者合同的特别规定上。在对一般交易条件进行解释时若产生疑问,由使用人承担不利后果(这一点规定和中国法相同);消费者合同的特别规定,是指消费者合同中的一般交易条件均视作由经营者提出(除非消费者先将一般交易条件引入合同)。由此就减轻了消费者维护其权利诉讼中的举证责任。

第三是对特别销售形态的法律规制。《德国民法典》规制的特别销售形态包括上门销售、远程销售、电子商务等几种形式。所采取的保护措施主要是赋予消费者撤回权。《德国民法典》第355条规定消费者行使这项撤回权无须说明理由,但必须以书面形式和在一定期间内行使。

第四是对联合合同的法律规制。《德国民法典》对联合合同的规定见于第358条和第359条。《德国民法典》第358条对联合合同进行了定义:"如因消费信贷合同获得的资金全部或部分用于为供应商品或提供其他服务的合同提供资金,并且这两个合同在经济上构成一个整体,则这两个合同是联合合同。"该定义提供了联合合同的认定标准,从而确定了有关规定的适用范围。联合合同规制要点在于,消费者只要有效地撤回其在订立供应商品或提供服务合同或消费信贷合同中的任何一项的意思表示,都视为同时撤回旨在订立另一项合同的意思表示。消费者一旦有效地撤回该意思表示,则视为解除合同。

第五是对消费品买卖的特别规定。对于消费品买卖的特别规定主要见于《德国民法典》第474—479条。根据第474条,消费品买卖是"消费者从经营者一方买受动产"的买卖,此种买卖适用第474条及其以下的特别规定,这些规定对消费者的保护主要体现在以下方面:(1)不适用公开拍卖时的责任限制。(2)在送交买卖中,消费品买卖包括送交买卖中的风险均自买卖标的交付给消费者之后方才转移。(3)举证责任倒置,消费品买卖中,只要买卖物在交付后6个月内出现瑕疵,都推定为该瑕疵在买卖物交付时就已存在,经营者若想否认就必须提出证据。由于举证责任的倒置,消费者在消费争议中胜诉的可能性就大大提升了。

除了这两部法律中的内容之外,德国的《反不正当竞争法》《反限制竞争法》等法规中也包含着重要的消费者保护内容,并从其规范的领域对消费者进行了相应的保护。

二、行政执法层面

德国行政执法部门,因应多元化发展需要,主要的监管机构包括联邦经济部、联邦经济法庭、垄断委员会、各行业协会组织及消费者保护协会。这些机构之间职能分工明确,共同维护着联邦的市场秩序。[①] 德国已经形成一整套严密的保护消费者权益的系统。除法院在审理不正当竞争案件时行使一部分保护消费者权益的职能外,德国的消费者权益保护职责主要由消费者组织承担,即对侵害消费者权益的行为主要实施社会监督。

---

① 参见武晓颖:《中德市场监管比较研究》,首都经贸大学2011年硕士学位论文,第25页。

目前德国联邦层面承担市场监管职能的监管机构主要有：联邦卡特尔局、联邦网络局、联邦司法与消费者保护部第五总局、联邦消费者保护和食品安全办公室等机构。这些机构分别内设于经济与能源部、司法与消费者保护部、食品与农业部等内阁部门之下。

表7-4-1　德国部分市场监管机构设置情况（联邦层面）①

部门归属	机构名称
经济与能源部（BMWI）	联邦卡特尔局
	联邦网络局
	国家计量研究所
司法与消费者保护部（BMJV）	司法部第五总局
食品与农业部（BMEL）	消费者保护和食品安全办公室
联邦卫生部（BMG）	联邦药品和医疗器械局
环境、自然保护和核安全部（BMU）	联邦环境局

德国构建了以德国联邦食品及农业部为核心，司法部、经济与科技部、劳动部、财政部等其他部门在其各自职责范围内提供支持参与的消保体系。其中，德国管理食品安全之国家层级（联邦政府）是德国联邦食品及农业部（Bundesministerium für Ernährung und Landwirtschaft，BMEL），其主要职责是促进平衡、健康的饮食和保证食品安全，推动消费者权利的发展，确保农业的强力发展。管辖范围覆盖市场和法律、金融和保险、互联网和通信、能源和建筑、旅游和交通、健康、安全食品等诸多领域。其下设有中央行政，政策、可再生资源司，消费者保护、食品生物科技及基因工程司，食品安全、兽医事务司，农产市场、规划、社会事务司，农村、农产品及林业司，欧洲事务、国际事务，渔业司等七个部门。其中，消费者保护、食品生物科技及基因工程司具体负责消费者保护事务。并曾于2002年重组与健康相关的消费者保护体系，分别依据《消费者健康保护及食品安全重建法》第1条及第2条专设成立德国联邦风险评估研究所（Bundesinstitut für Risikobewertung，BfR）执行食品风险评估及德国联邦消费者保护和食品安全办公室专责食品风险管理独立运作之食品安全管理体制，为协调欧盟、德国联邦机关与其各邦之间有关消费者保护及食品安全管理之权责机关。对因欧共体内的不法越界商事行为造成的消费者权利损害实施保护措施。

联邦司法暨消费者保护部的内部机构。

---

① 参见刘鹏、钟光耀：《比较公共行政视野下的市场监管模式比较及启示：基于美德日三国的观察》，载《中国行政管理》2019年第5期。

Ⅰ司(民法)的工作中心是民法的领域,其中部分规定专门对企业和消费者之间的合同关系作了规制。Ⅰ司的任务还包括通过适度拟定私法规定,例如,通过一般交易条款法、旅游合同法和消费信贷法,保护消费者免受法律上的不利。

Ⅲ司(商法和经济法)负责商法和公司法的领域,此外还有会计法、保险合同法、工商业法律保护(专利法、实用新型法、外观设计法、商标法、反不正当竞争法)以及著作权法的领域。

Ⅴ司(消费政策)的工作焦点是关注消费者在法律和经济上的权益。这主要包括信息社会、金融服务、能源和交通领域以及卫生和社会福利事业领域中的消费政策。除这些方面的内容之外,在立法、消费者信息、消费者教育和消费者研究等方面也起到重要作用。Ⅴ司主管欧共体消费者保护实施法、消费政策报告以及消费者健康信息改进法,主要所涉及的是消费者经济保护的事宜。此外,该司还负责商品检验基金会和消费者中心联邦协会(注册协会)的事务。在消费政策领域,Ⅴ司负责维护推动国际联系,其中是通过在国际组织的会员资格来进行的。设在该司工作的还有联邦司法和消费者保护部的研究专员。该专员主要负责联邦司法和消费者保护部内研究工作的协调以及联邦政府和欧洲的有关研究项目。①

联邦司法和消费者保护部(BMJV)也保护跨境消费者在德国的经济利益,在所谓的 CPC 网络中执行消费者保护法。尤其该部作为一个中心连接点,一方面将欧盟的相应请求转发给当地主管当局;另一方面,将德国当局的请求转发给相应欧盟国家的联络处。如果要跨境实施消费者保护法,该部也将成为主管当局。例如,如果出现不公平的商业行为或消费者合同中的不公平条款,该部将与适当的外国对口当局联系,采取适当行动纠正公司的违约行为。②

总体而言,在合作联邦制的政治体制下,德国市场监管呈现出联邦负责立法决策、邦负责监管执行、执行职责下沉的特征,市场监管的主体职责多是向下委派给邦一级监管机构,由其承担。③

行政规制固然有其效率性、事前性和主动性的特点,但行政规制的启动是有其代价的。德国在1976年《一般交易条件法》制定之际,即有运用行政方法对一般交易条件进行预防性控制的建议:使用一般交易条件时应当征得

---

① 参见《联邦司法和消费者保护部:联邦司法和消费者保护部的任务和组织结构》,2018年版,第8、10—12页。
② 载 https://www.bmjv.de/DE/Verbraucherportal/Verbraucherinformation/CPC/CPC_node.html;jsessionid=425E0BB7E477933A270DED2E85F7EEB2.2_cid297,2020年12月27日访问。
③ 参见刘鹏、钟光耀:《比较公共行政视野下的市场监管模式比较及启示:基于美德日三国的观察》,载《中国行政管理》2019年第5期。

有关主管部门的同意。但最终立法者没有采纳这些建议,原因是会因此建立一个庞大的机关,而且享有裁量权,私法自治的原则会受到严重的侵害。另外,如何对这些行政机关本身进行规制和制约及其代价和成本也是一个值得思考的问题,行政力量又有易放难收、趋于扩张的特性,所以对格式条款的行政规制还是应持谨慎的态度。①

对于格式合同的行政规制具体的措施可分为事前规制和事后规制,事前规制就是要求某些行业或领域的企业主需在适用格式合同前将之报送特定的主管行政机关进行预先的审核和批准之后才能实施。而事后规制是指在企业主与合同相对人签订了格式合同以后,主管行政机关应对上述合同进行审查,一旦发现该合同或条款存在损害对方利益的不公平时可以明令禁止其继续适用,并对已经生效的合同进行相应的处理。比如,行政机构要求保险公司、银行、抵押银行、信托投资公司等机构提供的一般交易条款必须经过行政机构的许可。②

德国法对于一般交易条款的控制,基本上还是以司法模式为主,条款生效与否,以及内容控制,仍须由当事人提起诉讼,由法院作最终的决定,只是为了减轻当事人的程序上不利益或不经济,另外允许符合特定资格之团体可以提出团体诉讼。本质上,仍然是采取司法控制的模式。此外,德国在2002年特别制定《德国民法信息与证明义务细则》(Verordnung über Informations- und Nachweispflichten nach bürgerlichem Recht),就特定非典型消费契约,企业经营者应负担之信息义务予以详细规定,包括远距销售契约、分时居住权契约、电子商业往来契约、旅游契约、游学居留契约、金融机构等企业经营者的信息义务,此规定系属"法规命令",其对契约内容重要信息为揭露之要求,有强制的效果与行政管制的色彩。③

三、民间消费者保护和行业自律组织

德国的消费者保护自律机构主要包括两大类:民间的消费者保护组织和行业协会。其中主要包括:德国消费者协会、消费者保护协会、消费者研究所、全德汽车俱乐部、商品测试机构等。除了全国性的消费者组织,德国各州都有自己的消费者中心和消费者顾问处它们向消费者提供咨询意见,参与消

---

① 参见王全弟、陈倩:《德国法上对格式条款的规制——〈一般交易条件法〉及其变迁》,载《比较法研究》2004年第1期。
② 参见刘妍:《论格式合同及其法律规制》,复旦大学2012年硕士学位论文,第26—27页。
③ 参见谢哲胜:《民法债编商品责任及定型化契约规范之检讨——以交易地位的不对等及消费者保护的发展趋势》,2011年,第64—65页。

费者争议的调解和仲裁程序。80%的消费争议纠纷通过消费者中心的协商与谈判得以解决。民间的消费者保护组织,举例如下。

1. 德国消费者协会

该协会是一个独立的中立机构,1953年成立时名为"德国消费者协会联会",2000年改名为"德国消费者协会"。消费者协会是德国最大的消费者保护组织,其主要职能是向议会和政府表达消费者的愿望和要求,向联邦政府和欧盟有关机构就消费者保护事宜提供咨询意见以及协调各邦消费者中心和22个团体(比如女权团体等)的工作。德国消费者协会一般不负责具体的执行工作,负责解决消费者具体问题的机构主要是分布在各邦、市的消费者中心,它们在全国形成了一个比较完善的消费者组织网。

2. 商品检验基金会

该基金会于1964年由当时的联邦政府和消费者联合工作组共同成立,主要任务是检验和鉴定各种日用消费品的质量,评定其价格与性能比是否合理等。比较测试的结果和对消费者的建议发表于权威性的《测试》月刊上,成为消费者的消费指南,其测试报告也是法院判决的重要参考依据。

3. 消费者研究所

该研究所是由消费者协会和商品测试基金联合建立的私立研究机构,其职能是通过研究报告,为联邦和邦政府提供制定保护消费者权益的法律及措施的依据,为对消费者教育准备各种资料及为从事消费者保护工作的咨询人员和记者提供各种形式的培训。

4. 消费者保护协会

除承担咨询任务外,消费者保护协会的主要任务是在厂商损害消费者普遍利益时,向法院提起集体诉讼。

5. 全德汽车俱乐部

该俱乐部是德国最有影响也是最具有成效的消费者组织。该机构代表的对象主要是汽车车主,主要负责汽车领域的消费者保护事务。

6. 消费者研究会

该研究会旨在推动各消费者组织、消费者中心及其他公共事业机构为消费者教育及信息工作提出原则、设计模式,提供个案分析,并不直接处理消费者事务。其目标群体是咨询服务人员、政治团体、消费者代表、私营业主代表、社会工作者及消费事务志愿者。

7. 消费者调查研究会

该研究会的主要任务是开展社会科学研究和对消费者组织的服务进行

调查。还与其他欧洲国家的消费者协会合作,开展调查研究工作,如边境贸易的价格研究,欧洲各国银行利率比较及环保产品的推广研究等。

此外,行业协会的行业自律永远是消费者保护的一种重要方式,主要是由各种行业协会来承担的。往往出于促进行业健康成长与发展的目的采取职责范围内的措施来保护消费者的权益。

四、总结与借鉴

欧盟是一个多国、多法域的国际组织,德国作为欧盟的成员国,其消费者保护法制有其历史路径。在欧盟成立前,德国是若即若离;在欧盟成立及发展中,德国则亦步亦趋学习欧盟相关法律指令等法规,将它们转化为其内国法。法制与时俱进,在不同阶段回应社会对消费者的保护。在今日科技发展的带动下,网络交易、个人信息保护、大数据、区块链及人工智能的发展等影响所衍生的消费者权益保护,如何透过法律制度、行政监管、消费者组织,民众消费教育及维权意识等,建立可持续的消费,保障人民消费权益,将是刻不容缓,持续努力的目标,也是欧盟及德国等各国重大的政策及努力的方向,亦是学界及实务界研究及实践的重点。

(一)总结德国消费者保护思路与措施

(1)加强消费者保护的相关立法,通过法律手段维护消费者合法权益。最具有代表性及效力的当属《德国民法典》中的撤回权,允许消费者在一定条件下撤销自己订立的消费合同,在很大程度上保护了消费者的合法权益。

(2)建立完备的消费者保护机构,通过行政力量维护消费者的权益。联邦和各邦都建立官方的消费者保护体系,在各自的职责范围内发挥作用、相互配合,共同维护消费者的合法权益。主要体现在:①制定有关消费者保护的相关政策。②进行市场审查和市场监管,制止和处罚侵犯消费者权益的行为。③受理消费者的申诉、投诉,以维护消费者的合法权益。通过设置专门的申诉机构和申诉专员以及通过网站受理申诉等措施为消费者申诉、投诉提供便利。并采取相应措施解决消费者争端。④设立科学研究机构,进行消费者保护科学研究。⑤进行消费风险评估和消费警示,对消费安全事件作出快速反应和紧急处理。⑥普及消费者保护的法律法规,开展消费教育。通过各种传播媒介进行宣传。例如,利用小学、中学和大学的教材进行宣传教育,并在大学设有消费教育专业。此外,德国的消费者保护机构在为消费者提供咨询和情报服务,促进经营者提高产品和服务质量,协调经营者、消费者团体以及消费者之间关系等方面也发挥着重要作用。

(3) 优化司法程序, 鼓励消费者运用司法手段维护自身合法权益。为有利消费者进行诉讼, 德国政府采取了一系列的措施, 诸如精简一般诉讼程序、实施消费者集团诉讼制度以及由经营者承担更多的举证责任等。此外, 德国政府还为消费者提供咨询和救济工作, 以帮助消费者更好地通过诉讼来维护自身的合法权益。

(4) 培育和支持民间消费者组织的发展, 促进其保护消费者的作用。确立民间消费者组织在消费诉讼中的合法地位, 在经济上为民间消费者组织提供资金支持, 在组织上设立相关机构进行协调, 并发挥作用, 包括:①受理消费者的申诉、投诉, 为消费者提供救济。②进行产品比较研究与测试。③代表消费者提起诉讼。④进行消费者科学研究, 为政府消费者保护机构和消费者提供建议和指导。⑤进行消费宣传和教育。

(5) 促进行业、企业自律, 提高产品和服务的质量。德国的多数企业和行业协会都设有消费者争议解决机构, 通过协商的方式解决消费者争端, 避免消费诉讼等带来的各种不利影响。

(二) 德国消费者保护可借鉴之处

1. 改善消费者保护的相关立法

我国《消费者权益保护法》第2条只对消费者权益保护的调整范围作了规定, 却没有对消费者的概念作明确的定义, 造成消费者保护的主体概念模糊。借鉴《德国民法典》中对消费者概念的定义, 用否定排除的方式, 只需指出非以营利或职业为目的即可。又可在我国《民法典》中引进黑名单(《德国民法典》第309条)、灰名单制度(《德国民法典》第308条), 改进强制性规范的立法技术, 明确显失公平的构成要件, 确立诚信原则在审查格式条款公平性中的一般条款地位, 并采取一般条款加黑名单、灰名单的立法模式。

2. 强化行政监管分工授权

将部分执行性的专业工作从监管系统授权特定的机构, 接受监管机构的业务指导和购买服务, 以有效提升监管机构的专业性和相对独立性, 并兼顾保持平衡性和协调性。

3. 强化消费者保护的社会组织

消费者协会性质和职能定位不够明确, 消费者保护组织的数量不多, 不利于更好保护消费者权益。应确立民间消费者组织在消费诉讼中的合法地位, 在经济上为民间消费者组织提供资金支持, 在组织上设立相关机构进行协调。发挥受理申诉、产品研究测试、代表消费者诉讼、宣传教育等功能。并促进行业、企业自律,普设消费者争议解决机构。

4. 强化信息公开制度

有效及时的信息公开制度,保障消费者的知情权,减少信息不对称所带来的权益损害。

第四节 日本

一、日本消费者权益保护法沿革

在日本,引起关注的消费者问题是在日本战后的高度经济成长的过程中逐步显现出来的。由于经济高速增长,大量的侵害消费者利益的恶性事件发生,这在日本社会上引起了巨大的震动。譬如,1955年发生的森永砒霜奶粉中毒事件中,由于奶粉中混入了工业用的砒,而造成超过12,000名婴幼儿中毒,其中130人死亡。还有造成1300多新生婴儿畸形的1959年的沙利度胺药物事件等大量侵害消费者利益的恶性事件。除此之外,在1960年假牛肉罐头事件中,该案中的牛肉罐头基本上是马肉和鲸鱼肉,从而引起社会高度关注。为了回应广大消费者对这种恶劣行为侵害消费者权益行为的不满,日本政府在消费者权益保护领域加强了相关法律政策的制定与实施。

日本消费者权益保护政策大约可以被分为三个时期。[1]

(一)20世纪50年代至70年代

在此期间,由于大量的侵害消费者权益恶性事件的发生,政府不得不认真对待,采取有力措施:1960年制定了《药事法》;1961年制定了调整分期付款的消费者和销售业者之间利害关系的《分期付款销售法》;1962年制定了规制不正当的有奖销售及不正当的宣传广告的《赠品表示法》;1965年经济企划厅国民生活局相继增设了消费者政策的专门担当部局。

随着1968年5月确立日本消费者政策整体框架的《消费者保护基本法》被制定,规定了地方政府也有责任承担起保护消费者的义务,随之而来的就是,各地纷纷制定相关消费者保护条例,设立消费生活中心以及消费者政策专管部门等。进入70年代之后,传销等新型侵害消费者权益的问题频发,消费者保护政策的中心由商品性能安全性等方面转向商品的流通销售以及合

---

[1] 参见田口義明:《消費者政策と司法アクセス—消費者の権利の"実効性"確保を目指して—》,総合法律支援論叢(3),第141页。

同方面。比如,在 1976 年制定了关于访问销售的法律;在 1970 年成立了国民生活中心以应对消费者问题的举报投诉等。

(二)20 世纪 80 年代至 21 世纪初

进入 80 年代之后,随着国际经济形势的变化,日本的经济形势也发生了剧烈的变化,经济信息化、服务化、国际化、消费者的金融消费特别是信用卡的普及促使消费者利用各种金融手段进行交易变得更为容易与频繁,随之而来的就是消费者保护问题向信用交易以及债务问题等方面的转移。另外,由于泡沫经济的影响,资本投资中的问题增加迅速,对此日本 1986 年制定了《关于特定商品等预托的交易合同法》。进入 90 年代之后,日本 1994 年制定了针对产品质量责任问题的《制造物责任法》;2000 年制定了《消费者合同法》保护消费者在交易中的正当契约权利,同年还制定了《金融商品销售法》;2001 年为了应对互联网技术飞速发展,而消费者不能很好地适应新环境变化,无法有效地进行自我保护的问题,制定了《电子消费者契约法》;2003 年又制定了《个人信息保护法》等诸多法律。其他在食品卫生保护方面因为疯牛病的蔓延造成恐慌,为应对这种情况 2003 年制定了《食品安全基本法》,设立了食品安全委员会。

(三)2000 年后期至今

2004 年 6 月,日本《消费者保护基本法》被大幅度修改,改名为《消费者基本法》,同时决定计划性地推进消费者政策,因此日本政府制定了关于消费者保护的第一个基本计划(2005 年 4 月至 2010 年 3 月)。在这第一个计划期间由于对老年人养老资产的欺诈性商业手法,以及食品安全的问题日渐严峻,日本国民对消费者保护的传统行政产生了强烈的不信任感。因此新的消费者保护行政机构消费者厅以及消费者委员会于 2009 年应运而生,这昭示了日本的消费者保护进入了一个新的历史阶段。同时日本政府制定了第二个基本计划 2010 年 4 月至 2015 年 3 月,由消费者厅负责联系各相关部门共同推进,并于每年对计划进行必要的调整。2012 年 8 月又修改了《消费者安全法》来改善对于消费者人身安全有重大影响的事故的预防、调查及处理,同年 10 月更是设立了消费者安全调查委员会,另外还制定了《消费者教育推进法》《食品表示法》《消费者诉讼手续特例法》等。

二、日本消费者保护政策基本理论及主管部门的改变

(一)消费者由被视为"被保护者"向"自立主体"主动自我保护消费者转换

美国时任总统肯尼迪于 1962 年提出消费者的四大权利,主张联邦政府

有责任保护消费者的基础权利。与此相近时期日本制定的《消费者保护基本法》基本也是在此观点基础上成立的,该法认为相对于经营者来说消费者处于比较弱势的地位,因此需要政府行政予以父权式的保护。《消费者保护基本法》也被分为两大部分,第一部分是针对处于强势地位的经营者的规制行政。例如,第7条的防止危害、第8条关于计量准确性、第9条的规格标准精确化、第10条的标识的准确、第11条关于确保公平自由的竞争,等等。第二部分是对弱势一方消费者的支援行政。例如,第12条的启发活动及教育的推进、第13条的意见反映、第14条及第15条相关设施的完善以及投诉处理体系的构建,等等。而且此时对经营者的规制行政是按照各自的监管部门进行了纵向的条状分割来进行管理。对消费者进行支援的行政是由1965年设置的经济企划厅的国民生活局的消费者行政课以及1970年设立的国民生活中心来负责。① 但是在这样的制度实施了30年之后日本广大消费者对消费者保护制度的不完善以及现有的消费者保护制度无法应对新的经济社会变化的不满的声音越来越强烈。2003年5月,日本国民生活审议会的消费者政策部会在《21世纪消费者政策应有之方式》的报告书中提出:"消费者政策的理念应当在明确确立消费者权利之上,应当将消费者由以往的被动的受保护者向自立的主体转变,以实现行政、经营者、消费者各自的职责及作用。"以此报告书为契机,日本对《消费者保护基本法》进行了大幅度而又彻底的修改,法律名称也被改为《消费者基本法》。该法首先明确,为了保证消费者过上安全、安心的消费生活,首先要确保安全、确保选择机会、提供必要的信息、确保教育的机会、意见的反映、损害救济,这些是消费者的基本权利。"消费者的权利的尊重"和"消费者的自立的支援"是消费者政策的基本。

(二)纵向条状分割的消费者保护行政向统合权威的消费者保护行政的转变

如前文所述,长期以来日本对经营者的规制行政是按照各自的监管部门进行了纵向的条状分割来进行管理。而对消费者进行支援的行政是由国民生活局消费者行政课及国民生活中心来负责。在前述《21世纪消费者政策应有之方式》的报告书中指出,既有的条状纵向分割的行政体系往往会倾向于保护产业增长,有利于经营者,而轻视对消费者的保护。如果要强化对消费者的保护,就要对日本的消费者保护行政体系要进行大规模的修改,应当设立一元运作的国家专门机构。在此思想指导之下,2009年5月,日本消费

---

① 参见田口義明:《消費者政策と司法アクセス—消費者の権利の"実効性"確保を目指して—》,総合法律支援論叢(3),第143页。

者厅以及消费者委员会成立了。消费者厅是基于"消费者厅关联三法案"①而成立。《消费者厅设置法案》规定消费者厅作为内阁府的外局设立,在消费者厅里设置消费者政策委员会;《有关消费者厅设置法施行法律整备的法律案》规定将以前各府省厅所管辖的"标识"(《食品卫生法》《JAS法》《赠品表示法》等),"交易"(《特定商贸法》《消费者契约法》等),"安全"(《消费生活用品安全法》《食品安全基本法》等)相关法律移交给消费者厅管辖,日本将消费者厅、消费者委员会的设置法律移交给消费者厅。《消费者安全法案》则规定都道府县必须设立消费生活中心,通过该中心将消费者事故信息向消费者厅统一汇集,消费者厅可以要求各省厅下达处理措施要求等的调整权限,对各省厅之间的夹缝案件具有劝告、命令权限等。② 图示如下。

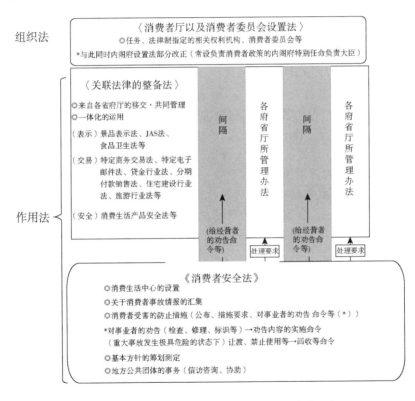

图 7-4-1　消费者厅关联三法(2009年)的关系③

---

① 由《消费者厅设置法案》(设置法案)、《有关消费者厅设置法施行法律整备的法律案》(整备法案)及《消费者安全法案》(安全法案)三法案构成。
② 参见消费者厅(编集):《ハンドブック消费者》〈2014〉,第11页。
③ 图片来源:消费者厅(编集)《ハンドブック消费者〈2014〉》,第11页。

三、日本消费者权益保护机构

日本的消费者权益保护机构可以分为官方机构及民间机构。官方机构主要由消费者政策会议、消费者厅、国民生活局、国民生活中心、地方的消费者生活中心以及其他具有消费者权益保护职责的机构组成。其中,消费者政策会议是日本政府在总理府中设置消费者政策会议作为保护消费者权益的最高机构,属于日本内阁府之特别机关。其主要职责包括:制作消费者基本计划的方案;审议与消费者政策推进有关的项目;推进消费者政策的实施并验证、评价、监督其实施状况。这就意味着消费者政策会议不再单单是事后的审议机关,而是一个最高决策机关,"规制行政"和"支援行政"被统一于其管理之下。下文中官方机构主要就消费者厅与消费者委员会进行说明,之后再对民间机构进行概要介绍。

(一)消费者厅与消费者委员会

在新的消费者行政体制下,消费者厅是作为消费者政策政体的司令塔,集中了大约30部由其他部门移交过来的消费者保护相关法律,而且有着要求各府省厅进行处理的行政权限,消费者行政得到了很大的加强。

在《消费者厅设置法》第3条规定了消费者厅的任务,即基于《消费者基本法》第2条的尊重消费者权利及支援其自立等的基本理念,为消费者能实现安心、安全、富足消费生活的社会,对消费者的利益的维护与增进、确保消费者能自主、合理地选择商品及服务,同时提高与消费生活密切相关的物资的质量标识相关的事务。

消费者委员会是对消费者厅及相关各府省厅的消费者行政进行全面监督的独立第三方机构,其构成委员由内阁首相从有"卓越知见"者中任命委员10人以内,任期为2年。现任委员长为东京大学大学院法学教授山本隆司(2019年12月)。消费者委员会可以对相关消费者利益的维护及增进等相关政策等重要事项进行调查审议,还可向内阁总理及各有关大臣等进行建议。除此之外,还可以根据《消费者安全法》第43条规定对内阁总理进行劝告等,有着与审议会类似的强有力的权限。《消费者厅设置法》第8条规定,在消费者委员会认为有必要时,可以要求有关行政机关的负责人提交报告及资料等其他的协助。此外,还能够根据内阁总理大臣,各有关大臣等的咨询,决定进行调查审议有关消费者的利益的拥护及增进的基本政策等的重要事项。

(二)民间机构

日本的消费者民间机构的体系比较健全,大致可以分为两类。一类是地方消费者团体,另一类是区域性或者全国性消费者团体联盟。日本的消费者团体大都为民间组织,是由全体会员民主决策。资金主要来源于会员交纳的会费,以及开展活动所筹集,许多组织也得到社会的捐赠,也有部分是政府资助的。

地方消费者组织——地方消费者团体是日本最普遍最基本的消费者团体形式,它们通常是一个街区内的消费者共同组织起来的。入会人少则十几人,多则上百人。由于生活在同一个街区,多数情况下,会员间彼此熟识,因此,组织一般实行一人一票制,由会员选举董事会或负责人。有些消费者组织是由当地政府出资,此种组织便由政府指派人担任领导。地方性消费者组织在日本全部消费者组织中占90%以上。日本47个都道府县以及市级、郡级都有消费者团体,名称各自不同,有消费者协会、消费者团体联络会、消费者之会、生活改善小组、生活会、联合妇女会、消费者小组、消费者联络协议会、消费生活研究会、消费者之友、废物再利用之会等团体。其目的和宗旨大都相同,都是向消费者普及正确的消费知识,保护消费者的利益,促进正常交易,提高消费生活水平。另外,还有许多团体在进行保护环境、节约资源的运动。

全国性或者区域性消费者团体联盟是在地方消费者团体的基础上建立起来的消费者组织联盟。它的特点是,由地方消费者团体联合成为全国或区域性消费者团体联盟,即该种团体的会员不仅是个人,还可以是团体,由地方消费者团体的领导作为地方消费者组织的代表参加联盟会议。在这样的消费者组织里通常实行一人一票制或一组织一票制的原则,选举理事会成员,并由理事会成员推举会长和副会长,会长组阁任命其他工作人员。一般来说,联盟型消费者团体是在地方性消费者团体自愿组成联合体的基础上,开展规模更大、意义更深远的各项消费者保护工作。日本比较重要的消费者团体如下。

(1)日本消费者协会。日本消费者协会是日本在消费者权益保护方面最重要的民间组织。该协会于1961年9月成立,总部设在东京,1962年加入国际消费者协会(Consumers International,CI)。其目的是对商品进行调查研究,提供公正的信息,通过消费者教育提高消费生活。该组织的主要任务包括对商品进行比较检验并公布结果;结合消费咨询、讲课、培训、消费教育节目、研讨会和演讲会等各种形式对消费者进行指导和教育;接受消费者投诉和咨询。该会每年检验商品约40项,专题问题研究4项,处理投诉与咨询1500件。

(2)主妇联合会。日本的主妇联合会成立于1948年9月,是为了保护消费者的权利、收集生活中的智慧而成立的全国性组织。该组织不仅互相交流生活中的信息,还向政府和企业反映消费者的意见。主妇联合会是对消费者问题感兴趣的各个地方团体或个人的联合会,没有总部和支部的上下级关系。过去的活动成果主要有:开设日用品试验室和投诉窗口;举办全国消费者讨论会;开办主妇大学;进行流动消费者教育,开展部门活动;每月按不同题目召开研究会;开展调查活动;发行《主妇联通讯》月刊;发行《消费者的智慧》小册子;提供调查结果报告书和音像以及其他有关消费者教育的信息;加盟 CI、向国外来访者提供信息;参加全国消费者团体联合会举办的共同活动;设立"消费者活动基金";参加全国和地方的审议会、委员会;通过 NHK"你好广播中心消费者热线"节目向消费者提供信息等。该组织当下主要的活动方针是:重新审视不公平税法,要求公开税收的用途,站在纳税人立场上强化监督作用;要求修正损害消费者利益的限制竞争制度,改善流通结构;强化反垄断法的运用,对恶意违反的行为积极进行刑事举报;提高粮食的国内自给率,推进在国内生产、消费安全粮食的运动;要求尽快确立保护食品和商品安全的行政制度,强化检查体制;随着规格、标准的"国际水平化"的进展,要求确立消费者反映意见的渠道,公开审议内容;为预防多样化的生活用品给消费者带来损害,要求尽快对危险物品制定统一的表示图案;从公平交易及保证身体健康的角度,为使《改正计量法》真正保护消费者的利益,加强事后调查;为使消费者教育在家庭、学校和社会上扎根,积极向消费者包括残障者和外国人提供消费信息;充分运用"消费者活动基金",为消费者进行商品比较试验和消费调查。

（3）日本消费者教育支援中心。日本消费者教育支援中心成立于1990年,机构性质是财团法人(即企业法人),主要以青少年为对象,通过出版选修课的教科书,面向社会来开展消费教育活动。消费者教育支援中心有自己的经营特色。每年它将选取50家大型企业作为消费者教育支援中心的赞助会员单位,每家企业赞助消费者教育援助金 80 万日元(约合 6.24 万人民币,数额较小,属于象征性赞助),50家共计4000万日元,以此作为启动资金开展活动。教材出版后,向全国各大中小学征订平价出售,以收回成本;企业出于捐赠目的等也有购买的。目前每年出版教材 10—20 种左右,年度营业额 1 亿日元左右。自消费者教育支援中心成立以来,累计出版教材 200 余种,出版专业刊物《消费者教育研究》200 余期。同时,消费者教育支援中心每年也围绕新出版的教材内容,开办一些讲座和培训活动。消费者免费参加讲座和培训,企业方面的人员要收取一定费用。每年 8 月,消费者教育支援中心还要举办"消费者教育周"活动,邀请社会各界参加,并表彰在上一年度中在教育消费方面作出成绩者,主要是大、中、小学校,也包括在此方面作出贡献的企业。

(4) 日本的消费者团体联络会。该组织于 1956 年 12 月成立,其目的是提高生活水平和保护消费者的权利,将全国的消费者团体联合起来,共同促进消费者运动,反对物价上涨,为获得优质生活和健康的身体而奋斗。该联络会由以下 14 个团体组成:反对高物价重税中央实行委员会、主妇联合会、消费科学联合会、新日本妇女会、全国公团住宅自治会协议会、全国大学生活协同组合联合会、全国农协妇女组织协议会、全国劳动者共济生活协同组合联合会、日本消费者联盟、日本生活协同组合联合会、日本母亲大会联络会、日本妇女会议、日本妇女团体联合会、劳动者福祉中央协议会。过去的主要活动成果有:建立网络,推进消费者团体间的协作;关于确立消费者的权利和法制、行政,提出相关建议;推进各友好团体间的合作活动;推进与国际消费者运动的连接;召开全国消费者大会并采纳了《消费者宣言》(1957 年、1981 年)。今后的活动方针是:继续推进上述活动成果,按照全国消费者大会的决议宗旨开展活动。

四、日本消费者保护的措施

(一)传统的保护措施

传统的保护措施,即基于行政的消费者咨询制度以及诉讼外纷争解决程序(ADR)。①

1. 消费生活中心的咨询制度

《消费者安全法》规定所有的都道府县都必须设立消费者生活中心,而市町村则有设立的努力义务,并不需要强制设立。在全日本大约有 724 所消费生活中心(其中都道府县 110 所、政令市设有 31 所、市区町村等设有 583 所)②。

消费生活中心的最主要的特征是:第一,只要打一通电话便可咨询或举报,电话号码是全国统一的。第二,宣传比较到位。大约 73.6%的受访者都知晓消费生活中心的存在。第三,信息的收集分析共享。全国各地的消费生活中心实现了信息共享,所有信息都被集约到 PIO-NET 系统里(全国消费生活信息网络系统)进行调查分析,以便更好地应对相关事

---

① 参见田口義明:《消費者政策と司法アクセス—消費者の権利の"実効性"確保を目指して—》,総合法律支援論叢(3),第 149 页。
② 参见田口義明:《消費者政策と司法アクセス—消費者の権利の"実効性"確保を目指して—》,総合法律支援論叢(3),第 150 页。

情的发生。①

2. 诉讼外纷争解决程序(ADR)

20世纪70年代后期,第一次石油危机爆发,为了应对多发的消费者问题,各地都道府县、政令市纷纷根据消费生活条例设置了由公正第三方介入的ADR机构。例如,举报处理委员会、消费者被害救济委员会等。这些机构主要是处理消费生活中心不能处理的事件,并且以此为前提。也就是说没有经过举报处理委员会或消费者被害救济委员会的前置处理,消费者是不能提起这样的程序的。另外作为司法制度该的一环,该程序的促进法(《促进利用诉外纷争解决手续法》)于2004年制定,2007年正式实施。该法规定了对民间主体ADR机构的认证,经过法务大臣认证的机构的相关手续被赋予时效中止等法律效果,但从相关运作情况来看其开展并不理想。②

(二)修法导入的新的保护措施

1. 国民生活中心ADR

为了更简单全面而又迅速地解决消费者纷争,2008年5月国会修改了《独立行政法人国民生活中心法》,并于2009年4月实施。通过此次修改正式引入了国民生活中心ADR制度。该制度的制度上的特点是,在国民生活中心里设立纷争解决委员会。该委员会基于公平中立的立场来解决纷争,主要针对消费者与经营者之间产生的纠纷中具有全国性的重要意义的消费者纠纷。该委员会实施的ADR程序手续主要是"和解的仲介"与"仲裁",由双方或其中一方的申请而开始程序。委员会的委员长从委员、特别委员中指定一人或两人以上作为仲介委员或者仲裁委员进行,为非公开程序。整个程序大约从申请日开始4个月以内完成。仲介委员可以要求当事人提交相关资料以及参加相应手续。委员会的这些程序具有时效中止、诉讼程序的中止的法律效果。

国民生活中心的另外的重要特点是申请免费,而且程序简单,更重要的是纷争委员会在程序结束后。如果认为在全国其他地方还有许多同类的纷争存在,在必要的情况下,可以选择性公布相关事件,以提供参考。国民生活中心经过几年运作,受到了良好的评价,申请件数每年均超过100件,且呈每年递增的趋势,证明了该制度正在被积极利用。

---

① 参见田口義明:《消費者政策と司法アクセス—消費者の権利の"実効性"確保を目指して—》,総合法律支援論叢(3),第151页。
② 参见田口義明:《消費者政策と司法アクセス—消費者の権利の"実効性"確保を目指して—》,総合法律支援論叢(3),第151页。

表 7-4-3　国民生活中心 ADR 的实施情况

类别 \ 年度	2009	2010	2011	2012
申请	106 件	137 件	150 件	151 件
手续中止	57 件	103 件	179 件	159 件
(其中和解成立)	(26 件)	(53 件)	(122 件)	(84 件)
(和解不成立)	(20 件)	(37 件)	(45 件)	(46 件)
结果概要的公布	31 件	76 件	147 件	120 件
(其中含经营者名的公布)	(11 件)	(17 件)	(17 件)	(17 件)

2.《消费者合同法》修改后对接司法

日本于 2000 年 4 月制定《消费者合同法》,绝大部分消费者在缔约过程中,受到经营者的不当诱导以及其他含有不正当条款的消费者合同依据该法都会被判定为无效,该法虽然具有民法特别法的性质,但是还是被认为不充分,因为日本消费生活中心收到的大部分投诉都是涉及消费者与经营者之间的合同纠纷。在这些涉嫌不正当的消费者合同纠纷里,虽然消费者可以由个别事后的救济措施去主张权利,但是消费者合同的特点决定了受害消费者众多,而且由于存在信息及经济能力的巨大差距,消费者要维护自己的权利需要花费巨大的财力和精力,这对整个社会来说也是一种巨大的浪费。因此 2006 年修改了《消费者合同法》,引入了消费者团体差止请求制度,以期能在这方面降低消费者的维权成本,更好地保护消费者利益。《消费者合同法》自 2007 年 6 月开始实施,规定被人认定的适格消费者团体可以根据该法条文进行事前差止请求及提起诉讼。在该法实施 6 年之后(2013 年)共有 11 个团体被认定为适格消费者团体。①

(1)适格消费者团体之认定②

要成为有资格进行差止请求的适格消费者团体,首先必须要通过内阁总理大臣的认定。关于必须符合的认定要件如下:

①特定非营利活动法人或者一般社团法人或者一般财团法人。

②其主要宗旨是维护不特定或多数的消费者的利益,且其活动已正当地持续了相当长的一段时间。

③有符合进行差止请求的合格的相关业务及信息保密管理的体制及规程。

---

① 参见田口义明:《消费者政策と司法アクセス—消费者の权利の"实效性"确保を目指して—》,综合法律支援论丛(3),第 155 页。
② 参见消费者厅(编集)ハンドブック消费者〈2014〉,第 208 页。

④理事中特定经营者的有关人员或者同一行业的有关人员的比例分别不超过 1/3 或 1/2。

⑤有专门委员(有关消费生活的专家、有关法律的专家)提供建议并陈述意见的体制。

⑥具有足以正确执行相关业务的经营基础。

⑦无其他会妨碍差止请求正当实施的体系上的障碍。

具体申请窗口为消费者厅长官,每次有效期间为 3 年,之后必须申请更新有效期限。

(2)差止请求的行使

差止请求的行使由适格消费者团体具体实施,主要包括向相关经营者提出要求停止侵害、预防、排除妨碍等。差止请求要用书面的方式向被请求的经营者发出,必须记载清楚请求的概要以及纷争的要点。管辖地一般为被告的经营所在地以及行为发生地等。法院可以基于已在其他法院有同一或同类行为的差别请求的诉讼,在充分考虑当事人的住址或所在地、证人的住所、争论点或证据的共同性等其他情况,认定为合理时可以将案件移送到其他法院或其他管辖法院。

(3)消费者集团诉讼①

如前所述,消费者合同的特点决定了受害消费者众多,信息及经济能力也存在巨大差距,消费者要维护自己的权利需要花费巨大的财力和精力,为了更有效地保护消费者利益,日本 2006 年修改了《消费者契约法》之后,2013 年 12 月更是制定了《消费者裁判手续特例法》,划时代地引入了消费者团体诉讼制度。

基于该法的消费者团体诉讼制度由两阶段型诉讼程序构成:第一阶段,由特定适格消费者团体(内阁总理大臣认定)向法院提起诉讼。第二阶段,在第一阶段胜诉后,消费者个体加入诉讼程序,经简易程序来确定其债权及金额等。

五、日本《消费者合同法》对不合理条款(霸王条款)的规制

(一)霸王条款的概念界定

"二战"之后,在日本,对于侵害消费者权利的不合理条款,主要是以行政规制为主,也就是对以约款的进行行政认可或者行政指导为主要方式,根

---

① 参见消费者厅(编集)ハンドブック消费者〈2014〉,第 212 页。

据行业法规分别由行业主管部门来主导。① 但是随着经济的发展,特别是高龄化、全球化、网络电商的急速发展,传统的由纵向的行业主管部门的行政规制越来越不能满足需要,尤其是行业主管行政部门的主要目的是促进本行业的保护促进,更多地偏向经营者,而民法又是以平等的私人民事主体为前提。因此日本很多学者提出对不合理条款(霸王条款)的规制应该由新制定的日本《消费者合同法》来调整。

日本《消费者合同法》对不合理条款(霸王条款)的规制是基于该法第1条,主要着眼于消费者与经营者之间的信息、交涉力的差距,从而予以倾斜性保护的立法宗旨。② 该立法宗旨在法律里并无更详细的规定,主要是根据立法担当者的解说:"经营者对于该行业的相关法律、商业习惯拥有比消费者详尽得多的信息,且合同条款通常是由其亲自拟定,对所有条款的意义了然于胸……消费者要想修改经营者事先提供的针对大量同类交易的消费合同条款几乎是不现实的……"③也有学者主张将其概括为关于条款交涉选择期待可能性的欠缺。④

日本《消费者合同法》对不当条款规制的一般原则是基于信义法则。在立法过程中,关于不当条款规制的根据,曾经有约款论与消费者参与论的两学说立场的对立,最终消费者契约法采用了后者。日本《消费者合同法》第8条到第10条是规定了不当条款的具体内容。其中第8条是关于经营者的免责条款;第9条是单方面限制对消费者的赔偿额度等的条款;第8条与第9条为无效条款的列举,而第10条为一般条款,即禁止单方面损害消费者利益的条款。

(二)法条规范内容

1. 免除经营者的损害赔偿责任条款等的无效

日本《消费者合同法》第8条第1款第1项至第4项是关于经营者由于其不履行债务、或履行债务时的侵权行为而造成的赔偿责任,其事先在消费者合同中规定的免责条款无效,或者限制其赔偿责任的条款在"故意或重大过失"时无效。

第8条第1款第1项规定,在消费者合同里,如果因经营者不履行债务而对

---

① 参见山下友信:《取引の定型化と約款》,载竹内昭夫=龍田節编:《現代事業者法講座四卷·事業者取引》,(東京大学出版社、1985年),第23页。
② 参见日本《消费者合同法》第1条。
③ 内阁府国民生活局消费者厅企画课编:《逐条解说·消费者契约法(第2版)》,商事法务2010年版,第73页。
④ 参见山本豊:《消費者契約法10条の生成と展開—施行10年後の中間回顧》,NBL959号(2011年),第15页。

消费者所造成损害的,全部赔偿责任予以免除或者赋予其自行决定有无责任的条款无效。同款第 2 项又规定因对损害的部分赔偿责任予以免除或赋予该经营者有权决定其所负责任限度的条款无效,但是该项的前提为"故意或重大过失"。同款第 3 项将侵权行为所造成损害的免责条款或决定其有无责任的条款规定为无效。同款第 4 项在"故意或重大过失"的前提下,对部分赔偿责任予以免除的条款,或者赋予该经营者有权决定其所负责任限度的条款宣告为无效。同款第 5 项规定了瑕疵担保责任的免责条款无效,即有偿消费者合同的瑕疵担保责任。将由该瑕疵引起的给消费者造成损害的经营者赔偿责任全部免除的条款,或者赋予该经营者有权决定其有无责任的条款无效。在第 8 条第 2 款里,规定了瑕疵担保责任的两种例外。第一,规定了该经营者承担以无瑕疵物品替换的责任或者对该瑕疵进行修补的责任的情形。第二,如果存在委托的其他经营者,对在合同签订之前或签订时该隐蔽瑕疵已存在的情形,规定了以无瑕疵物品替换的责任,或者承担对该瑕疵进行修补的责任的情形。

第 8 条之 2 规定了消费者合同使消费者放弃其合同解除权等条款的无效的两种原因,第一是放弃不履行债务而产生的解除权;第二是消费者放弃瑕疵担保的合同解除权。

第 8 条之 3 规定了以成年被监护(成年后见)审判开始为由的解除权赋予经营者的条款无效。

2. 事先预定消费者所支付损害赔偿金额条款等的无效

为了防止经营者在消费者合同中给消费者强加不正当的赔偿金钱负担义务或过高的滞延赔偿金,在日本《消费者合同法》第 9 条中规定两种情况下在消费者合同中预先规定的消费者所应支付的损害赔偿金额的合同条款无效。第一种情况是,消费者在合同中预先确定的解除消费者合同所需支付损害赔偿金额或违约金超过经营者平均损失金额的部分无效。第二种情况是,在合同中预先规定的关于消费者未履行合同债务情形下滞纳损害赔偿或违约金的年利息超过 14.6%以上的部分无效。

3. 作为一般条款的第 10 条[①]

日本的学者认为在日本《消费者合同法》第 8、9 条之外仍然存在很多单方面侵害消费者利益的现象,因此需要一般条款来兜底,因此在《消费者合同法》里设立了第 10 条。第 10 条的主要内容为两大要件。

---

① 《日本消费者合同法》第 10 条规定,以消费者不作为由而视消费者提出新的消费者合同申请,或做出了承诺的意思的条款,与其他法令中不涉及公共秩序的规定的适用情形相比较,限制消费者的权利或加重消费者义务,违反《民法》第 1 条第 2 款所规定的基本原则,单方面损害消费者利益的消费者合同条款无效。

第一要件与法令中与公共秩序无关的规定的适用情形相比较,限制消费者的权利或加重消费者义务的消费者合同的条款。

第二要件为违反《日本民法典》第 1 条第 2 款的信义则的基本原则单方面损害消费者的利益。

关于第一要件和第二要件的关系,主要存在两种学说。

学说一,a 条款相较于任意规定的背离,加上 b 条款背离的程度足以违反信义则,等于 c 合同条款的无效。①

学说二,a 条款相较于任意规定的背离,且无合理理由等于 b 条款违反信义则,等于 c 合同条款的无效。②

但是在具体案例中学说一被认为是通说。

(三) 相关案例

1. 案例一③

案情简介:

平成 18 年本案上告人与被上告人签订租房合同,约定租住被上告人位于京都市西京区的一套居所,日期自同年 8 月 21 日起至平成 20 年 8 月 20 日,月租金 9.6 万日元。合同签订时约定:①上告人支付 40 万日元作为保证金支付给被上告人;②该保证金作为房租、损害发生时的担保;③在本租房合同结束搬离该居所时,被上告人按照年份多少逐年扣除一定金额之后,返还剩余金额(第一年扣 18 万日元、第二年扣 21 万日元……);④该出租房的自然损耗包含在前述所扣除保证金里;⑤本合同更新时需支付更新费用 9.6 万日元。平成 20 年 4 月 30 日本租房合同终止,被上告人按照合同保证金条款扣除 21 万日元,返还 19 万日元给上告人。上告人认为基于《消费者合同法》第 10 条,本合同关于保证金扣除的条款,要求返还相关被扣除保证金。一审及二审法院认为本案关于扣除保证金的约定有效,上告人不服,主张出租房的自然损耗等维修费用已经包括在房租里,合同中扣除保证金的条款给消费者强加了"双重负担",违反了民法的信义法则,单方面损害消费者利益,理应根据《消费者合同法》第 10 条宣告该条款无效。

---

① 参见四宫和夫能见善久:《民法总则(第 8 版)》弘文堂 2010 年版),第 250 页;中田邦博:《消費者契約法 10 条の意義——一般条項は、どのような場合に活用できるか、その限界は》,法セ549 号(2000 年),第 39 页;山本敬三:《民法講義Ⅰ総則(第 2 版)》,有斐閣 2005 年版,第 276 页。

② 参见山下友信:《保険法》,有斐閣 2005 年年版,第 124 页;後藤卷則:《消費者契約法 10 条の前段要件と後段要件の関係について》『松本恒雄還暦記念・民事法の現代的課題』,商事法務 2012 年版,第 57 页。

③ 平成 21 年(受)第 1679 号最一判平成 23 年 3 月 24 日(民集 65 卷 2 号,第 903 页)。

判决要旨：

（1）关于是否满足第10条第一要件，即与任意规定适用情形相比较，该条款是否限制消费者的权利或加重消费者义务。

法院判决，关于出租房的损耗发生在出租时当然是本质上必然要发生；如果没有特别约定，一般来说租房方是不需要承担自然损耗以及与此关联的维修费用，因此本案关于扣除保证金的约定与任意规定适用情形相比较，加重了作为消费者的租住者的义务（满足第一要件）。

（2）关于第二要件是否违反《日本民法典》第1条第2款的信义法则的基本原则单方面损害消费者的利益。

法院认为，租房合同里已经明示关于保证金扣除的条款，双方关于由租房一方的负担也明确地达成了合意。本案也可以理解为双方达成了在租房合同的房租里并没有包含自然损耗的合同，而是合意将其放在从保证金里扣除的部分里，因此不能说是给消费者强加了"双重负担"。

另外，由于对于出租房的自然损耗等的维修费用信息以及交涉力的差距，关于担保金扣除额度的合同条款过高，从而给租住方带来单方面的不利的情形也比较多，也需要加以考察。

参考该出租房屋自然损耗等的维修费用的通常费用，还有房租、租房礼金等其他费用，如果合同条款里所规定担保金扣除金额过高的情形下，则可以认为此种情形下为违反信义法则的基本原则，单方面损害消费者的利益，可以根据《消费者合同法》第10条宣告其无效，除非该房租大幅度低于同类出租房房租价格。具体就本案来分析，本案扣除的保证金金额相对于参考本出租房的地段、面积、合同年数等因素来说并没有大幅超出通常的自然损耗的修补所需费用。并且，本案房租为每月9.6万日元，相对于年数而扣除金额来说为2倍至3.5倍左右，而且合同里也只是规定了更新费用为1个月房租并没有规定其他礼金等更多费用，因此不能认为本案保证金扣除金额过高，也不能根据《消费者合同法》第10条宣告无效。

保证金扣除条款在合同里明确规定3.5倍以下不被认为过高，那么何种情况下过高？

最近的下级法院案件认为扣除保证金的80%，且是房租的4.3倍构成过高金额加重消费者负担，可根据《消费者合同法》第10条宣告无效。[①]

---

① 参见西宫简裁平成23年8月2日判决（消费者法ニュース90号，第186页）。另参见周东秀成：《居住用の建物賃貸借契約における敷引特約と消費者契約法10条》《臨床法務研究》第17号，第17页。

2. 案例二①

因神奈川齿科大学附属医院在其格式合同中规定"一旦缴纳费用,不论任何理由不予退还……"日本消费者机构认为该条款违反《消费者合同法》第9条第1项,构成不合理条款,要求神奈川齿科大学附属医院删除该条款。2018年9月14日神奈川齿科大学附属医院通知日本消费者机构决定删除该条款,随后经日本消费者机构确定修改后的格式合同中已删除该条款,并由消费者厅公布。

六、因应数字网络社会的消费者政策改革

(一)电商交易

为了应对电商交易的普及以及跨国交易,关于电子消费者合同及电子承诺通知的民法特例法律在2001年6月成立,同年12月开始实施。

在该特别法里首先规定了电子消费者合同里的错误无效特别制度。按《日本民法典》第95条[错误]的规定,一般情况下消费者在没有明显的疏忽(重大过失)的情况下,可以基于意思表示的错误对经营者主张合同无效。但如果经营者反证了消费者有重大过失,则合同依然有效。而在电子消费者合同里的错误无效特别制度下(例如,消费者原本打算买1个,但是错误输入了11个),如果经营者事前没有采取防止操作失误的措施等,即使经营者证明消费者有重大过失,该合同依然有效,该特别制度限制了经营者的反证范围。另外,在电子商务的情形下,如果使用电子方法发出承诺通知,则承诺的意思会瞬间到达对方,该法将现有民法下合同成立时间变更为承诺通知到达的时间(达到主义)。

日本政府还制定了《关于电子商务及数据交易等的准则》来指导相关电子交易、数据交易与国际规则的协调。消费者厅于2011年开设了跨国消费者中心(CCJ)来接受关于跨国交易中所面临的问题。

(二)网络广告

由电信运营商行业协会的4个团体(一般社团法人电信运营商协会、一般社团法人电信服务协会、一般社团法人日本互联网提供者协会、一般社团法人日本有线电视联盟)组成的提升电信服务促进协议会于2004年公布了《关于电信服务广告表示的自主基准及指南》,成立了广告表示顾问委员

---

① 参见消费者厅:《消費者機構日本と学校法人神奈川歯科大学との間で差止請求に関する協議が調ったことについて》,平成31年4月9日。

会并定期讨论主要的广告案例，主要是为了防止不良广告的再次发生，将相关改善建议发放给相关的电信经营者。

除了上述行业协会的自主基准及指南以外在《特定商务交易法》里就相关远程购物的广告行为作出了规定。例如，在远程购物广告中，必须标明价格、支付时间、支付方法、经营者名称、联系方式、是否可以退货、条件、运费的负担等；禁止夸大的与事实不符的广告；禁止未经消费者允许的电子邮件广告；禁止违背消费者意愿的强制缔约行为。

（三）骚扰邮件防范措施

总务省及消费者厅携手制定关于垃圾邮件的对策，于2002年4月制定了《特定电子邮件法》，限制垃圾邮件发送。规定经营者除了向交易相关人员发送邮件以外，在无收件人同意下禁止发送广告宣传邮件。在收到收件人拒绝接收广告宣传邮件的通知时，禁止再次发送广告宣传邮件。

（四）电信相关法制的完善

2004年3月总务省制定了《关于电信事业法消费者保护规则指南》，其中明确了为保护消费者，电信经营者应该采取的措施。2012年10月又重新修改了该指南，增加了最新的具体服务案例。另外，总务省还针对互联网的网速、相关套餐、合约期限等等问题调查研究提出整改意见。为了应对网络上的违法有害信息，2001年11月，在总务省主导下制定了《网络服务商责任限制法》，主要针对在互联网上发布侵害他人权利的信息，综合考虑受害者救济和发布者言论及表现自由的重要权利及利益的平衡，明确规定在满足一定条件时，采取了发送防止措施和没有采取措施，哪些情况下不需要承担损害赔偿责任，以促进网络服务商自主采取适当对应措施的法律。2011年修改了《关于禁止不正当链接等行为的法律》，主要修改及强化以下方面：①禁止钓鱼行为；②对提供他人识别码行为的强化限制；③禁止非法获取、保管他人识别码的行为；④提高对非法访问行为者的法定刑罚等，另外还制定了对相关访问管理者支援防御团体的新援助规定。2005年制定了《移动电话不正当利用防止法》，对于移动电话运营商，为了防止不正当使用手机，在签订手机合同或向他人买卖时，有义务确认契约者本人，避免出现无法确定契约者的手机现象。另外，对于租赁手机运营商，在签订租赁合同时也有义务进行本人确认。

七、大数据时代消费者个人隐私数据信息的保护

伴随着IT化时代，网络经济中大量的个人信息被收集利用，日本《个人信息保护法》在2003年制定并于2005年4月正式实施。《个人信息保护法》

在考虑个人信息的经济价值的同时,也注重保护个人的权利及利益。该法规定,在经营活动中如果经营者构筑了超过5100人的个人信息数据库,则成为该法的规制对象(以下称:个人信息处理经营者)。

关于个人信息处理经营者的具体义务主要有:必须尽量限定个人信息的利用目的,禁止超过达成利用目的的必要范围;禁止利用不正当的手段获得个人信息;取得个人信息时,应及时通知本人或公布利用目的,直接书面等取得个人信息时,事先向本人明确使用目的;必须采取可靠措施保证个人信息安全以及在利用目的范围内的最新状态,必须采取有力措施监督员工以及委托的第三方经营者。原则上,未经本人同意禁止将个人数据提供给第三方,但是根据其他法令以及为人身安全或者财产保护时例外,应根据本人要求停止提供个人信息给第三者,在有事先通知一定事项时,即便不征得本人的同意,也可以提供给第三者;如果本人有请求,则必须进行公开、订正、停止使用其个人数据信息。该法还列举了适用除外的情况,即宪法所保障的具有自由权限的主体所从事的活动中所涉及的个人信息处理可使用除外,例如,报道机关的报道活动、著述业的著述活动、学术研究机关团体的学术活动、宗教团体的宗教活动、政治团体的政治活动。2013年6月修改的《灾害对策基本法》新规定了在灾害发生或者可能发生时以及如市、町、村条例有特别规定时,未经本人同意也可由有关人员共有个人信息。

附:《日本消费者合同法》参考法律条文

第八条 以下所列举消费者合同条款无效。

一 因经营者不履行债务而对消费者所造成损害的全部赔偿责任予以免除的条款;或者赋予该经营者有权决定其有无责任的条款。

二 因经营者不履行债务(仅限于该经营者、其代表人或者其雇佣者的故意或重大过失)而对消费者所造成损害的部分赔偿责任予以免除的条款;或者赋予该经营者有权决定其所负责任限度的条款。

三 将经营者在履行消费者合同债务时由于其侵权行为给消费者所造成损害的全部赔偿责任予以免除的条款;或者赋予该经营者有权决定其有无责任的条款。

四 将经营者在履行消费者合同债务时由于其侵权行为(仅限于该经营者、其代表人或者其雇佣者的故意或重大过失)而对消费者所造成损害的部分赔偿责任予以免除的条款;或者赋予该经营者有权决定其所负责任限度的条款。

五 在消费者合同为有偿合同的情况下,该消费者合同标的物有隐蔽的瑕疵时(该消费者合同为承揽合同时,该消费者合同的承包标的物有瑕疵时。

在下一项中相同),将由该瑕疵引起的给消费者造成损害的经营者赔偿责任全部免除的条款,或者赋予该经营者有权决定其有无责任的条款。

2. 前款第五项所列条款,在符合下列情形时,该款规定不适用。

一 在该消费者合同中规定当该消费者合同的标的物有隐蔽瑕疵时,该经营者承担以无瑕疵物品替换的责任或者对该瑕疵进行修补的责任的情形。

二 该消费者与该经营者所委托的其他经营者之间的合同,或者该经营者与其他经营者之间的为该消费者所签订的合同,在该消费者合同签订之前或者签订同时,该消费者合同标的物已有隐蔽的瑕疵时,此种情况下其他经营者对由此瑕疵对消费者造成损害承担全部或部分赔偿责任,承担以无瑕疵物品替换的责任,或者承担对该瑕疵进行修补的责任的情形。

第八条之二 下列消费者合同条款无效。

一 让消费者放弃因经营者不履行债务而产生的解除权,或者赋予该经营者决定解除权限有无的条款。

二 在消费者合同为有偿合同的情况下,使消费者放弃由该消费者合同的标的物有隐蔽瑕疵(该消费者合同为承揽合同时,合同的承包标的物有瑕疵时)而产生的消费者解除权,或者赋予该经营者决定解除权限有无的条款。

(以成年被监护审判开始为由的解除权赋予经营者的条款无效。)

第八条之三 仅以消费者被监护、被保佐、被辅助的审判开始为由,而赋予经营者解除权的消费者合同条款无效(消费者提供给经营者的物品、权利、服务等消费者合同的标的物除外)。

第九条 符合下列各项规定的消费者合同条款无效。

一 预先确定因解除消费者合同所需支付损害赔偿金额或违约金的,该金额的合计额度超过按该条款所设定的解除理由、时期等划分后,与该消费者合同以及同类消费者合同的解除给经营者所带来损害的平均金额的超过部分无效。

二 根据消费者合同应支付的全部或部分金钱,消费者在支付期限(支付分两期以上的情况下,为各期的支付期限。下文相同)前未支付的,此种情形所预先规定的损害赔偿金额或违约金超出以下金额限度的部分无效:支付日期第二天起到实付款日期为止的期间,从到期应支付的金额中减去实际已经支付的金额,再按年利息14.6%乘以其迟延天数金额,超出部分的条款规定无效。

第十条 以消费者不作为为由而视消费者提出新的消费者合同申请,或做出了承诺的意思的条款,与其他法令中不涉及公共秩序的规定的适用情形相比较,限制消费者的权利或加重消费者义务,违反《民法》第一条第二款所规定的基本原则,单方面损害消费者利益的消费者合同条款无效。

第八章　新冠疫情期间国际消联的动态

第一节　亚太地区

一、美国

(一)美国《消费者报告》

2020年3月,美国《消费者报告》通过新冠肺炎防范指南向消费者分享了如何保持安全的报告和建议,并对常见的问题进行解答。

2020年4月,美国《消费者报告》建议消费者尽量使用自制口罩,将N95口罩和一次性医用口罩留给医护人员。

2020年6月,美国《消费者报告》发布新冠肺炎疫情对美国人生活的影响调查结果,尽管各州开始取消为减少疫情传播而采取的限制措施,但仍然有76%的受访者对病毒的传播充满担忧,84%的受访者将对未来的生活做出改变,34%的受访者表示自己不会接种疫苗。

2020年8月,美国《消费者报告》发布发动机安全提示,从发动机的挑选、使用、维护等方面向消费者提供了安全建议。

(二)美国消费纠纷调解组织BBB

2020年5月,由于疫情期间在线色情敲诈勒索违法行为频发,美国消费纠纷调解组织BBB建议消费者及时更改网络账户密码,切勿轻信任何敲诈信息,在不使用摄像头时尽量将其遮盖。

2020年7月,美国调解组织BBB的一项报告显示,44%的美国人曾遭遇过冒充政府部门的诈骗电话,来电号码显示为真实的美国政府部门名称,而这些诈骗电话绝大多数来自印度。

二、澳大利亚

(一)澳大利亚的《选择》杂志

2020年3月,澳大利亚的《选择》杂志公开反对经营者利用疫情恐慌情绪向消费者推销商品,建议消费者使用科学的方法进行手部消毒。

(二)澳大利亚竞争与消费者委员会

2020年4月,澳大利亚竞争与消费者委员会建议消费者对因疫情影响而产生的纠纷保持耐心,应当给企业一定的响应时间。

三、马来西亚

马来西亚消费者保护机构FOMCA

2020年3月,马来西亚消费者保护机构FOMCA宣布,将对借疫情大肆涨价的商家进行罚款,以缓解消费者购物恐慌情绪。

四、日本

日本国民生活中心

2020年4月,日本国民生活中心提醒消费者通过社交网络购买口罩等防疫物品时,要仔细检查链接地址、电话号码以及订购步骤,防止上当受骗。

2020年6月,日本国民生活中心对外公布,自5月1日开通新冠肺炎相关消费者热线起,5月份累积接到消费者咨询电话2835次。

2020年7月,日本国民生活中心发布有关电信诈骗消费警示,提醒消费者切勿轻信在家轻松兼职赚钱或莫名中奖等诈骗信息,并避免向对方转账或汇款。

2020年8月,日本国民生活中心发布5月1日—7月31日新冠肺炎疫情消费者福利咨询热线的总结报告,主要内容包括咨询类型与数据、典型诈骗案例以及防范诈骗的消费警示。

五、韩国

韩国消费者保护院

2020年5月,韩国消费者保护院发布报告称,2019年跨境交易相关消费者投诉咨询同比增长9.1%,投诉类别前三位分别是衣服和鞋子、机票和航空服务、住宿预订。

2020年7月,韩国消费者院对市面上销售的30个知名品牌的牛仔裤进行检测,结果发现其中4个品牌的牛仔裤中致癌物质和重金属超标。

六、新西兰

新西兰消费者协会

2020年5月,针对新西兰航空仅为往返美国的旅客退还现金而飞往其他地区的旅客只能获得积分赔偿问题,新西兰消费者协会根据美国法律相关规定对新西兰航空公司提出交涉,目前该航空公司已同意为所有往返或途经美国的旅客退还现金。

2020年7月,新西兰消费者协会发布全国电力公司满意度调查报告,对该国五大电力公司费用和服务进行评价。

2020年8月,根据新西兰消费者协会的调查显示,78%的受访者表示愿意为使用时间更长的厨房或洗衣设备支付更高的价格,但只有46%的受访者清楚地知道哪种设备会更耐用,呼吁制造商对其商品进行测试,并披露预期使用时间。

七、加拿大

加拿大消费者委员会

加拿大消费者委员会向安大略省立法机构提出要求代表消费者参加有关安大略省对拟修改集体诉讼法的辩论。

八、中国

(一)中国大陆

1. 中国消费者协会

2020年3月,针对防疫期间收到众多消费者反映有关网络游戏消费纠纷的情况,中消协对相关网络游戏经营者涉嫌虚假宣传等行为公开提出四点整改要求:一是严格遵守法律规定,诚实守信经营,拒绝虚假宣传;二是尊重消费者权益,提升保护意识和水平;三是加强自律自查,删除不公平规定;四是重视消费者诉求,妥善解决消费纠纷。并于3月23日发布《莫让"宅娃"荒于嬉,免得废人又费钱》的消费提示,提醒网游经营者严格执行实名认证规定,收费游戏应采取有效措施验证充值人身份,避免未成年人冒用家长名义充值,严格执行有关未成年人充值上限的规定。

2020年3月,自新冠肺炎疫情爆发以来,消费者普遍意识到提高身体素质增强免疫力的重要性,在家运动成为大多数人的理性选择。为帮助消费者选择适合自己的家用健身器材,中消协组织中国体育用品业联合会专家从运动需求人群、器械锻炼部位、安装便捷度以及消费者家庭房屋条件等方面对家用健身器材进行分类,提醒消费者科学选购合适器材。

2020年3月,中消协联合人民网举办"2020年3·15国际消费者权益日"线上主题活动,活动围绕"凝聚你我力量"年主题,发布2020年中消协年主题调查报告和疫情期间消费维权热点问题及案例,上线微信小程序"消协帮您选",揭晓年度"啄木鸟"奖和10位"最美消费维权人物"。活动得到国际消费者联盟的支持,海伦娜·勒伦特总干事代表国际消联发来寄语。期间,中消协通过官方微博,组织律师团律师接受消费者投诉咨询,与消费者进行线上互动。

2020年4月,中消协组织召开"预付式消费问题专题研讨会"。会议围绕预付式消费的立法、监管现状、推进完善预付式消费法律与监管体系、防范化解疫情期间潜在预付式消费群体纠纷风险、预付式消费保护对策等问题进行了研讨。全国人大常委会法工委、商务部、中国人民银行、国家市场监管总局、北京市第三中级人民法院相关负责同志、有关法律专家和部分地方消协代表参加了会议研讨。

2020年5月,中消协接待奔驰公司代表一行来访,就汽车转向系统易损案和车内"生油"味案进行沟通。奔驰公司代表介绍了相关投诉案的具体处理情况,以及近期该公司内部加强保护消费者权益的相关措施,如第三方争议调解、庭前司法鉴定等。中消协向奔驰公司通报了消协组织受理奔驰汽车投诉情况,督促奔驰公司能够更加注重产品质量、售后服务等方面的问题,切实维护消费者权益。

2020年5月13日,针对丰巢快件箱超时收费问题,中消协公开发布"顺应消费者需求升级,尽快将智能快件箱服务纳入公共消费范畴"观点。中消协认为,智能快件箱服务是快递行业服务环节的细化和延伸,设立在小区内的智能快件箱服务,应当纳入小区物业服务范围,合理保管期限内不应单独收取服务费用。呼吁政府有关部门认真研究消费者需求,适当延伸或扩大公共服务领域和范围,将小区原有投递箱智能化升级改造作为"新基建"项目,纳入公共消费范畴,努力服务广大消费者美好生活需要。

2020年6月,中消协发布《选对轮滑鞋,健身又安全——36款直排轮滑鞋比较试验报告》。比较试验结果显示,全部样品在强度、牢固度、外观对称性、高低温等方面均符合有关要求,只在抗冲击性能方面有所差别。报告对消费者如何合理选购作出消费提示。

2020年6月,中消协联合全国副省级以上消协组织共同发布《电动平衡车产品属性不明 不当使用风险大》消费警示。通过案例分析、实物体验和专家点评等方式,总结了电动平衡车产品存在的主要安全问题,就消费者的购买和使用提出警示和建议,并呼吁有关部门加强对电动平衡车的监管。

2020年6月,中消协秘书长朱剑桥接待苹果公司全球副总裁兼大中华区董事总经理葛越一行,向苹果公司通报了近期消费者有关苹果手机应用APP充值、价格、产品质量与售后服务等方面的投诉情况,敦促苹果公司予以重视并进行研究解决。

2020年6月,中消协发布20款除螨仪商品比较试验结果。根据结果显示,20款样品除螨率都在80%以上,但样品之间除螨效果差异较大,个别样品除螨率较低。除螨效果与吸力大小正相关,带有除螨吸头的手持类吸尘器样品除螨效果整体优于除螨机类样品。

2020年6月,为进一步了解疫情防控常态化背景下消费者"新零售"体验的真切反馈,聚焦"618"消费短板,切实发挥社会监督作用,中消协对6月1日—6月20日期间相关消费维权情况进行了网络大数据舆情分析,并发布监测报告。监测发现,2020年"618"促销活动期间消费维权负面信息主要集中在直播带货、价格竞争、短信骚扰、红包活动、假冒伪劣等方面。针对这些问题,中消协提出相关消费监督建议。

2020年7月,中消协联合全国副省级以上消协组织同时发布《防蓝光≠防近视,合理用眼和选对产品才重要》消费提示。消费提示梳理了专家对蓝光及防蓝光产品的观点和消协组织比较试验结果,并就蓝光是否对视力有害、"防蓝光产品"是否具有预防近视的功效、如何科学选择电子产品、在使用电子产品过程中有哪些注意事项等问题进行了解答,为消费者理性认知蓝光、合理选择电子产品和有效预防近视提供指导。

2020年7月,中消协约谈淘宝直播平台,就前期直播电商带货调查体验工作中发现的淘宝直播平台相关问题进行反馈,敦促企业重视网红带货行为规范、商品质量控制和消费者售后服务,并针对有关问题提出整改要求。

2020年8月,中消协发布《2020年上半年全国消协组织投诉统计分析》。2020年上半年,全国消协组织共受理消费者投诉561,522件,解决437,988件,投诉解决率为78%,为消费者挽回经济损失79,793万元。投诉问题总体呈现三大特点:一是疫情期间,防疫用品价格和质量问题成为投诉焦点;二是"宅"经济引发投诉新热点;三是传统投诉热点仍需关注。对此,中消协提出三点建议:一是凝聚社会共识,促进问题解决;二是聚焦新业态,守住维权底线;三是关爱特殊群体,体现社会温度。

2020年8月,中消协发布《从我做起,崇尚节约为荣,向餐饮浪费说"不"!》倡议书,呼吁广大消费者合理膳食,拒绝野味,不浪费,不攀比,不炫耀,争做绿色节约消费的实践者、传播者、监督者;呼吁餐饮企业完善烹饪量化标准,引导消费者节约点餐、杜绝浪费。倡议凝聚社会各方力量,制止餐饮浪费,守护粮食安全,共筑"浪费可耻、节约为荣"绿色节约消费环境。

2. 北京市消费者协会

2020年5月,北京市消协发布的《2019年乡镇(村)居民网购消费调查报告》显示,有超过半数的网购体验存在订单提前签收问题,还有快递公司存在未经允许将快递放到代收点问题,以及个别物流快递人员因天气影响,未与消费者协商就擅自取消订单,并要求消费者拒收。建议电商经营者和快递物流公司整合乡村及偏远地区物流资源,提升物流配送能力水平,按时按约定把网购商品送至收件地址,切实解决乡镇(村)居民网购快递物流"最后一公里"问题。

2020年6月,北京市消协发布的《直播带货消费调查报告》显示,当前直播带货"7天无理由退货"规定执行情况总体较好,但存在部分虚假宣传、信息公示不全以及售后没有保证等损害消费者权益问题。体验调查的30个直播带货样本中,有9个样本涉嫌存在信息公示不到位问题。北京市消协建议通过立法或制定行业标准等方式,进一步明确直播带货相关平台、商家与主播之间的责任划分,加大对平台、商家和主播等各方主体的监管和处罚力度。

2020年7月,北京市消协先后发布水龙头和净水器比较试验报告。根据结果显示,30个陶瓷片密封式水龙头样品的节水性能指标、舒适性指标、美观耐用指标等均满足国家标准要求。19个反渗透净水器样品中,有1个样品整机卫生安全项目不符合国家标准要求,主要为耗氧量指标。12款龙头式净水器样品中有2款龙头式净水器样品的整机卫生安全项目不符合国家标准要求,主要为砷和铬(六价)指标。

2020年8月,北京市消协测试了40款样品吸湿速干衣发现,有12款样品存在质量问题。其中,25款样品网页宣传具有吸湿或速干功能而吊牌未标注,其中8款样品吸湿或速干性能未达到国家标准要求,涉嫌夸大宣传。

3. 河北省消费者权益保护委员会

2020年7月,河北省消保委发布多个家政服务典型性纠纷案例,并以此提醒消费者选择家政服务时要做到"四要":要通过"家政信用查"APP查验服务人员身份等相关证明信息;要查看经营者经营资质并选择正规家政服务公司;要尽可能细化服务条款并签订书面服务合同;对涉及高空作业等特殊作业的要明确相关责任。

4. 内蒙古自治区消费者保护协会

2020年6月,内蒙消协组织专家技术人员走进准格尔旗十二连城乡兴胜店村,在田间地头与农民共话维权。活动邀请内蒙古产品质量检验研究院、内蒙古石化院、种子协会、农牧业机械行业协会等机构专家讲解《消费者权益保护法》《合同法》等法律知识和种植知识,并答疑解惑。

5. 吉林省消费者保护协会

2020年5月,吉林省消协比较试验共检测样品38款,其中婴儿纸尿裤25款,成人纸尿裤6款,护理垫7款,样品涉及好奇、花王、帮宝适等品牌。比较试验依据纸尿裤相关国家标准,对纸尿裤样品的外观质量、PH值、微生物指标、尺寸偏差、渗透性能及交货水分等6项指标进行测试。

6. 黑龙江省消费者保护协会

2020年6月,黑龙江省消协发布70款泳衣商品比较试验结果。测试结果显示,70款样品的甲醛、可分解致癌芳香胺染料、PH值等安全指标以及耐用性指标均达到了标准要求;7款样品的色牢度指标没有通过测试,10款样品的纤维含量未达到标准要求。黑龙江省消协提醒消费者在购买泳衣时尽量选择弹性好、手感舒适的产品,面料应以浅色、手感柔软为宜。

7. 上海市消费者权益保护委员会

2020年4月,上海市消保委公布25款无绳吸尘器比较试验结果。结果显示,25件样品高档位运行下除尘能力、运行时长、吸力损耗等方面表现差异明显,但大功率并非代表除尘效果就好,对比样品的吸入功率与除尘能力发现,两者并无明显关联。上海市消保委提醒消费者,无绳吸尘器通过更换刷头可适用于不同场景,消费者可根据自身需要选择包含特定刷头的商品,在使用前,应仔细阅读说明书。定期清理主机和集尘桶、过滤网、刷头等配件。

2020年5月,针对上海市"五五购物节"期间有消费者投诉反映部分商家在促销活动中存在一些不够规范、不够严谨和不够人性化问题。5月20日,上海市消保委集中约谈了上海百联沪通汽车销售有限公司等5家企业。上海市消保委表示,消费信心对于后疫情时代的消费回补非常重要,企业的各类促销行为要履行承诺,让消费者明明白白消费。参加约谈的企业表示,将就公司的促销行为进行认真梳理,对存在的问题立即整改。

2020年7月,上海市消保委发布网络游戏消费提示。提醒家长与青少年们在网游消费中应注意的问题:一是履行监护责任,帮助孩子树立正确的消费观念,引导孩子在玩游戏时保持理性;二是切忌违规操作,切勿选择使用第三方辅助软件开挂等违规操作,以免受到不必要的损失;三是支持正版游戏,通过正规渠道下载或购买正版游戏,不要随意点击下载不明链接中的APP,切勿通过线下方式交易。

2020年7月,针对太平洋车险附赠的"阿拉订"卡逾期无法使用问题,上海市消保委约谈中国太平洋财产保险股份有限公司上海分公司以及"阿拉订"的运营方上海丰之沃电子商务科技股份有限公司,指出保险公司赠送给消费者的车险增值服务也要遵循公平、合理的原则,并以显著的方式告知消费者。

2020年8月,上海市消保委公布抗菌内衣(裤)商品比较试验结果。为帮助消费者选购真正具有抗菌效果且健康安全的内衣(裤)商品,上海市消保委对40件抗菌内衣(裤)样品开展了比较试验。试验结果发现,40件样品的甲醛、五氯苯酚含量均符合标准要求,1件样品的烷基酚聚氧乙烯醚含量不符合标准要求。所有样品均具有一定程度的抗菌效果,其中10件样品经50次水洗后可达AAA级抗菌。

8. 江苏省消费者权益保护委员会

2020年4月,江苏省消保委发布《未成年人游戏充值、直播打赏调查报告》,调查选取18个平台APP。结果显示,未强制实名认证,游客模式可打赏,平台充值存在安全隐患,退款流程复杂、客服推诿,退款难问题突出。针对调查中发现的问题,江苏省消保委采用"面对面+云约谈"相结合的方式公开约谈网易、腾讯、抖音等16家企业,要求相关企业开展自查,并在约谈后10个工作日内提交书面优化调整方案。

2020年5月,江苏省消保委通报4月份被约谈网游企业和直播平台在未成年人网游充值、直播打赏问题方面的整改优化情况。从整改优化情况来看,7家网络游戏企业表示,将落实用户账户实名注册及控制未成年人使用时长、规范向未成年人提供付费服务等要求。9家直播及短视频平台针对"青少年模式"进行优化,对青少年模式下内容池进行集中治理。同时,斗鱼直播、酷狗直播对服务协议内容增加相关对未成年人和家长的特别提示条款。

2020年6月,针对消费者反映在运动APP上购买的商品存在质量问题,江苏省消保委从咕咚、Keep、小米运动等10个运动APP平台或者其推介的商铺购买了10个品类共计90款运动产品。比较后发现,超半数样品或产品使用说明不达标,或涉嫌夸大和虚假宣传。针对这些问题,江苏省消保委约谈了相关运动APP平台,并要求其整改。

9. 浙江省消费者权益保护委员会

2020年4月,浙江省消保委根据前期对爱奇艺、腾讯视频、优酷等九大视频平台以及喜马拉雅和蜻蜓 FM 两大音频平台的会员消费体验结果,就体验中发现的广告特权描述不清、自动续费扣款未提醒、购买的付费节目不能全屏观看以及个别 APP 内广告导向"微商"等问题,对 11 家视频、音频网站进行约谈并提出整改意见。目前,11 家视频、音频网站先后向浙江省消保委发来整改回复函,就相关问题进行整改。

2020 年 5 月,浙江省消保委联合省市场监管局就群众反映的骚扰电话多、套餐收费争议多等问题约谈三大电信运营商。2019 年 1 月至 2020 年 4 月,浙江全省共受理涉及通信领域服务质量除外的各类投诉举报 8499 件,主要集中在骚扰电话问题多引发纠纷;未经消费者确认或误导性信息产生纠纷;促销活动夸大宣传、虚假宣传产生的消费纠纷;携号转网引发的消费者权益纠纷;霸王合同条款投诉等五大问题。约谈要求三大运营商在 5 月底前提交整改方案及整改进度表。

10. 安徽省消费者权益保护委员会

2020 年 4 月,安徽省消保委公布 10 家生鲜电商的评测结果。根据结果显示,商品网页图片与实物反差大、商户不按照规定内容和方式明码标价或虚标优惠价、商家未提供购物清单、平台客服对消费者反映的商品问题敷衍推诿等问题较为突出。安徽省消保委先后约谈京东到家、饿了么、美团等外卖平台和大润发、永辉、家乐福等商超平台,要求各平台对评测活动中发现的问题及时整改,切实维护消费者合法权益。

2020 年 8 月,为弘扬科学精神,普及科学消费知识,提升消费者消费能力,提振消费信心。在全国科技活动周来临之际,安徽省消保委于 8 月 23 日组织开展以通信服务消费教育、体验为主题的 2020"科技周"活动。消费者代表、维权志愿者、媒体记者,30 余人走进安徽省消保委通信消费教育基地,近距离感受通信新科技、体验通信新消费。

11. 山东省消费者协会

2020 年 4 月,山东省消协选取消费者关注度和品牌知名度较高的 21 款婴幼儿服装开展比较试验,对样品的 PH 值、甲醛含量、纤维含量等 15 项指标进行了检测,结果显示,21 款样品各项指标均符合国家强制标准要求。根据检测结果,山东省消协建议消费者在选购婴幼儿服装时,要仔细观察商品的标签和外观,查看产品是否具有完整的标志,做工是否良好,试穿查验是否适合及舒适程度,对于折叠带包装的产品可以近距离闻一下衣服是否存在刺激性气味。

2020 年 5 月,山东省消协发布预付式消费专题调研情况。根据报告显示,消协组织受理的预付式消费投诉中,健身、美容美发、餐饮、教育培训等较为集中。因发卡经营者倒闭、变更或卷款跑路,导致消费者维权无门的情况较多。消协提醒消费者谨慎办理预付卡,在办卡时,建议签订书面协议,明确预付式消费的使用范围、期限、功能等信息,不轻信商家口头承诺。

12. 江西省消费者权益保护委员会

2020年8月,为进一步有效解决家装行业乱象,推进家装企业诚信经营,切实维护消费者的合法权益,江西省消保委于8月10日联合江西省室内装饰协会,在南昌市部分银行和家装企业推行家庭装饰装修资金存管平台试点工作。搭建银行与信誉好、实力强的家装企业和消费者的家装资金存管平台,倒逼家装企业诚信经营。

13. 河南省消费者协会

2020年8月,河南省消协公布的移动、联通、电信三大运营商手机通信服务质量满意度调查结果显示,消费者对运营商服务总体比较满意。消费者最不满意的问题主要集中于网络覆盖差、信号强度弱、资费套餐内容不够清晰易懂、故意设置障碍令变更套餐烦琐等方面。针对发现的问题,河南省消协建议运营商应针对群众消费"痛点",尽快拿出解决方案,进一步提升网络服务质量,优化资费套餐,不断满足消费者的高品质服务需求。

14. 湖北省消费者权益保护委员会

2020年3月,湖北省消委会消费维权投诉约谈函,指出消费者普遍反映珠海格力集团所属"董明珠的店"在疫情期间口罩销售活动流程设置不合理、未充分保障消费者知情权。要求格力集团正视消费者反馈,并及时调整相关流程。3月18日,格力电器客户服务中心向湖北省消委会回函称,由于口罩类物资货源稀缺,市场需求量大,服务承载能力有限,格力已逐渐增加口罩投放量,提高用户中签率。并表示将持续增加商城口罩投放量,优化订购流程,提升消费者满意度。

2020年4月,在武汉正式解除离汉通道管控之际,湖北省消委会发布《防控意识不能懈 复工安全要牢记》消费提示。提醒消费者防控意识不能松懈,要严格遵守疫情防控各项规定,做好身体状况申报,有序出入流动。要坚持科学有效防护措施,坚持戴口罩、勤洗手,办公场所多通风、勤消毒,无必要不聚集,无必要不出门,做好家庭卫生清洁。要保持健康合理的生活习惯,倡导使用公筷或分餐制,复工进餐注意分时分批进行,合理膳食,提高免疫力,出现症状如实申报及时就医。

2020年6月,为进一步做好消费维权工作,加强与消费者互动,了解掌握消费热点难点,湖北省消委会决定从6月起开展"月月3·15在线律师答疑等您来"咨询服务活动。消费者可将有关消费维权问题和咨询内容发送至湖北省消委会邮箱。湖北省消委会从法律顾问中抽选2名顾问律师,每月15

日就消费者提出的有代表性的问题,通过湖北省消委会微信公众号统一回复。

15. 广东省消费者权益保护委员会

2020年4月,广东省消保委先后发布《疫情对广东居民消费影响变化的调查报告》和《消费场所复工复市及安全防控体察报告》。报告显示,餐饮、美容美发、商场(超市)三类消费场所复工复市情况良好,部分上述三类消费场所比疫情前更加干净卫生。逾九成消费者已逐步恢复正常消费,但近七成受访者对外出消费仍有顾虑,其中五成表示在确保安全情况下才会逐步外出消费。总体来看,经营和消费正加快恢复中,但客流量较少,交易不活跃,完全恢复还需要时间。

2020年7月,针对央视"3·15"晚会曝光广州万科尚城楼盘装修质量问题,广东省消保委约谈广州万科企业有限公司,要求万科重视消费者合理诉求,及时认真跟进解决消费投诉,提升销售、广告宣传、合同签订、售后服务等行为规范,加强与行政监管和消费者保护部门的联系、联动,自觉接受监督指导。

16. 深圳市消费者权益保护委员会

2020年3月,深圳市消保委正式上线口罩咨询答疑公益平台。该平台由市药品检验研究八院、市计量质量检测研究院等9家机构提供专业技术支持,消费者可在深圳市消委会官网、微信公众号、微博等通过二维码入口进入平台,上传产品包装外观等图片进行咨询。

2020年4月,深圳市消保委提醒消费者,注意防范第三方平台预付式充值消费风险,要谨慎选择微信公众号、微信小程序、自建网站等互联网环境下的预付式消费,保存好活动页面截图、支付记录及其他相关消费凭证。

2020年6月,深圳市消保委发布婴儿爽身粉和拖鞋商品比较试验结果。爽身粉和拖鞋是夏季常用商品,受众多消费者关注。深圳市消保委发布了20款婴儿爽身粉和15款拖鞋两项商品比较试验结果。根据测评结果显示,20款爽身粉样品重金属检测结果均符合国家标准要求,其中4款样品不符合德国BVL限量要求;15款拖鞋相关指标均符合我国现行轻工行业标准及化工行业标准要求,其中4款样品化学安全性未满足欧盟法规的相关要求。

2020年7月,深圳市消保委共发布了路由器、驱蚊产品和轻食代餐粉三项商品比较试验报告。其中,路由器比较试验联合了澳门消委会共同开展。10款路由器样品中,有一款样品不符合国家强制标准的辐射骚扰要求,厂家宣称的无线传输速度与实测值有很大的差异,部分差异高达70%—

80%。20款驱蚊环、驱蚊贴样品中有19款未能达到完全驱蚊,18款样品未标识农药登记信息。10款轻食代餐粉样品均未检出违禁成分,但有4款样品部分营养指标的实际检测值与其标签标示值不符。

17. 甘肃省消费者协会

2020年7月,甘肃省消协发布预付式美容卡消费提示。提醒消费者认真查看美容服务机构证照是否齐全,要与美容院签订正式书面合同,避免大金额充卡并做好每次消费记录和收集相关凭证,切勿轻信明显违反科学常识、夸大其词的虚假宣传,理性认识生活美容和医疗美容的区别。呼吁广大消费者要科学理性消费,如果在此过程中遇到消费纠纷,可拨打12315进行投诉或者到消协请求帮助。

18. 青海省消费者协会

2020年8月,为切实提升消费民事公益诉讼工作实效,不断凝聚消费维权法治合力,青海省消协联合省检察院签署《关于加强协作配合 切实做好消费民事公益诉讼工作的意见》,明确青海省检察机关与消协组织开展消费民事公益诉讼的工作目标、协作措施以及协作机构的建立和职责,强化案件线索共享,共同推动消费民事公益诉讼工作。

(二)香港特区

1. 香港特区消费者委员会

2020年3月,香港特区消委会在荃湾、沙田、观塘、旺角、北角和铜锣湾药房购买了24款消毒酒精样本,每瓶9元至98元,并委托本地一间实验所进行酒精成分及容量测试。经过测试发现,市面在售的24款消毒酒精样本中,6款有甲醇,另7成半样本酒精浓度比声称低。

2020年5月,针对近期国际原油价格大幅下跌,香港特区油价居高不下的情况,香港特区消委会认为,汽油价格涉及民生利益,在经济回落的情况下,高油价将进一步加重消费者负担。香港特区消委会要求石油公司披露更多有关成本和销售数据,提高资讯透明度,以消除长久以来公众对行业的种种质疑。期望政府有关部门加大燃油市场进口价资料公开力度,并就燃油市场作政策研究和调查,检视利弊并做出相关规划,让社会各方予以充分监督。

2020年6月,香港特区消委会就疫情期间辅导机构改变辅导方式提出要求。新冠肺炎疫情下,香港特区除正规学校停课外,校外辅导班普遍取消现场授课。2020年前5个月,香港特区消委会共受理相关投诉250件,涉及校方单方面改动课堂安排、教学形式,甚至课程内容,引发消费者不满。香港特区消委会要求商家在改变课堂安排前,与学生及其家长保持良好沟通,并确保课堂内容、授课时间及师资等均与原线下教学效果相符,避免引发纠纷。

2020年7月,香港特区消委会检测发现超半数样品气垫粉底含重金属,存在健康风险。香港特区消委会测试30款气垫粉底,结果发现,其中有16款样本检出重金属镉或铅,摄入过量镉会增加患肾脏疾病及令骨骼脆弱的风险,铅会对神经系统、肝脏和肾脏造成影响,并可经由母体传至胎儿,其对健康的危害不容忽视。鉴于香港特区目前没有针对化妆品或护肤品的安全规定,香港特区消委会呼吁相关政府部门参考内地或其他国家订立安全规例,包括必须详列成分、使用期限、注意事项等,让消费者更能全面掌握产品信息,安全放心使用。

2020年8月,香港特区消委会测试了15款预包装婴儿配方奶粉,测试结果发现1款奶粉检出污染物氯丙二醇(3-MCPD)超出欧洲食物安全局的建议摄入限量;9款奶粉检出基因致癌物环氧丙醇,含量由每公斤1.1微克至29微克,但是都符合欧盟的上限规定。另外,还测试并检测了奶粉的能量、33种营养素以及不少父母关注的DHA的实际含量,发现不少奶粉的营养素含量比标示值低,严重者低出约40%。DHA的含量则由每100克45毫克增至108毫克,差距甚大。

2. 香港特区海关

2020年6月,香港特区海关表示,最新一批外科口罩测试结果显示,一款散装口罩的含菌量超出标准上限,涉嫌违反《消费品安全条例》。香港特区海关提醒市民,散装口罩来历不明,缺乏基本产品说明,安全成疑,应该避免使用。

(三)澳门特区

澳门特区消费者委员会

2020年2月,澳门特区消委会增加"消毒用品"专项价格调查,为消费者提供30款包括消毒酒精、酒精喷雾、漂白水及消毒水等货品的供应情况及价格,并于"澳门物价情报站"中以售价高低来列出商号的名单,同时比较了同类货品的价格差异,增加市场价格的透明度,让消费者选购更有方向。

2020年3月28日,澳门特区消委会联合澳门经济局到各区巡查粮油百货、鲜活、冰鲜及冷冻等食品的供应情况,共巡查超市及各区零售点逾70家,巡查发现市面粮油食品整体供应稳定,价格平稳。部分未能及时补货的超市,负责人表示将尽快从其他邻近的分店调动货源。因此,澳门特区消委会呼吁市民理性消费,不要过量采购食物,以免造成浪费及影响供求平衡。

2020年5月,疫情期间,澳门特区部分"诚信店"加盟商号因未清晰标示商品实际售价,存在价格误导行为,违反《诚信店规定及承诺》而被澳门消委会取消"诚信店"资格。澳门特区消委会要求商家顾全大局,发挥同舟共济精神，履行社会责任，不趁机抬价。呼吁各行各业及全澳居民互相支持，共渡时艰。此外，澳门特区消委会还会同澳门特区经济局，在职权范围内全力加强监管，打击抬价行为，维护市场正常秩序。

2020年7月，因7月15日起粤澳两地人员恢复正常往来，预计澳门特区各零售场所流动人员将有所增加。为此，澳门特区消委会联合经济局约见多个地区商会及零售行业商会，并派员到旅游区向零售商户派发防疫指引的宣传品，呼吁零售业界未雨绸缪，按照卫生当局的指引做好防疫措施，以应对未来可能出现的人流增加情况。与会代表均表示将配合政府防疫部署，按照指引做好场所的各项防疫措施管理。

2020年8月，在内地逐步恢复办理内地居民赴澳旅游签证的形势下，为了加强旅客在澳门特区消费购物的信心，助力澳门经济的复苏与发展，澳门特区消委会在口岸向入境旅客推广"诚信店"，获得"诚信店"资格的商号将受到澳门消委会的监督，遵守有关规定及承诺，为消费者提供优质的商品及服务。澳门特区消委会提醒旅客若遇上任何消费疑问，可以联系特区消委会，特区消委会维权绿色通道将尽快向旅客提供协助，即使旅客返回内地，特区消委会亦可通过与大湾区及内地的消费者组织签署的合作协议，迅速跟进及处理旅客的问题或投诉。

第二节 欧洲

一、意大利

意大利消费者组织 Altroconsumo

2020年3月，意大利消费者组织向因疫情影响取消旅行的消费者提供免费咨询服务；并发起"他们治愈我们，我们帮助他们"捐赠活动，将募捐到的物资赠给医院。

2020年8月，意大利消费者组织公布了铁路与公共交通运营商在新冠疫情下退票的相关政策与流程，方便消费者办理退票手续。

二、荷兰

荷兰消费者组织 Consumentenbond

2020年3月，荷兰消费者组织 Consumentenbond 发出网络消费警示，提醒消费者防范借疫情开展的网络钓鱼电子邮件和虚假网上商店等诈骗行为。

三、法国

法国消费者组织 UFC Que-Choisir

2020年3月,法国消费者组织 UFC Que-Choisir 及时更新消费教育信息,内容包括避免恐慌性购物,如何做好健康防护等。

2020年5月,法国消费者组织就汉莎航空等20家航空公司违反欧盟规定,强迫旅客接受代金券作为因疫情取消航班的补偿,向巴黎法院提起诉讼。

2020年6月,法国消费者组织调查该国超市基本食品的价格,发现由于物流和劳动力方面的问题,面食、牛奶、水果和蔬菜等食物的价格均有不同程度上涨。

2020年8月,法国消费者组织从缺陷商品定义、质量保障期限、消费者权利、单据留存等方面提示了翻新商品交易中的注意事项。

四、德国

1. 德国消费者组织 Vzbv

2020年4月,德国消费者组织联合会代表40万名消费者与大众汽车达成了庭外和解,大众将向德国消费者赔偿8.3亿欧元,该案是德国具有里程碑意义的集体诉讼,此前大众仅向美国消费者给予了赔偿。

2020年5月,德国消费者组织联合会发表有关网络收费透明度的专家意见,指出当前德国网络费用过高且收费缺乏透明度,并向德国联邦网络管理局提出修改《能源行业法》的建议。

2020年6月,德国消费者组织批评德国联邦委员会要求因新冠肺炎而取消的课程和活动的消费者接受代金券赔偿,组织认为危机的风险和代价正在转移给消费者,如果企业破产代金券将无法兑现。

2020年7月,德国消费者组织称赞德国联邦政府的经济刺激方案,该方案通过降低增值税、电价和限制社会保障缴费等措施增强消费者购买力。

2020年8月,德国消费者组织呼吁将营养标签全面引入德国和欧洲以外的地区。

2. 德国联邦内阁

2020年8月,德国联邦内阁通过了《食品信息实施条例》,该条例为德国自愿使用营养标签(Nutri-Score)创造了法律依据。

五、西班牙

西班牙消费者组织 OCU

2020年4月,西班牙消费者组织提醒消费者不要轻信网上销售的新冠病毒自我诊断检测试剂,应当尽量选择到卫生部门或经批准的实验室检测。

2020年5月,西班牙消费者组织呼吁政府采取措施限制口罩涨价行为,并为低收入人群提供免费口罩。

六、比利时

比利时消费者组织 Test Achats

2020年4月,比利时消费者组织敦促航空公司尊重消费者权益,不得强迫消费者接受代金券作为取消航班的补偿。

七、葡萄牙

葡萄牙消费者组织 DECO

2020年6月,葡萄牙消费者组织提出疫情防控应用程序一定程度上能降低人群被感染的风险,该应用程序实时监控用户行程,当用户接近冠状病毒感染者曾到访过的公共交通或商业机构区域时,向用户发送警报,并提醒要保护好消费者个人隐私。

八、希腊

希腊消费者组织 KE. Π. KA

希腊消费者组织从着装、饮食等方面提醒消费者如何应对夏季高温,避免中暑风险。

九、欧盟委员会

2020年7月,在欧洲消费者组织呼吁下,欧盟委员会向捷克、希腊、法国、意大利等10国启动反侵权法律程序,指出相关国家允许经营者为因疫情取消旅行的消费者发放代金券的规定违反了欧盟有关法律,要求相关国家接到通知的两个月内对此作出答复,否则将采取进一步行动。

第三节　拉丁美洲

一、巴西

1. 巴西消费者组织 IDEC

2020 年 3 月,巴西消费者组织 IDEC 呼吁本国政府采取措施,为因疫情传播可能会对最贫穷和最脆弱的消费者产生的不利经济影响提供必要的基础服务。

2020 年 5 月,巴西消费者组织 IDEC 联合该国新闻协会、律师协会等一百多个机构和组织联合发出声明,谴责巴西联邦政府未能履行世卫组织有关大流行病中的政府责任,没有及时采取适当的社会隔离措施,造成大量贫困人口死亡。

2020 年 6 月,巴西消费者保护协会 IDEC 就新冠疫情期间网络宽带服务投诉数量增加问题,要求政府部门和企业采取有效措施确保互联网访问质量,并向消费者提供若干改善互联网连接状况的指南。

2. 巴西消费者组织 PROTESTE

巴西消费者组织 PROTESTE 在其官方开通了新冠病毒有关问题专栏,包括如何处理机票退票、查询新冠病毒检测机构等,解答消费者因疫情引发的一系列问题。

二、墨西哥

1. 墨西哥消费者组织 EI Poder del Consumidor

2020 年 3 月,墨西哥消费者组织向消费者提供在家中隔离或自我隔离时如何正确保存食物和维持健康的建议。

2020 年 5 月,墨西哥消费者组织指出,以含糖饮料和垃圾食品为基础的不良饮会削弱免疫系统,导致超重、肥胖和糖尿病,并增加感染新冠病毒的风险,建议消费者减少食用过度加工食品并增加天然食品摄入量。

2. 墨西哥联邦消费者检察院

2020 年 6 月,墨西哥联邦消费者检察院提醒消费者不能将次氯酸钠消毒液与其他清洁产品混合使用,稀释时不能使用热水。

三、萨尔瓦多

萨尔瓦多消费者组织 Def ensa Consumidor

萨尔瓦多消费者组织呼吁本国政府以立法形式强制执行食品最高价格,以遏制全国食品价格暴涨现象。

四、智利

智利消费者组织 ODECU

2020年4月,智利消费者组织呼吁本国政府采取重振经济措施,同时应该优先考虑公共卫生和消费者安全问题。

2020年6月,智利消费者组织ODECU针对大众汽车排放门事件提起的集体诉讼近期达成和解协议,大众汽车集团将向智利5000多名大众柴油车消费者每人赔偿38万美元。

第四节 非洲

一、津巴布韦

津巴布韦消费者委员会

2020年3月,津巴布韦消费者委员会与国家卫生部和世界卫生组织(WHO)紧密合作,以确保消费者获得可靠的信息。

二、肯尼亚

肯尼亚消费者基层协会

2020年3月,为了应对肯尼亚部分商品价格的上涨,肯尼亚消费者基层协会与社交软件合作为消费者定期推送相关消费信息。

第五节　中东地区

一、沙特阿拉伯

沙特阿拉伯消费者保护协会

2020年3月,沙特阿拉伯消费者保护协会在社交平台上以图文形式向消费者提供解决危机的最紧迫信息,包括如何获得基本食品以及如何识别假冒防疫用品等。

二、阿曼

阿曼公众消费者保护局

2020年3月,由于疫情导致阿曼地区消费者难以获得基本食品,阿曼公众消费者保护局在社交媒体上发布一系列视频安抚消费者,并警告不要恐慌性抢购食品。

三、摩洛哥

摩洛哥全国消费者保护联合会

2020年6月,摩洛哥全国消费者保护联合会推出移动应用程序,使消费者能够直接在联合会的移动在线平台上进行投诉,为偏远地区消费者提供便利。

四、也门

也门消费者保护协会 YACP

2020年6月,也门消费者保护协会呼吁政府有关部门为该国医院和检疫中心制定废弃防疫物资处理标准,并提供专门的废物分类、处理设备。

五、约旦

约旦全国消费者保护协会

2020年6月,约旦全国消费者保护协会呼吁该国民众提高安全防护意识,前往人群密集的公共场所要戴口罩并对感染人群实行社会隔离,以此防范病毒持续广泛传播。

后 记

本书为中国消费者权益保护法研究院正式出版的第一本专门著作,从起心动念到完稿出版,历时两年有余,乃集众人之力而汇集的智慧成果。在准备书稿的过程中,写作团队反复讨论与精进本书框架和内容,并随时关注境内外最新发生的消费者权益保护动态,尤其注意新冠疫情期间国际消联的动态,而这些努力都已经呈现在本书之中。

在此,非常感谢研究报告的总主编梁慧星教授集合众人的研究能量并引领研究走向,感谢中国消费者权益保护法研究院的诸位研究员辛勤撰稿、贡献智慧结晶。北京市消费者协会杨晓军秘书长、上海市市场监管局刘广琴二级巡视员、广东省市场监管局陈业怀处长、广东省消费者委员会杨淑娜秘书长、北京市第三中级人民法院邓青菁副庭长、广东省消费环境研究会魏伟力秘书长、广东玖辰律师事务所肖寒梅主任在百忙之中为本书精选材料并撰稿;北京第二外国语学院英语学院刘蒉溪、北京保险法研究会玉珂和冯嘉俊参与了本书的中英文校稿,对于诸位的辛劳付出,在本书出版之际,深表谢意!

本书的顺利出版得到了国家市场监督管理总局、北京理工大学珠海学院民商法律学院、广东玖辰律师事务所的鼎力支持,特此致谢!

为本书的出版,北京大学出版社蒋浩副总编辑和刘文科、沈秋彤二位编辑付出了艰辛的劳动,在此谨表示诚挚的谢意!

消费者权益保护议题乃我们长期关注的方向,本书只是个开端。书中若有不妥之处,敬请大家批评指正!

张严方
2021 年 3 月